LES ANNALES DU DROIT 2016

DROIT CONSTITUTIONNEL

LES ANNALES DU DROIT

L1 > *Introduction au droit et droit civil (personnes, famille)*
> *Droit constitutionnel*

L2 > *Droit civil des obligations*
> *Droit administratif*

COLLECTION DIRIGÉE PAR
YVES JÉGOUZO
PROFESSEUR ÉMÉRITE DE L'UNIVERSITÉ
PARIS 1 PANTHÉON-SORBONNE

LES
ANNALES
DU DROIT 2016

DROIT CONSTITUTIONNEL

MÉTHODOLOGIE & SUJETS CORRIGÉS

SOUS LA DIRECTION DE
MICHEL VERPEAUX
PROFESSEUR À L'UNIVERSITÉ PARIS 1
PANTHÉON-SORBONNE

DALLOZ

DALLOZ

31-35, rue Froidevaux, 75685 Paris Cedex 14

ISBN 978-2-247-15117-2

Sommaire

Avant-propos

La collection des Annales du droit a comme ambition de fournir un nouvel outil de travail aux étudiants de la licence en droit mais aussi à tous ceux qui suivent des enseignements juridiques dans le cadre des instituts d'études politiques ou des préparations aux concours administratifs.

Les Annales du droit se présentent comme le **complément nécessaire du manuel ou du cours** oral dans les disciplines fondamentales du droit que sont l'introduction au droit et le droit des personnes et des biens, le droit constitutionnel, le droit civil des obligations et le droit administratif.

L'analyse systématique des institutions, des procédures et des relations juridiques qui est faite de manière didactique dans les manuels et les cours est le premier versant de la formation juridique. Le second versant est la mise en œuvre et l'application de ces notions, la présentation organisée d'une question juridique, l'analyse des sources du droit, la résolution d'une question pratique. C'est ce second versant que doivent permettre de gravir les Annales du droit en exposant la méthodologie des exercices demandés à tout juriste et l'illustrant par la présentation des sujets corrigés qui ont été donnés dans un échantillon représentatif d'universités françaises.

Mode d'emploi des Annales du droit

Conçues et dirigées par un enseignant qui a accepté de prendre la responsabilité d'un des quatre ouvrages consacrés aux disciplines de base, les Annales du droit, publiées par les éditions Dalloz depuis un quart de siècle, sont tout d'abord des **ouvrages de méthodologie**.

Le responsable de l'ouvrage présente les différentes méthodes qui sont utilisées dans l'enseignement du droit en accompagnant cette présentation de conseils pour les trois principaux types d'exercice qui sont demandés aux juristes, que ce soit dans le cadre du contrôle continu, des examens ou des concours :

- **la dissertation**, exposé systématique d'une question avec ses exigences de présentation et d'analyse du sujet, de plan, d'organisation des idées ;
- **le commentaire** qui peut porter sur un texte de droit international ou de droit communautaire, une loi, un règlement, une décision de jurisprudence et qui doit permettre de comprendre le sens du texte, d'en mesurer la portée, les apports, de l'évaluer ;
- **l'étude de cas** consistant à appliquer à une question pratique les connaissances acquises, à replacer la question posée dans son environnement juridique et à rechercher la solution d'un litige.

La collecte de l'information disponible et actualisée étant l'un des préalables à tout travail juridique, les Annales comportent également l'**exposé des méthodes de recherches bibliographiques et des outils informatiques** disponibles.

Les conseils méthodologiques sont illustrés par une **vingtaine de sujets corrigés** choisis parmi ceux qui ont été **donnés dans les universités françaises** lors des dernières sessions d'examen. À cet effet, et selon une méthode originale par rapport aux ouvrages de même type, les professeurs responsables des enseignements de la discipline à laquelle est consacrée chacune des quatre Annales ont accepté de présenter les sujets qu'ils ont retenus pour l'examen et d'en faire le corrigé. Les Annales du droit illustrent ainsi la diversité des analyses qui sont le propre de la méthode universitaire.

Les Annales du droit sont conçues comme devant être l'accompagnement nécessaire des cours et des manuels. À cette fin, **les sujets retenus sont présentés en suivant le plan habituel des cours consacrés à la matière** : ils en illustrent et complètent les grandes parties.

Pour chaque sujet est indiqué le **thème principal** qui en est l'objet. Les **mots clés**, enfin, recensent les principaux points de droit abordés dans chaque sujet corrigé. L'index thématique qui figure en fin d'ouvrage permet de retrouver aisément les questions et les points de droit que le lecteur souhaite étudier.

Yves Jégouzo

Introduction au droit constitutionnel

Le droit constitutionnel est l'une des branches du droit public en ce qu'il étudie les pouvoirs publics, leur origine, leur organisation, les relations qu'ils entretiennent entre eux et avec les citoyens. C'est, en principe, la première discipline de droit public rencontrée par les étudiants dans leurs études de droit, en première année. Mais, comme une constitution, même si elle n'est pas écrite comme au Royaume-Uni, contient un certain nombre de principes fondamentaux comme la reconnaissance ou non de la liberté individuelle, du droit de propriété ou de l'égalité des droits, le droit constitutionnel peut aussi servir de fondement aux autres branches du droit, public ou privé. Parfois associé à la science politique, qui étudie la manière dont fonctionnent les sociétés politiques, le droit constitutionnel est avant tout une discipline juridique dont l'apprentissage peut aider celui des autres matières juridiques, à commencer par le droit administratif étudié en seconde année de Licence. Il ne saurait être confondu avec une simple connaissance de l'actualité politique du moment et ne se résume pas à la lecture des journaux, même si celle-ci est utile.

Quelle que soit la manière dont est organisé l'enseignement de cette matière dans les différentes universités, notamment du fait de la semestrialisation applicable, le programme comprend en principe l'étude des éléments théoriques que sont les **notions d'État, de souveraineté, de constitution, de séparation des pouvoirs et de régime politique**. Comme un certain nombre de ces notions sont apparues, pour des raisons théoriques et historiques, en premier aux **États-Unis** et au **Royaume-Uni**, la présentation de ces deux pays constitue un aspect important du programme, considéré du point de vue du droit comparé, c'est-à-dire de l'étude d'autres systèmes constitutionnels que la France. Selon la sensibilité des différents professeurs et leur intérêt pour d'autres pays que ces derniers, l'étude comparative peut s'étendre à d'autres régimes politiques, européens ou non.

L'**histoire constitutionnelle de la France** est souvent considérée comme un autre élément indispensable de l'apprentissage du droit constitutionnel. Là aussi, en fonction de certains choix et du fait que certaines périodes sont parfois étudiées dans les enseignements d'histoire du droit, la présentation historique peut débuter sous l'Ancien Régime, en 1789 ou plus tard. L'étude des IIIe et IVe Républiques est en principe toujours présentée en cours de droit constitutionnel, ces deux régimes étant considérés comme annonçant celui de la Ve République, à la fois pour s'en distinguer et pour s'en rapprocher.

Ce régime constitue une part importante du programme, parfois au point de mobiliser, en temps, la moitié de l'année universitaire. Il est certain que les autres parties du programme doivent aider à comprendre le régime français contemporain et que ce dernier permet de mieux appréhender les questions théoriques. Mais ce régime ne correspond pas non plus à la fin de l'histoire et il faut le replacer dans ses perspectives, en vue d'éventuelles modifications et pour comprendre les évolutions que le régime a connues depuis 1958.

En tant que discipline juridique, le droit constitutionnel ne présente pas, du point de vue de son apprentissage, des particularités majeures par rapport aux autres matières. Les règles applicables ont cependant l'avantage d'être contenues dans un document, une constitution, plus accessible et plus maniable que dans d'autres branches du droit. S'il n'est pas question néanmoins d'apprendre par cœur ce document, mais sa lecture (ses nombreuses lectures en réalité) doit être suffisamment approfondie pour en connaître les principaux rouages. L'expérience apprend vite à distinguer quelles sont les principales dispositions du texte qu'il faut absolument maîtriser. La confrontation du texte français avec d'autres constitutions, soit françaises mais anciennes, soit étrangères, permet d'apprécier les éventuelles différences mais aussi les ressemblances. Il existe, dans différentes collections, des recueils de textes constitutionnels français et étrangers qui peuvent et doivent être utilisés.

Comme pour toute discipline juridique, des manuels ou précis existent, qui peuvent aisément compléter un enseignement écrit ou oral. Ils permettent notamment de vérifier certains éléments du cours, de confronter des points de vue éventuellement différents et compléter certaines informations ou références. Ils sont totalement nécessaires lorsque l'assistance au cours n'est pas possible.

Le droit constitutionnel étant **inscrit dans la réalité politique**, il n'est pas sans intérêt de prêter attention à celle-ci, soit par une pratique personnelle, soit par une lecture de la presse, cette dernière ne pouvant servir que de complément à l'étude de la matière.

On doit donc appréhender le droit constitutionnel avec la même rigueur d'analyse que les autres matières juridiques et les mêmes qualités sont exigées que pour ces dernières.

Méthodologie

De façon classique, les sujets de droit constitutionnel sont de trois types : la dissertation ou sujet théorique, le commentaire de texte, assorti ou non de questions destinées à aider les candidats et le cas pratique. Les règlements des facultés de droit imposent souvent que soit proposé aux étudiants le choix entre deux sujets, l'un théorique, la dissertation, l'autre de type pratique, commentaire de texte ou cas pratique. Compte tenu des spécificités de la matière, le cas pratique n'est pas le plus fréquemment donné, car la pratique se limite souvent, à la différence du droit civil, au fonctionnement des institutions et aux modes de scrutin et se prête moins à des sujets destinés à des étudiants. Les exemples choisis ci-dessous et les conseils méthodologiques sont donnés en considérant que l'épreuve préparée se déroule en trois heures et qu'elle est effectuée à livres fermés, sans notes de cours ni ouvrages à la disposition de candidats.

Un certain nombre de qualités sont cependant communes aux trois types de sujets. Il est tout d'abord évident que l'on ne peut réussir une épreuve de droit constitutionnel que si la matière est connue par une assistance aux cours ou, à défaut, en le suivant par l'intermédiaire d'un autre étudiant ou à l'aide d'un moyen technique et par la lecture approfondie d'un ou de plusieurs manuels ou précis de droit constitutionnel. Même si l'apprentissage du droit ne passe pas, contrairement à ce que croient beaucoup, par une récitation mécanique de connaissances, celles-ci sont nécessaires et tous les moyens et procédés (résumés, fiches, synthèse...) sont utiles et sont laissés au choix et aux goûts de chacun. Ne pas faire « d'impasse » sur des parties importantes du cours est le premier conseil que l'on peut donner. Jouer aux devinettes en essayant de pressentir le sujet qui sera posé comporte des risques qu'il vaut mieux ne pas courir.

Une des premières difficultés est sans doute la confrontation avec le langage juridique dont le droit constitutionnel n'est qu'un aspect. Certains mots sont communs aux différentes branches du droit, sans avoir toujours le même sens qu'en droit privé, comme par exemple le « mandat », la « représentation » ou la « tutelle ». Il est alors utile de rechercher, dans le cours, les ouvrages, les dictionnaires de terminologie juridique, la signification des mots inconnus. Rien ne serait pire que de rester dans l'ignorance ou d'utiliser ces mots sans en maîtriser le sens précis. Parfois, ce sont des mots du langage non juridique dont la connaissance fait défaut et il n'est jamais inutile d'avoir recours à un dictionnaire de la langue française.

La lecture des ouvrages peut se compléter par celle de la presse écrite, car elle est moins volatile que la presse audiovisuelle. Constituer des dossiers dès le début de l'année universitaire est un bon moyen d'entrer dans la matière et d'apprendre à classer des documents sur des sujets différents.

Mais cet effort de mémoire n'est sans doute pas suffisant car il faut ensuite se servir de ces connaissances de manière appropriée au sujet posé. Il faut donc distinguer les différentes catégories de sujets et essayer de présenter quelques techniques qui ne peuvent être des recettes toutes faites. Il est ainsi recommandé d'être très prudent à l'égard des corrigés « clefs en main » que l'on trouve sur des sites Internet et dont l'origine anonyme et la qualité sont parfois douteuses. Seuls l'apprentissage personnel, des éventuelles erreurs – si elles sont comprises et corrigées –, la confrontation avec des enseignants et avec d'autres étudiants peuvent permettre de faire par soi-même son chemin en se méfiant des méthodes miracles ou des conseils clefs en main.

La dissertation ou sujet théorique

La dissertation se prête assez bien au droit constitutionnel et c'est l'une des épreuves principales des concours d'accès à la fonction publique. L'apprentissage de sa technique dès la première année des études universitaires est donc un investissement à long terme car les conseils peuvent servir pour l'essentiel des sujets de droit public.

La formulation d'un sujet théorique tient la plupart du temps en une phrase, parfois un mot, de temps en temps une question. On pourra ainsi proposer : « Le président de la République », ou « Le Premier ministre », ou « Le rôle du Parlement dans un régime parlementaire et dans un régime présidentiel », ou « Le Conseil constitutionnel, juge de la loi », ou encore « Peut-on dire qu'en France, sous la Ve République, le Gouvernement détermine et conduit les affaires de la nation ? ». Lorsqu'il est formulé par une question, le sujet indique, en outre, une direction et doit inciter le candidat à élaborer une réponse argumentée. En réalité, dans tous les cas, ces sujets invitent à une réflexion et donc à une construction synthétique et ne constituent pas une simple question de cours, même si l'intitulé est formulé de cette manière.

Plusieurs phases paraissent nécessaires à la construction d'une dissertation : il faut lire le sujet et en « faire le tour », il faut élaborer un plan, il faut rédiger le devoir.

I / Lecture réfléchie du sujet

Quelle que soit la formulation proposée, une lecture très attentive du sujet est nécessaire car elle doit permettre de cerner le sujet et de n'oublier aucun de ses aspects et elle évite les éventuels pièges, souvent imaginaires, qui sont, la plupart du temps, le fruit d'une inattention des lecteurs devant le sujet. C'est ainsi que le sujet « Le président de la République sous la Ve République » signifie que le sujet est posé, certes pour la France, mais qu'il n'est pas nécessaire de présenter cette institution sous les IIIe et IVe Républiques, sauf en guise de rappel, par exemple dans l'introduction ou à titre de comparaison. C'est ainsi que si est abordée la question de la dissolution de l'Assemblée nationale, il n'est pas exclu de préciser que ce droit avait disparu au cours des Républiques précédentes. Mais, une partie ou une sous-partie uniquement consacrée au président avant 1958 constitue un hors sujet.

En revanche, un sujet qui serait consacré à « La révision constitutionnelle en France sous la Ve République » exige, malgré le singulier de l'intitulé, que soient envisagées toutes les procédures de révision qui sont prévues ou qui ont été utilisées, celles de l'article 89 comme celle de l'article 11, et que soient identifiés les principaux exemples de révision sous la Ve République.

La lecture attentive du sujet est le procédé le plus sûr pour éviter à la fois les oublis et les hors sujets qui sont les deux défauts majeurs des dissertations. Elle doit en effet permettre de recenser, de manière complète, tous les éléments du sujet et d'en tirer toutes les potentialités qui sont en principe grandes, même si le sujet n'est constitué que d'un mot ou d'une phrase. La méthode la plus commode est alors de « jeter sur le papier », y compris dans le désordre, toutes les idées qui viennent à l'esprit à propos du sujet. Il n'est pas certain que toutes seront retenues et cette phase doit permettre de faire le tri entre les idées qui concernent le sujet tel qu'il est compris par sa lecture attentive, et celles qui ne rentrent pas dans le sujet. Il vaut mieux, à ce stade, le trop-plein que le vide et il sera toujours temps, dans la phase de rédaction, de ne pas retenir des idées ou des éléments qui seraient superflus. C'est à ce stade que les connaissances sont nécessaires pour apprécier si tel ou tel aspect du sujet possède ou non un rapport direct avec le sujet. On court le risque, dans le cas contraire, de laisser en dehors du devoir, des éléments essentiels ou, au contraire, de faire des développements sans intérêt pour le sujet. C'est ainsi que, si l'étudiant ignore que l'une des principales révisions sous la Ve République utilisa l'article 11 en 1962 et que cette procédure a suscité de nombreux débats, qui ne sont pas éteints, il court le risque de passer à côté d'un des points importants du sujet. En revanche, traiter de la compétence de juge électoral du Conseil constitutionnel dans le sujet consacré à son rôle de juge de la loi constitue un « hors sujet », car le Conseil ne juge pas la loi dans ce cas. Mais il n'est pas interdit, dans l'introduction, de rappeler les différentes fonctions du Conseil constitutionnel, parmi lesquelles figurent son rôle de juge électoral et celui de juge de la loi.

Il est recommandé, pour l'efficacité du travail et pour faciliter la rédaction par la suite, de recenser ces idées sur des feuilles séparées, ce qui autorise un premier classement.

Sans que cette indication ait une quelconque valeur de règle, il n'est pas excessif de consacrer une demi-heure à cette phase de la préparation du devoir, lorsque l'épreuve est de trois heures.

II / Recherche du plan ou construction des idées

Une fois le sujet creusé dans tous ses éléments et avec le sentiment que rien n'a été oublié, s'ouvre alors la phase délicate de la recherche d'un plan. Très souvent, c'est par ce travail que commencent les étudiants, avant toute réflexion sur le sujet et c'est contre ce défaut majeur qu'il est vivement conseillé d'opérer la phase de recensement des idées évoquée ci-dessus. Un plan de dissertation n'a de sens et d'intérêt que s'il reflète des idées organisées. Il s'agit donc d'une construction qui ne peut reposer que sur la base de connaissances et de réflexions précises. Un plan trouvé *a priori*, sans matériau, a toutes les chances d'être artificiel et donc, de ne pas être satisfaisant.

Le plan le meilleur est généralement le plus simple, le plus clair et le plus concis. L'habitude des facultés de droit, et des juristes en général, consiste à préférer les plans en deux parties et deux sous-parties dans un souci d'équilibre et de symétrie. L'image du jardin à la française est souvent employée pour illustrer la recherche de cette harmonie. Mais certains sujets, par exemple chronologiques dont les périodes seraient au nombre de trois, peuvent exiger un plan en trois parties. Les qualités recherchées sont sans doute la recherche de la clarté et de la cohérence et la nécessité de tout dire sur un sujet de manière logique. Il faut voir cette présentation formelle non pas seulement comme une contrainte mais comme une manière d'organiser des connaissances dans un ordre logique et cohérent. Sans que ce soit une consigne rigide, une demi-heure consacrée à la recherche d'un plan et à l'organisation des idées n'est pas excessif, d'autant moins que la différence entre un bon devoir et un devoir médiocre se situe souvent non pas dans la somme des connaissances, mais dans la façon d'exposer celles-ci.

Il faut faire en sorte que le plan distingue deux (ou trois) problèmes qui soient en même temps assez autonomes pour être séparés et suffisamment liés entre eux par une correspondance pour qu'il y ait une unité du devoir. On ne peut traiter dans les deux parties deux questions sans rapport l'une avec l'autre, et on ne peut pas non plus trouver dans les deux parties les mêmes questions traitées de manière identique. Il est nécessaire également de veiller à ce que les deux parties ne se contredisent pas et si l'on peut présenter des arguments favorables et des arguments défavorables à une thèse (par exemple dans le sujet « La Ve République est-elle un régime parlementaire ? »), c'est uniquement lorsque la réponse à la question n'est pas évidente et que l'on peut par exemple soutenir que la Ve République présente des aspects des deux types de régimes. Là réside la difficulté majeure de la dissertation. Le plan est parfois suggéré par le sujet, notamment lorsqu'il s'agit de comparer deux notions : dans ce cas, l'un des plans acceptables consiste à étudier d'abord les points de divergence entre les deux et ensuite les points de convergence (ou l'inverse). Par exemple, dans un sujet intitulé « Le président des États-Unis et le président de la République française », on peut considérer tout d'abord ce qui les rapproche (mode de désignation, attributions) et ce qui les sépare (un régime présidentiel d'un côté, un régime parlementaire d'autre part qui peut conduire à un affaiblissement du président français en cas de cohabitation).

Lorsqu'un sujet l'exige, il est possible de dissocier la théorie et la pratique d'une même institution ou d'une même technique. Dans le sujet consacré à la révision constitutionnelle sous la Ve République, on peut envisager d'étudier d'une part la procédure « normale » de l'article 89 puis celle « exceptionnelle » de l'article 11. Mais la distinction théorie/pratique, qui est une tentation fréquente dans les devoirs, doit être utilisée avec modération lorsque ces deux aspects du sujet sont intimement liés. Il en serait ainsi dans un sujet consacré aux pouvoirs du président de la République française car un exposé purement théorique de ses attributions conduirait à recopier la Constitution et l'autre partie se contenterait de raconter l'histoire de la Ve République.

Chacune des parties doit être autonome mais elle doit présenter une unité qui justifie que les éléments qu'elle contient sont réunis sous un même titre. Une idée, suffisamment générale pour donner une image d'ensemble est sans doute le plus sûr moyen de structurer les connaissances dans chacune des parties. Une méthode assez simple peut être de trouver une idée générale qui structure l'ensemble du devoir et qui se divise elle-même en deux parties, parce que ces dernières se complètent ou s'opposent. Lorsque le plan est arrêté, vient ensuite la phase de la rédaction.

III / Rédaction de la dissertation

Si l'on suit la répartition suggérée du temps de travail, deux heures sont nécessaires pour rédiger, en y incluant la toujours utile relecture, même rapide, du devoir. Il est souvent indiqué qu'il faudrait terminer un devoir en rédigeant l'introduction, lorsque les idées sont déjà exposées et que le devoir est maîtrisé. L'introduction est alors plus simple à concevoir car l'auteur sait quelle est la logique du devoir et peut annoncer un plan dont il est certain qu'il sera respecté. Sinon, il est vrai qu'il y a toujours le risque, souvent rencontré, que l'introduction ne corresponde pas au contenu du devoir, parce que la logique initiale a été perdue de vue lors de la phase de rédaction. Mais, ce qui est possible dans un devoir fait à la maison sur du papier libre, l'est difficilement dans un devoir rédigé sur une copie d'examen, sauf à réserver par avance un certain nombre de lignes à l'introduction. Cette technique n'est pas sans aléa.

A – Soigner l'introduction

Cette introduction doit présenter elle-même certaines caractéristiques pour présenter un intérêt et ne pas être seulement un exercice obligé par lequel toute dissertation doit débuter. L'introduction doit répondre au moins à deux objectifs : le premier est de présenter le sujet, de dire ce qu'il est et, éventuellement, ce qu'il n'est pas. Le second est de rendre logique la suite de l'exposé et de justifier le plan choisi comme s'il était le seul possible, c'est ce que l'on appelle l'annonce du plan.

S'agissant du premier aspect, il est évidemment lié à la première phase de recherche des questions posées par le sujet et de ses contours. Il n'est pas interdit de commencer un devoir par une définition des termes du sujet, lorsqu'ils le méritent. Ainsi un sujet consacré aux « Responsabilités du président de la République sous la Ve République » rend sans doute utile une explication de ce que sont la responsabilité en droit et les différentes formes de celle-ci (politique, civile et pénale). Le sujet consacré au « Rôle de juge de la loi du Conseil constitutionnel » nécessite une première approche de la notion de « juge » ou de juridiction. De même, il faut s'interroger sur le sens du mot loi et ses différentes acceptions (loi constitutionnelle, loi organique, loi référendaire, diversité des lois ordinaires…).

Une délimitation chronologique du sujet est souvent nécessaire, soit qu'elle soit explicite dans le sujet, soit qu'elle soit suggérée. Dans le sujet « Le droit de dissolution en France depuis 1875 », il faut se demander pourquoi cette date a été choisie et ce qui en fait son intérêt. Il ne s'agit pas de rechercher les intentions cachées ou les arrière-pensées du sujet, mais de déterminer ses limites. 1875 marque le début de la République parlementaire et il n'est pas excessif de considérer que les IIIe, IVe et Ve Républiques connaissent une assez grande unité institutionnelle, même si le droit de dissolution a connu des sorts divers au cours de ces trois périodes. En même temps, les textes organisant ce droit ont été rédigés en réaction aux périodes précédentes, d'où, là aussi, une certaine cohérence. Dans cet exemple de sujet, la délimitation est simple et il est évident que le sujet se termine au moment où le devoir est rédigé. Ce qui implique que dans l'hypothèse où une dissolution est intervenue dans l'année d'étude, elle soit prise en compte par le devoir. Lorsque le sujet est borné par une date de début et de fin, la question est encore plus facile à résoudre.

Indiquer une date dans un sujet implique de s'interroger sur ce qui précède celle-ci. Comme cela a été indiqué, ci-dessus, il ne faut pas consacrer des développements à la période antérieure dans le corps du devoir, mais il n'est pas interdit d'y faire référence dans l'introduction, ne serait-ce que pour se demander si l'institution ou la procédure qui sont au cœur du sujet existait ou non avant cette date, et dans l'affirmative, en quoi elle se distinguait de celle du sujet. Toujours à propos de la dissolution à partir de 1875, il est facile d'indiquer en quoi cette date marque un tournant dans l'existence de ce droit et ce qui fait l'unité de la période considérée.

Lorsqu'aucune date n'est précisée dans le sujet, cela ne signifie pas que celui-ci soit intemporel. En règle générale, et sauf le sujet indique expressément une fin de la réflexion ou si le sujet correspond à une période historique révolue, les dissertations doivent être traitées au moment où les sujets sont posés et elles englobent nécessairement les derniers développements connus : ainsi un sujet sur le président de la République posé en juin 2002 peut difficilement oublier l'élection présidentielle du mois de mai. Plus difficile est la question de savoir jusqu'où remonter dans le temps lorsqu'aucune indication n'est fournie. Quand l'institution est relativement récente, comme dans les sujets sur le Conseil constitutionnel, il faut *a priori* s'intéresser à celui-ci depuis 1958, mais lorsque l'institution est plus ancienne, la réponse est plus délicate. Un sujet intitulé « Le président de la République » sans autre précision ne doit faire l'impasse sur aucun des régimes qui ont consacré un président, donc y compris la IIe République, ne serait-ce que par comparaison avec les autres périodes. Mais comme le sujet est traité en 2002, on comprend aussi que l'accent doit être mis sur la période contemporaine.

Heureusement, la délimitation des programmes, souvent semestriels dans les facultés, simplifie ces interrogations : en effet, les semestres sont divisés de telle sorte que l'étude de la Ve République est réservée à un semestre spécifique et l'étude des périodes antérieures relève d'un autre semestre. Mais cette règle ne vaut pas partout et il n'est pas interdit d'exiger des étudiants qu'ils n'aient pas tout oublié de ce qui précède 1958, même d'un semestre à l'autre.

La question se pose parfois d'une éventuelle comparaison avec la situation d'autres pays et quelle place consacrer à celle-là. L'introduction peut être un moyen de résoudre cette difficulté. Sauf si le sujet invite à la comparaison entre des institutions voisines de deux pays, (comme par exemple « Le Gouvernement en France et au Royaume-Uni »), des références de droit comparé ne sont nécessaires que si elles sont utiles. Ainsi, se demander si le Conseil constitutionnel est un véritable juge de la loi en France peut inciter à comparer avec d'autres pays, les États-Unis notamment. Cela exige, d'une part, de connaître suffisamment bien le rôle de la Cour suprême américaine et d'autre part de comparer à bon escient. Cette comparaison peut trouver sa place dans l'introduction, ce qui est une façon d'évacuer d'emblée la question, ou dans le corps du devoir parce qu'elle est un élément important de l'étude du sujet en France. Le contrôle *a priori* de la loi à la française peut ainsi être opposé au contrôle *in concreto* à l'américaine. En la matière, tout est question d'appréciation et d'intelligence du sujet mais aussi de connaissances.

Consacrer un passage à l'histoire, c'est-à-dire à ce qui précède le sujet proprement dit, est souvent considéré comme le passage obligé d'une bonne introduction par les candidats. Là aussi, il faut se méfier des recettes et il peut arriver qu'un développement historique soit plus à sa place dans une des parties que dans l'introduction, lorsque l'origine de l'institution ou du problème juridique a des explications historiques. Il peut ainsi être judicieux de rappeler, dans l'une des parties du devoir, les origines du culte de la loi pour expliquer en quoi toute idée d'un contrôle de la loi n'a pas été envisageable en France pendant longtemps.

Une fois délimité dans le temps et dans l'espace, un sujet doit l'être aussi au fond. Un sujet consacré au pouvoir exécutif en France exige que cette notion soit définie et que, s'agissant de la France, par exemple, la copie précise que ce pouvoir est bicéphale et comprend, sous la Ve République, le Gouvernement et le président de la République. C'est aussi le rôle de l'introduction de tracer ces limites. Il est évident que la justification apportée pour exclure du sujet certains aspects du programme doit être solide pour que le reproche d'avoir ignoré des points essentiels de la matière ne puisse être fait. Même si le correcteur a parfois une autre vision que celle présentée dans le devoir, il peut être sensible à la cohérence et à la pertinence des arguments et admettre une manière différente d'appréhender le sujet.

Il ne faut pas penser qu'il existe un seul plan possible et les corrigés types sont dangereux en ce qu'ils laissent croire qu'il n'existe qu'une façon de comprendre un problème. Il peut y avoir, sur un sujet, plusieurs approches intelligentes et cohérentes.

Il ressort de tous ces éléments que l'introduction est un moment fort de la dissertation et même s'il est excessif de considérer, comme cela est parfois conseillé, que l'introduction doit représenter un tiers du devoir, du moins ne doit-elle pas être négligée ou bâclée en quelques lignes. Il peut être recommandé d'écrire au brouillon le texte de l'introduction, afin de soigner celle-ci. De façon évidente, elle est l'entrée en matière d'un devoir, ce par quoi commence la lecture du correcteur. C'est donc la première impression et il est préférable qu'elle soit bonne, car il arrive que ce dernier reste influencé par celle-ci. Il est souvent conseillé de soigner la première phrase (dite phrase d'attaque), et l'on peut en effet veiller à ce qu'elle accroche l'intérêt du lecteur. Un moyen souvent utilisé consiste à se servir d'une citation d'un auteur ou d'une Constitution. Cela nécessite d'avoir en tête quelques phrases exactes car il est dommage de faire des citations erronées ou incomplètes.

L'introduction sert aussi à annoncer le plan, c'est son deuxième intérêt. Il n'est pas nécessaire d'y consacrer de longs développements mais il faut veiller à ce que la justification du plan suive logiquement l'exposé des limites et des fondements du sujet. Sinon, l'impression est grande de ne pas saisir la démarche suivie par le devoir et de voir annoncé un plan artificiel qui n'ait aucun rapport avec ce qui précède et qui le justifie ni avec le plan réellement choisi pour la suite. Ces quelques lignes doivent être particulièrement soignées, elles constituent la conséquence de l'introduction et la justification des deux (ou trois) parties.

B – Rédiger les développements

Le plan ayant été soigneusement élaboré au départ et l'introduction ayant permis de préciser ce qu'est le sujet et de justifier la démarche suivie, il reste à rédiger les deux ou trois parties, elles-mêmes divisées en sous-parties. Il n'est pas nécessaire de détailler encore plus les subdivisions en points 1 et 2 et en (a) et (b), sauf si la démonstration l'exigeait. Il est peu utile de donner au correcteur l'impression que le devoir n'est qu'une sorte de plan détaillé dont les développements rédigés seraient squelettiques. Les étudiants se posent souvent la question de savoir si les titres des parties et des sous-parties doivent être apparents et formalisés. On peut répondre sans hésitation par l'affirmative, car ces titres obligent l'auteur de la copie à rester dans le sujet et dans la démarche choisie et facilitent la lecture, et éventuellement la relecture rapide, en la guidant, du correcteur.

Pour rédiger ces développements, il ne faut pas oublier, outre les évidents conseils tenant à la correction de la langue et de l'écriture, qu'une dissertation n'est pas la récitation d'un cours appris par cœur et qu'il faut sélectionner celles-ci en fonction de la démonstration que l'on entend mener. Mais le travail préparatoire de sélection des éléments du sujet et d'organisation du plan doit permettre une rédaction qui correspond au sujet. Il est certain que, pour être la phase matériellement la plus longue, ne serait-ce parce qu'elle exige le temps de l'écriture, si possible soignée et en évitant au maximum les ratures, les abréviations et autres commodités, elle n'est pas la plus délicate si le travail préalable a été conduit de manière complète et satisfaisante. Il n'est alors pas utile de rédiger ces développements au brouillon et de recopier celui-ci. Il y a de fortes chances d'ailleurs pour que le temps manque pour ce faire.

C – Faire une conclusion ?

Beaucoup d'étudiants se posent la question de la conclusion. Cette dernière est nécessaire lorsqu'elle apporte des éléments nouveaux par rapport au reste du devoir. Si elle se contente de répéter ce qui a déjà été exposé, elle est inutile. En revanche, il est souvent recommandé de rédiger des conclusions dites d'ouverture, qui se terminent par une idée nouvelle, ou un élément non encore abordé, et qui constituent un prolongement du sujet. Par exemple, dans le sujet « Le Conseil constitutionnel, juge de la loi », il est possible de s'interroger sur les autres actes dont le contentieux pourrait être confié au Conseil (comme les actes de gouvernement) ou, si cela n'a pas été encore évoqué, quelles pourraient être les autres modalités de saisine du Conseil constitutionnel.

Il n'est cependant pas très adroit de terminer la conclusion par une phrase interrogative qui apparaît souvent comme un moyen de conclure le devoir artificiellement par une question qui n'a rien à voir avec les développements. Dans ce cas, comme dans tout ce qui précède, la clarté et la simplicité sont les qualités les plus appréciées.

Le commentaire de texte

Les conseils généraux sur la connaissance de la matière et les méthodes de lecture sont bien entendu aussi valables que pour la dissertation, et les qualités de clarté et d'intelligence sont également nécessaires pour une épreuve de commentaire. En guise d'entraînement, il est possible de vérifier la compréhension des conseils qui suivent, en utilisant, si besoin est, un dictionnaire.

Il n'est pas exigé, notamment en première année, que le commentaire du texte soit ceux que l'on peut attendre de spécialistes et qui sont publiés dans les revues juridiques. Afin d'éviter d'ailleurs une inutile comparaison entre l'exercice académique et l'œuvre scientifique, les sujets proposés peuvent porter sur des textes peu connus ou très récents à propos desquels aucun commentaire n'a encore été publié. Cette solution est souvent adoptée pour les décisions juridictionnelles. Mais il ne s'agit en aucune manière d'une règle et si le texte proposé est très classique, comme l'extrait d'une constitution ou d'un document politique, il est attendu du commentateur qu'il dégage les principales idées du texte, sans chercher à imiter les maîtres de la doctrine.

Mais, alors qu'en droit privé, le texte à commenter est souvent une décision de justice (d'où l'expression de « commentaire d'arrêt » pour désigner ce type de sujet), en droit constitutionnel, la palette des textes est beaucoup plus vaste. Il peut s'agir aussi bien d'une décision juridictionnelle, du Conseil constitutionnel, des juridictions administratives ou même de la Cour de cassation ou d'une juridiction judiciaire (comme par exemple l'arrêt du 10 octobre 2001 relatif au statut pénal du président de la République). Mais ce peut être aussi l'extrait d'une constitution, française ou étrangère, ou le passage d'un texte de doctrine ou d'un discours politique dans lequel des idées constitutionnelles sont exposées. Les conférences de presse des différents présidents de la République, notamment du général de Gaulle, constituent des sujets possibles, les messages des présidents de la République au Parlement aussi (comme celui de Jules Grévy du 30 janvier 1879, celui de François Mitterrand définissant la cohabitation du 8 avril 1986 ou l'intervention de Nicolas Sarkozy devant le Congrès le 22 juin 2009). Le texte à commenter peut être aussi un article de journal qui ne se contente pas de rapporter des faits mais expose aussi des idées.

Le texte choisi peut être long, court ou n'être constitué que d'un extrait. Il peut être composé de deux textes ou parfois plus. Le choix des textes étant assez vaste, il est encore plus aléatoire de chercher quel sera le texte qui sera proposé à l'examen.

Le commentaire de texte est souvent présenté comme un exercice difficile, mais outre que c'est un sujet qui est fréquemment donné en droit privé et que les conseils prodigués pour une matière peuvent servir pour une autre, il a l'avantage d'être encadré et de laisser moins d'incertitude que la dissertation. Il faut en effet commenter tout le texte, mais rien que le texte. Pour aider les étudiants, il arrive que le commentaire de celui-ci soit assorti de questions. Cette présentation du sujet présente plusieurs intérêts. Elle guide ainsi les étudiants car ils doivent se contenter de répondre aux questions posées, dans l'ordre indiqué ou du moins en ne mélangeant pas les questions (sur ce point, les conseils sont ceux que l'on peut donner pour un cas pratique, cf. *infra*). Elle facilite aussi la lecture du texte, qui est moins libre mais qui est plus efficace puisque l'accent est mis sur les points importants suggérés par les questions posées.

Lorsqu'aucune question n'est proposée, il n'y a pas d'autre choix que de commenter le texte choisi, avec une plus grande liberté mais il faut alors mettre l'accent sur les aspects essentiels du texte, qui doivent être les mêmes que ceux qui ont été repérés par l'auteur du sujet car il a, lui aussi, une vision du sujet. Même s'il n'existe pas non plus un seul commentaire possible d'un texte, il est préférable que les points jugés incontournables d'un texte n'aient pas été oubliés.

Pour réussir un bon commentaire, il faut lire le texte de manière très attentive, organiser les questions principales qu'il suscite autour d'un plan et il ne faut pas se contenter de paraphraser le texte.

I / Le commentaire d'un texte commence par sa lecture

Cette exigence paraît évidente dans cette épreuve car on ne peut commenter un texte que si celui-ci est connu et donc compris. Quelle que soit la longueur du texte, la lecture est une phase essentielle de l'exercice et il est vivement recommandé de faire plusieurs lectures du texte, la première servant à découvrir ce qui est proposé, les autres permettant de souligner, à l'aide d'un crayon de papier (ce qui permet d'effacer en cas d'erreur), d'encadrer ce qui retient particulièrement l'attention. Il est conseillé cependant de ne pas tout souligner car il devient alors difficile de retrouver ce qui est important et ce qui ne l'est pas si tout est placé sur le même plan. Il n'est pas interdit, sans surcharger le texte à l'excès, d'ajouter des annotations en marge du texte, sous forme de rappel d'autres textes connexes à celui qui est proposé (par l'insertion de « voir » ou « cf. ») ou au contraire d'opposition entre le texte proposé et d'autres qui sont connus. Les méthodes sont bien sûr personnelles et il faut faire son propre apprentissage, mais l'essentiel est de retrouver les idées suggérées lors d'une lecture du texte au moment où il faudra rédiger le commentaire.

Lorsque le texte est long, la difficulté consiste d'abord à lire entièrement le texte et à opérer un tri entre les informations qu'il apporte. Tout n'est peut-être pas essentiel dans celui-ci, il peut contenir des passages descriptifs ou éventuellement répétitifs. C'est là où les connaissances, toujours elles, sont utiles car elles permettent de distinguer en quoi le texte est nouveau et en quoi il se contente de confirmer des éléments ou des solutions connus. Constater un revirement ou une opinion confirmée est particulièrement nécessaire pour le commentaire d'une décision de justice, afin de ne pas commettre de contresens sur l'intérêt de celle-ci.

Lorsque le texte est, au contraire, très court, dans l'hypothèse par exemple d'un extrait de texte, il peut se confondre avec un sujet de dissertation. En principe, le sujet est précédé de la mention « Commentez le texte suivant », ce qui évite cette erreur. Il faut traiter alors ce passage non pas comme un prétexte à la dissertation générale mais comme le commentaire de ce texte. Si celui-ci a été choisi, c'est qu'il contient suffisamment de richesses pour donner lieu à un commentaire dense, malgré sa brièveté, et il faut sans doute faire attention à chacun de ses termes.

Lorsque, enfin, deux ou plusieurs textes sont soumis au commentaire, l'intention de l'auteur du sujet est d'inciter à leur comparaison et à leur confrontation. L'exercice est alors rendu plus difficile car il faut maîtriser en permanence les deux textes et n'oublier aucun de leurs éléments.

Par rapport à une décision de justice, en droit privé ou en droit administratif, le texte de droit constitutionnel comporte assez rarement de données factuelles. Celles-ci permettent, dans les autres matières, de fournir quelques éléments concrets destinés à faciliter la compréhension du texte. Il n'y a pratiquement pas non plus, en droit constitutionnel, de questions procédurales, à la différence des arrêts de cassation qui obligent à rappeler les phases du contentieux, la première instance ou l'appel. En droit constitutionnel, le commentateur est confronté à un texte en général plus abstrait et ce sont souvent des idées plus que des faits qui sont exposés. Dans le cas d'une décision du Conseil constitutionnel, il faut néanmoins prendre soin de rechercher quel est l'auteur de la saisine, quelle est la loi contestée, dans sa totalité ou dans certains de ses éléments et quel est ou quels sont les articles ou éléments du bloc de constitutionnalité qui sont concernés par la décision. Comme dans toute décision de justice, le sens de celle-ci, rejet, pour irrecevabilité ou au fond, ou censure, partielle ou totale, de la loi, est essentiel à la bonne compréhension du texte.

La lecture attentive du texte (en fait les lectures) doit permettre de rechercher les points principaux du texte, les problèmes qu'il pose, les solutions qu'il apporte, les difficultés d'interprétation qu'il soulève. Ceux-ci ne sont pas en nombre infini. Mais il y en a en principe plusieurs, ce qui oblige à les organiser, c'est-à-dire à bâtir un plan.

II / Recherche d'un plan de commentaire

Le commentaire de texte, quelle que soit la nature de celui-ci, ne doit pas être considéré comme un exercice purement formel, car il constitue un bon apprentissage de la lecture-compréhension d'un texte, ce que doit faire tout juriste, dans la plupart des métiers du droit.

Le commentaire est cependant plus qu'une lecture car il doit faire apparaître les idées principales d'un texte, le situer, expliquer sa raison d'être et ses motivations, apparentes ou cachées. Il est possible de porter un jugement sur ce texte, ce qui n'interdit pas de le critiquer. Le commentaire d'un texte ne consiste pas, en effet, à seulement indiquer que, par exemple et comme on le lit souvent, des lignes 2 à 5 du premier paragraphe, l'auteur exprime telle ou telle idée, et que dans les paragraphes 3 à 5, c'est une autre idée qui est exposée. Ce travail, purement analytique, est peut-être le fruit d'une première lecture du texte, ce n'est pas ce qui exigé d'un véritable commentaire.

On peut ainsi estimer qu'un texte normatif, constitution ou loi, n'apporte pas en lui-même les réponses aux questions qu'il est censé résoudre. En bref, le commentateur doit l'expliquer et le lecteur du commentaire doit pouvoir connaître et comprendre ce texte, même s'il ne l'a pas lu. La clarté de l'exposition est encore, dans ce type de sujet, essentielle.

En bonne logique, un plan de commentaire devrait comprendre autant de parties qu'il y a de problèmes à commenter dans le texte, en les classant par ordre d'importance. Les habitudes académiques sont néanmoins favorables, pour le commentaire comme pour la dissertation, au plan en deux parties et deux sous-parties, trois parties paraissant le maximum acceptable. Au-delà, il est considéré, non sans raison, que l'esprit se perd dans la démonstration et que le devoir n'a plus de fil directeur. Le respect de cette consigne s'accompagne du souci de faire des parties équilibrées entre elles. Si, bien entendu, il n'est pas obligatoire qu'elles comprennent exactement le même nombre de lignes, il est préférable que le déséquilibre ne soit pas trop grand. Dans ce cas, ce dernier fait apparaître que le choix des questions à commenter n'a pas été judicieux puisque le commentaire montre qu'il y a un vrai problème (la partie démesurément longue) et un faux problème (la partie tronquée, dans laquelle il n'y a rien à dire).

Compte tenu de cette contrainte, le plan doit être articulé autour des deux (ou trois) idées importantes du texte. Il arrive, malheureusement trop peu souvent, que le texte soit lui-même divisé en deux ou trois parties (paragraphes, articles de Constitution ou de loi, considérant d'une décision de justice…). Dans cette hypothèse, le plan du commentaire peut être le plan du texte, si réellement la structure formelle du texte correspond à la distinction au fond des problèmes soulevés. La plus grande prudence s'impose donc en la matière et il ne faut pas nécessairement se précipiter sur les apparences du texte pour guider le commentaire.

De la même manière, un texte long n'est pas nécessairement le plus riche à commenter, car il peut être assez descriptif ou anecdotique et un texte très court peut révéler de nombreuses idées. Il ne faut pas, là non plus, se fier à la première impression.

Enfin et *a priori*, si deux ou trois textes sont proposés à la réflexion, ce n'est sans doute pas pour qu'ils soient étudiés séparément dans deux ou trois parties différentes du commentaire.

Lorsque la lecture attentive a permis de dégager d'assez nombreuses idées contenues ou suggérées dans le texte, il faut les classer et ne retenir que les deux ou trois principales qui constituent l'ossature logique du commentaire. Que faire des autres ? Si elles présentent un lien évident de connexité avec les idées principales, il faut les présenter en même temps que ces dernières et elles constituent l'objet assez naturel d'une des sous-parties.

Si le texte à commenter est constitué des articles 20, 49 et 50 de la Constitution de 1958, la présentation du cas d'engagement de responsabilité devant le Sénat contenu à l'alinéa 4 de l'article 49 pourrait constituer une partie du développement consacré au bicaméralisme inégalitaire suggéré par ces différents articles.

Lorsque, en revanche, les idées nées au moment de la lecture apparaissent moins importantes à la réflexion, il ne faut pas hésiter à les écarter du commentaire rédigé, sauf à les évoquer dans l'introduction pour ne plus y revenir. Ce peut être le cas de questions de procédure, dans une décision de justice, quand celles-ci ne constituent pas une des questions majeures du texte. Bien sûr, les choix à opérer à ce stade sont parfois délicats et tout est question d'appréciation mais aussi d'habitude qui ne peut naître que d'un travail régulier.

L'introduction d'un commentaire de texte doit être plus facile à réaliser que celle d'une dissertation et elle n'a pas besoin d'être aussi étoffée que dans ce dernier cas. Elle consiste surtout à présenter le texte : il est important de préciser sa date, ce qui permettra d'indiquer si, par exemple pour une décision de justice, le texte est une confirmation ou un revirement. La date, si elle est ancienne, permet de préciser d'emblée comment la question a évolué depuis ce texte. Un texte sur le président de la République qui daterait d'avant 1986 devrait ainsi être éclairé par la pratique de la cohabitation. Il est aussi nécessaire de préciser sa nature, texte normatif ou opinion doctrinale : dans le premier cas, sa portée est plus grande car il a vocation à changer le droit existant. Si l'auteur est un homme politique, un juriste ou un journaliste (parfois il peut être les trois à la fois), il est bon de rappeler quelques éléments de biographie, afin d'éclairer le texte, principalement si cette personne a joué un rôle particulier dans la rédaction de ce texte. Si le texte à commenter est un extrait du discours de Michel Debré devant le Conseil d'État le 27 août 1958, il importe de préciser quel rôle a joué M. Debré dans l'écriture de la Constitution de 1958. Il arrive, lorsque l'auteur du texte est peu connu, qu'une note précise quelques éléments de biographie. Mais il vaut mieux ne pas trop compter sur cette mansuétude ! En cas de doute sur la personnalité de l'auteur, la prudence s'impose et ne rien dire est encore le plus sûr moyen de ne pas se tromper.

Lorsqu'il s'agit d'un extrait, il est important de le situer dans son contexte, si celui-ci est censé être connu. Si, par exemple, doivent être commentés les articles de la Constitution de 1958 attribuant au président de la République des pouvoirs dispensés du contreseing, il est utile de rappeler dès l'introduction, qu'il existe aussi des attributions qui nécessitent un contreseing. En règle générale, en présence d'une décision de justice, le sujet est donné de telle manière que l'éventuel extrait fourni contient l'essentiel et que le reste n'a pas besoin d'être commenté. Il en est de même dans le cas d'un article doctrinal ou de journal. Essayer de deviner la suite de l'extrait du texte ou ce qui le précède, est un jeu dangereux et inutile.

De façon classique, il est souvent rappelé qu'il n'est pas nécessaire de faire une conclusion dans un commentaire. Comme le texte se suffit normalement à lui-même pour être donné à commenter, le commentaire suffit à sa compréhension, sans qu'il soit besoin de conclure. En effet, tout a été dit sur le texte dans le commentaire et toute idée nouvelle suggérée à la fin sortirait du texte.

III / Commenter n'est pas paraphraser

Deux écueils majeurs guettent le commentateur. L'un et l'autre sont autant rédhibitoires. Le premier consiste à s'évader du texte à un tel point que celui-ci n'est que le prétexte à faire une dissertation et qu'il est totalement oublié. La tentation est grande de procéder de cette manière lorsque le texte n'évoque rien ou peu au commentateur et qu'il pense que traiter de questions générales qui auraient un vague rapport avec le texte peut remplacer un commentaire. Il vaut mieux se persuader d'emblée que le correcteur ne sera pas dupe de cette solution qui n'en est pas une. Le second écueil est de ne rien apporter au texte et de se contenter de répéter ce qu'il énonce, généralement en moins bien exprimé : cela s'appelle de la paraphrase. Un des moyens pour éviter le premier danger passe par le respect des consignes de lecture formulées ci-dessus.

Pour éviter la paraphrase, il faut se rappeler qu'un commentaire doit « faire le tour » du texte, sans oublier un élément, mais tout en le situant dans un ensemble et en formulant une opinion sur son contenu.

Ne pas paraphraser ne signifie pas que l'on doive oublier le texte ni même, parfois, en citer des passages. Mais, là encore, la mesure s'impose et recopier des extraits entiers du texte n'a jamais constitué une bonne technique. Le commentaire ne peut se limiter à répéter ce qui est dit dans le texte, sans en tirer une appréciation ou, au sens premier du mot, un commentaire.

Si l'on prend l'exemple d'une décision du Conseil constitutionnel à commenter, il est par exemple utile de préciser si celle-ci est récente ou non. Dans le premier cas, il faut se demander si cette décision, novatrice en son temps, a été contredite ou non. Dans le second cas, la question se pose de savoir si cette décision contredit une jurisprudence et sur quels points. Il est cependant assez rare qu'un commentaire d'une décision de justice ancienne qui ne fasse plus jurisprudence soit proposé.

Il faut aussi être attentif aux modalités de la saisine (quelle autorité de saisine parmi celles qui peuvent le faire ? à quel moment de la procédure ?). Parfois, ces remarques ne nécessitent aucun commentaire. Dans d'autres cas, cette question mérite de longs développements : la première fois qu'un président de la République sera amené à saisir le Conseil à propos d'une loi, ce qui constituera une innovation majeure du contentieux constitutionnel, ce point nécessitera un commentaire sérieux, par exemple sur le rôle du président au sein des institutions.

On pourra aussi indiquer que la loi qui fait l'objet de cette décision a été débattue longuement dans l'opinion et au Parlement, ce qui souligne les enjeux de la saisine, comme pour les lois récentes sur la justice ou la sécurité.

Lorsque le texte à commenter est un texte normatif, il faut veiller aux conditions de son édiction (vote par une ou deux assemblées ? contreseing ou non ?). Là encore, ces éléments sont souvent anodins et sans nouveauté majeure. Parfois, ils peuvent révéler des problèmes essentiels sur lesquels le commentaire doit mettre l'accent.

La lecture du texte est le plus sûr moyen de ne pas passer à côté de ces points importants. Dans une décision juridictionnelle, les mots de liaison, qui ponctuent le raisonnement du juge (les expressions « dès lors », ou « considérant cependant » ou « il ressort des pièces du dossier ») sont, en règle générale, essentiels à la bonne compréhension du texte. Il en est de même dans un article de doctrine ou de journal et les différents stades du raisonnement de l'auteur doivent être remarqués et éventuellement commentés.

Le style même d'un auteur est parfois à commenter, sans se livrer à une analyse linguistique ou grammaticale. Il arrive qu'un homme politique s'exprime de façon imagée ou par antiphrase et il faut alors décrypter le sens réel de sa pensée. Le style fleuri du général de Gaulle dans certaines conférences de presse en constitue un bon exemple.

En présence d'un texte normatif, en principe plus concis et plus abstrait, il est parfois nécessaire de veiller à l'emploi de certains mots : « peut dissoudre » ne signifie pas la même chose que « doit dissoudre » ou « il dissout ». L'emploi de l'indicatif présent est le signe d'une obligation, comme dans l'article 49, alinéa 1, de la Constitution : « Le Premier ministre engage devant l'Assemblée nationale la responsabilité du Gouvernement ». Dans l'article 8, la phrase « Le président de la République nomme le Premier ministre » signifie que cette nomination par le président suffit à ce qu'une personne soit désignée à cette fonction, et qu'il n'a besoin d'aucune confirmation ou de l'intervention d'aucune autre procédure. La nomination est parfaite dès qu'elle a été prononcée par le chef de l'État. Le commentaire est donc aussi celui du sens des phrases, ce qui justifie, une nouvelle fois, toute l'attention qui doit être apportée à la bonne lecture du texte. Celle-ci, liée à des connaissances suffisamment solides pour que soient mis en avant les points importants du texte, permet de vaincre les difficultés, réelles mais pas insurmontables, du commentaire de texte en droit constitutionnel.

L'étude de cas ou la consultation

Faut-il préciser encore une fois que les qualités requises pour faire du droit constitutionnel et évoquées ci-dessus sont tout aussi utiles pour l'épreuve de cas pratique ? Sans connaissances, sans qualité de raisonnement et de clarté, il n'est guère possible de traiter ce type d'épreuve et le fait que celle-ci soit d'apparence moins abstraite (d'où son nom !) ne le rend pas plus aisé pour autant.

Ce type d'épreuve est, en principe, celui qui se rapproche le plus de la vie « réelle » puisqu'il s'agit de résoudre un cas particulier, susceptible de se poser dans la pratique, ce que fait un avocat ou un juge. C'est donc l'exercice du juriste qui permet de constater que la matière est non seulement apprise, mais qu'elle est comprise et applicable à des situations concrètes, d'où son côté attractif, ce qui ne signifie pas son caractère facile. Cette épreuve est parfois désignée sous le nom de « consultation » car il arrive que certains professeurs de droit ou des membres des professions de conseil soient consultés, parfois par les plus hautes autorités politiques ou administratives avant qu'une décision soit prise. Ces consultations prennent souvent l'aspect d'un cas pratique tel qu'il est proposé dans certains sujets.

Du point de vue de la présentation des sujets, le cas pratique proprement dit est assorti de différentes questions identifiées, parfois numérotées, alors que la consultation a la forme d'un scénario à la fin duquel il est proposé de résoudre l'ensemble du cas. Mais cette dernière forme ne doit pas inciter à traiter le sujet comme une dissertation et il faut, dans un premier temps, identifier les différents problèmes posés, car il y en a en principe plusieurs, avant de chercher à les résoudre.

Les spécificités du droit constitutionnel font, comme cela a été évoqué, que la pratique des institutions inscrites dans la Constitution est moins fréquente que le divorce ou la reconnaissance de paternité, et les auteurs de sujet doivent faire preuve de beaucoup d'imagination pour fabriquer des sujets plausibles qui obligent les étudiants à ne pas seulement réciter des connaissances mais à se servir de celles-ci pour résoudre une situation originale. Le droit électoral, les calculs de majorité, le fonctionnement de certaines institutions ou de procédures comme la motion de censure ou la dissolution d'une assemblée constituent les terrains de prédilection du cas pratique en droit constitutionnel.

En dehors de cette particularité, le cas pratique en droit constitutionnel exige les mêmes qualités que dans les autres disciplines et la maîtrise de sa technique servira pour des matières enseignées dans des années ultérieures.

Alors que la dissertation et le commentaire proposent un sujet à traiter, qui est en principe identifiable, le cas pratique, et encore plus la consultation, nécessitent de chercher quels sont les problèmes contenus dans l'énoncé et comment les formuler, avant de tenter de les résoudre. En cela, le véritable cas pratique se distingue de la série de questions sur un texte réel ou sur une situation historique ayant existé et dont la réponse peut être trouvée par l'appel à des connaissances. La première phase est essentielle car la réussite de la seconde en dépend.

I / Identification des problèmes posés

Il faut distinguer les questions et les problèmes. Lorsqu'une consultation est proposée, la forme du sujet pourra être, après l'exposé d'un ensemble de faits ou de situations, rédigée ainsi : « *Monsieur X* (qui est censé être celui qui vient consulter) *vous demande de l'aider à prendre telle ou telle décision* ». Il faut donc, parmi les données fournies par le sujet, opérer le tri entre les éléments de pur fait et les problèmes juridiques suscités par ces faits. Il faut donc identifier les problèmes et les transformer en questions. Par exemple, si le sujet suggère que le consultant, Premier ministre sous la Ve République, souhaite se « débarrasser » (les sujets emploient volontairement des expressions non juridiques afin d'obliger à requalifier les faits dans le langage du droit constitutionnel) d'une assemblée législative qui ne répond plus à ces vœux, il faut comprendre :

- Que peut signifier, sous la Ve République, se « débarrasser » d'une assemblée ?

- De quelle assemblée, sachant qu'il existe deux assemblées législatives, peut-on se débarrasser ?
- Quelle est l'autorité compétente pour le faire ? Si ce n'est pas le Premier ministre, celui-ci peut-il contraindre ou inciter l'autorité compétente à le faire ?
- La décision est-elle soumise à des conditions ?
- Dans le cas du scénario proposé, ces conditions sont-elles réunies ?

Cet exercice exige donc un travail de reconstruction du sujet, qui est nécessaire pour le traiter et des qualités de raisonnement juridique sont demandées.

Le travail de lecture demande donc encore plus d'attention que dans les autres types de sujet, car il faut chercher où se trouve la question, si elle n'est pas formulée, dans l'enchevêtrement de faits proposé et qui est volontairement, la plupart du temps, un peu compliqué. Le sujet peut être présenté comme une « histoire » plus ou moins réaliste à propos de laquelle il sera demandé de venir au secours de celui qui est censé être à l'origine du cas, et sans que des questions intermédiaires soient formulées. Ces faits s'inspirent parfois de faits réels ou sont adaptés de situations ayant existé mais ils sont déformés volontairement pour que la réponse ne puisse pas être trouvée directement dans un cas similaire trop connu. De même, certains cas pratiques, en droit privé surtout, sont adaptés de décisions de justice mais après que les situations réelles ont été modifiées.

Lorsque le cas pratique distingue lui-même les questions à partir d'un scénario, il faut transformer ces questions en problèmes, c'est-à-dire se demander à quel problème juridique se rattache la question posée.

Pour un sujet dans lequel un Premier ministre s'interroge sur les moyens par lesquels il peut faire adopter un certain nombre de mesures, il peut être précisé certains points. Par exemple, il est indiqué que le projet se heurte à une forte opposition du Sénat et il peut être demandé comment vaincre cette opposition. Par rapport à l'exemple de la consultation ci-dessus, la réponse est ainsi guidée par des questions plus ou moins précises.

Il faut malgré tout, dans ce cas se demander :

- Si le projet nécessite l'acceptation obligatoire du Sénat (cas d'un projet de loi constitutionnelle ou de certaines lois organiques ? lesquelles ?).

- Si ce n'est pas le cas, peut-on se passer de l'accord du Sénat ? Dans quelles conditions, de délai, de procédure ?
- Le gouvernement risque-t-il la censure du Sénat ? Peut-il au contraire engager sa responsabilité sur ce texte afin d'en accélérer son adoption ?
- Une fois la loi adoptée malgré l'opposition majoritaire du Sénat, celui-ci (ou certains de ses membres) peut-il s'adresser à une juridiction ? Si oui, laquelle, dans quelles conditions, de forme, de procédure, de délai ?

Même si, dans ce cas, la réponse à la question est guidée par la recherche des moyens de briser l'opposition du Sénat, il faut « traduire » cette question en termes ou problèmes juridiques : le bicaméralisme en France, l'inégalité entre les deux assemblées, dans l'élaboration de la loi et/ou dans le contrôle du Gouvernement, les moyens à la disposition du Sénat pour s'opposer, principalement par la saisine du Conseil constitutionnel. La formulation des questions doit aider à identifier les problèmes, mais elle ne suffit pas. Sinon, le cas pratique n'aurait plus de raison d'être.

Après avoir recensé les questions posées par le texte, il faut leur trouver une réponse. L'identification de la question, ce qui revient à trouver le problème juridique, permet de la résoudre déjà partiellement.

II / Réponse aux questions

L'objectif de l'épreuve est de trouver une réponse à la question posée, qu'elle soit la plus exacte possible, mais il faut aussi la justifier par une démonstration. Il ne faut pas, en effet, que cette réponse apparaisse comme le fruit du hasard ou le résultat de la chance. C'est aussi en cela que l'exercice est difficile. Il est délicat car il faut déjà retrouver quels sont les problèmes posés avant d'envisager d'y répondre. Ne pas poser les poser correctement est le plus sûr moyen de se tromper quant aux solutions.

Le cas pratique présente le grand avantage, apparent, d'être dispensé de la recherche d'un plan. En règle générale, en effet, le sujet est divisé en questions et il suffit d'y répondre dans l'ordre proposé. Dans le cas où il y est répondu dans le désordre, parce que certaines questions appellent des réponses plus faciles que d'autres, il est vivement conseillé de ne pas oublier de rappeler la numérotation des questions. Ce conseil doit être également suivi pour le commentaire assorti de questions (cf. *supra*).

Mais, bien entendu, cet exercice comprend d'autres difficultés qui peuvent le rendre tout aussi « redoutable » que la dissertation ou le commentaire. Il exige en effet que les questions abordées dans le cas ne restent pas sans réponse car l'objectif poursuivi ne serait pas atteint. Aucune question, posée expressément ou implicitement, ne peut rester sans réponse, et, parfois comme dans les sciences exactes, seule la réponse correcte à une question permet de traiter la ou les questions suivantes. Le candidat n'est donc pas libre (beaucoup moins que dans une dissertation pour laquelle l'approche est laissée à la discrétion de chacun) dans le traitement du sujet.

Il arrive parfois que l'utilisation des notes de cours et des ouvrages soit autorisée pour traiter le sujet. Il s'agit en principe d'une aide mais il faut imaginer que le sujet qui est posé est sans doute délicat et qu'il nécessite des réponses précises dont la connaissance « par cœur » n'est pas exigée. Mais la maîtrise de la matière est cependant une nécessité car il faut retrouver, dans ces notes ou ces ouvrages, où se trouve la réponse. C'est cet exercice qui s'apparente le plus à ce que doit faire le juriste professionnel qui, s'il ne « sait » pas tout, doit savoir quoi et où chercher. L'aide apportée par les documents, lors d'un examen, peut devenir un piège si l'on ne sait pas les utiliser et le risque est grand de se perdre.

Une autre solution consiste parfois à fournir la Constitution du pays qui fait l'objet de l'examen, ou un extrait de celle-ci. Des documents ou textes, dans lesquels peuvent se trouver des éléments de réponse, sont parfois distribués avec le sujet. Encore faut-il savoir les lire, c'est-à-dire les comprendre et s'en servir à bon escient.

Formuler une réponse argumentée nécessite de fournir à l'auteur des questions la démarche par laquelle la réponse est obtenue. Si la question posée consiste à se demander comment réviser la Constitution de 1958, il faudra par exemple envisager quelle est la qualité de l'auteur de la question (membre du Parlement ou autorité relevant du pouvoir exécutif ?). Si c'est un parlementaire, il pourra lui être répondu qu'il peut être à l'origine d'une proposition de loi constitutionnelle et que celle-ci devra suivre les étapes du vote d'une loi, avec un certain nombre de spécificités. Si ce parlementaire est un sénateur, il ne sera pas inutile de lui indiquer que le Sénat possède un véritable de droit de veto sur les initiatives de l'Assemblée nationale et que les deux assemblées se situent sur un pied d'égalité en matière constitutionnelle. Il sera enfin utile de rappeler à ce parlementaire que la loi constitutionnelle devra obligatoirement être soumise au référendum et non au Congrès. Sauf si cet élément pouvait aider à la formulation de la réponse, il n'est donc pas nécessaire, dans un cas pratique, de retracer un historique de la révision et de donner la liste de toutes les révisions intervenues depuis 1958. Il y a des chances que ces connaissances livresques intéressent assez peu celui qui cherche une réponse précise. En cela, le cas pratique se distingue de la dissertation. Les aspects théoriques du sujet doivent être limités à la seule recherche de la réponse et il est exclu de transformer un cas pratique en un cours.

On devra donc détailler les étapes du raisonnement et ne pas livrer une réponse toute faite. Il s'agit de démontrer la pertinence de la réponse et, accessoirement, de montrer que celle-ci est raisonnée et reflète la compréhension de la matière. Cette exigence est d'autant plus fondée qu'il peut exister plusieurs réponses à la question (parce que celle-ci a été formulée avec suffisamment d'incertitude pour que des éléments précis manquent : dans l'exemple précité de la révision, n'aura ainsi pas été précisée la qualité de député ou de sénateur du parlementaire consultant). La pluralité des réponses pourra provenir aussi de la matière elle-même qui ne s'apparente pas à une science exacte : le président de la République peut-il ou non refuser les ordonnances de l'article 38 que lui soumet le Gouvernement ? L'article 11 peut-il être utilisé pour réviser la Constitution ? L'absence d'une réponse unique, dans certains cas, doit inciter à la prudence et il vaut mieux, alors, fournir plusieurs solutions et souligner les avantages ou les inconvénients respectifs ou les problèmes soulevés par les unes et les autres. Cette technique doit cependant être maniée avec modération lorsque, en revanche, la réponse est évidente et que la pluralité de solutions reflète l'ignorance de son auteur : ainsi, dans un sujet sur le droit de dissolution, il vaut mieux éviter de dire au Premier ministre, qui cherche à se débarrasser du Sénat, qu'il peut le faire sans difficulté.

La rédaction du devoir obéit à des contraintes moins fortes que pour les autres types de sujet. Il n'est pas utile de faire une introduction, notamment lorsque ce sont des questions distinctes qui sont posées. Il suffit d'y répondre, dans l'ordre ou non (cf. *supra*). Recopier les questions avant d'y répondre est une perte de temps inutile. Quand c'est une consultation, on peut adopter le style d'une lettre, d'un discours ou d'une autre forme de document, comme la note administrative. Le sujet impose parfois un type de réponse, ce qui conditionne la forme du devoir, mais ce n'est pas obligatoire.

Il est fondamental d'ordonner les réponses dans une cohérence logique, gage de la clarté, après avoir identifié les questions que l'on a cru discerner dans l'exposé des faits. Là aussi, recopier les faits n'apporte rien à la qualité du devoir. Il suffit de les résumer pour en extraire le problème juridique posé.

De la même façon, une conclusion générale n'est pas nécessaire et la réponse à la dernière question posée doit terminer logiquement le devoir.

On le voit, bien que chaque type d'exercice de droit constitutionnel obéisse à un certain nombre de règles ou « consignes » qu'il faut s'efforcer de suivre et qui doivent faciliter le travail, des qualités communes sont exigibles, maîtrise des connaissances, clarté de la rédaction, rigueur de l'analyse. Enfin, dernier conseil, c'est souvent par la répétition de l'exercice que ces qualités peuvent s'acquérir. Bon travail !

La recherche documentaire

L'étude du droit constitutionnel est souvent précédée d'un *a priori* favorable, du moins peut-on l'espérer. Pour beaucoup, en effet, celle-ci peut se faire agréablement en lisant les journaux du jour (ou de la veille) ou, mieux encore, en regardant les informations à la télévision ou en « surfant » sur Internet. Il est évident, comme cela a été souligné à plusieurs reprises dans les conseils méthodologiques présentés plus avant, que cette lecture, qui demande un effort de concentration plus grand que la seule passivité devant un écran, doit être privilégiée pour cette raison, et est nécessaire à la connaissance des phénomènes constitutionnels les plus récents. Ainsi peut-on apprendre l'existence du vote d'une révision constitutionnelle ou la formation d'un nouveau gouvernement, connaître le résultat des élections qui viennent de se dérouler ou le débat sur une motion de censure. Pour utile qu'elle soit, cette connaissance n'est pas suffisante. Le droit constitutionnel est en effet une discipline juridique et doit être étudié avec les mêmes outils que les autres branches du droit, avec des qualités et une rigueur identiques. Rien ne serait plus dommageable pour la suite des études du droit que de considérer que le droit constitutionnel se résume en un commentaire de l'actualité. Il n'est donc pas surprenant que les instruments de travail soient très proches de ceux utilisés dans d'autres disciplines juridiques.

I / La Constitution, ou les constitutions, instruments essentiels

Parmi les outils indispensables, figure, évidemment, pour un juriste français, la **Constitution du 4 octobre 1958**, dans sa version à la fois complète et à jour. Complète, car elle doit comprendre le texte de la **Déclaration des droits de l'homme et du citoyen de 1789** et celui du **Préambule de 1946** et de la **Charte de l'environnement de 2004**. Ce texte doit être à jour, car il doit, dans la mesure du possible, comprendre les dernières révisions adoptées. Pour une meilleure compréhension du texte constitutionnel, une édition qui présente le texte à jour mais aussi, sous la forme de notes de bas de page ou sous une autre, les textes abrogés ou modifiés, permet de mesurer les évolutions et les changements. Souvent, ce texte est distribué dans les premières séances de travaux dirigés. Si tel n'était pas le cas, il est nécessaire de s'en procurer un exemplaire. Il est encore plus utile d'avoir ce texte avec soi, durant les cours magistraux (et encore plus pour les séances de travaux dirigés), afin de suivre les exemples donnés ou les commentaires de texte qui sont parfois présentés durant ces enseignements.

Si, à la différence de beaucoup de matières, le droit constitutionnel ne possède pas de code, la Constitution est tout aussi nécessaire à l'étude de cette matière que le Code civil dans d'autres disciplines. Il peut aussi être utile de se servir, au moins en les feuilletant ou en les parcourant, d'ouvrages publiant en français le texte des **principales constitutions étrangères ou des États de l'Union européenne**. La confrontation de ces textes avec le texte français est une perpétuelle source de réflexion et d'enrichissement sur la connaissance du système juridique français. Là aussi, en fonction du programme et des orientations propres à chaque professeur, il peut arriver que certains textes ou extraits de textes étrangers soient distribués aux étudiants ou fassent l'objet de séances spécifiques de travaux dirigés.

De la même manière, la **connaissance des constitutions françaises de notre histoire** est un complément essentiel, à la fois pour éveiller la curiosité mais aussi pour ne pas commettre l'erreur grave de considérer que la Constitution actuellement applicable aurait tout inventé. Là encore, en fonction des choix opérés par chaque professeur, une place plus ou moins grande peut être donnée à l'étude de l'histoire constitutionnelle. Il existe d'excellents recueils de textes constitutionnels français.

II / Les ouvrages de droit constitutionnel

Ces ouvrages, parfois consacrés aussi aux **institutions politiques**, sont nombreux et l'on se gardera bien d'opérer des classements ou de jeter des anathèmes. En la matière, chacun doit pouvoir trouver le ou les ouvrages qui lui conviennent le mieux. Si l'on ne veut – ou ne peut – pas acquérir trop d'ouvrages, les bibliothèques et les salles de travail sont là pour élargir la curiosité des étudiants. Les prêts entre étudiants ne doivent pas non plus être systématiquement négligés… Il est en effet préjudiciable, pour une matière à laquelle sont adossés des travaux dirigés, de se contenter, durant toute une année, d'un seul ouvrage ou manuel. **Il faut diversifier les lectures, les approches et les points de vue.** Et un ouvrage, aussi bon soit-il (et il en existe…) peut comporter de plus ou moins longs développements sur une question que dans un ouvrage voisin. Néanmoins, l'ouvrage de prédilection que choisira chaque étudiant, en fonction de critères aussi variés que le plan du livre, sa densité ou même sa présentation, doit être d'un volume suffisant pour ne pas être qu'un simple résumé du cours et pour apporter des éléments de réflexion et d'information supplémentaires par rapport au cours magistral.

À ces ouvrages de base, qui correspondent en principe à un cours annuel dispensé dans les facultés de droit, peuvent s'ajouter, en fonction des thèmes étudiés, des ouvrages plus spécialisés d'histoire constitutionnelle, de droit comparé ou de contentieux constitutionnel.

III / Les revues spécialisées

Leur lecture et leur utilisation ne sont pas absolument évidentes pour un étudiant de première année. Elles sont néanmoins essentielles pour compléter la formation et développer la curiosité.

Il existe une revue consacrée exclusivement au droit constitutionnel, c'est la *Revue française de droit constitutionnel* (*RFD const.* ou *RFDC*) qui paraît quatre fois par an. Il faut y ajouter, depuis 2010, la revue *Constitutions*. La revue *Pouvoirs* analyse un thème de l'actualité politique, française ou étrangère (quatre numéros par an). Elle comprend aussi une excellente chronique constitutionnelle française. La *Revue du droit public* (*RD publ.* ou *RDP*), la plus ancienne et comme son nom l'indique, qui s'intéresse aux divers champs du droit public, au moins interne, fait une large place au droit constitutionnel (six numéros par an). La constitutionnalisation des branches du droit, c'est-à-dire, pour simplifier, la dimension constitutionnelle des autres disciplines juridiques, implique que des revues, dont le contenu et le titre apparents ne font pas apparaître directement le droit constitutionnel, peuvent contenir des contributions consacrées au droit constitutionnel. Elles ne sont donc pas à négliger, comme le montre la première partie de cet ouvrage, consacrée à l'actualité juridique (voir la *Revue française de droit administratif*, *l'Actualité juridique Droit administratif*, et le *Recueil Dalloz*).

IV / La documentation informatisée

Les étudiants en droit ne peuvent plus ignorer ce nouveau moyen de communication, qu'il faut parfois utiliser avec prudence. Contrairement à une idée reçue, l'informatique ne permet pas de trouver réponse à tout, si l'on ne possède pas, au moins un peu, les rudiments de la matière. Sinon, l'on risque fort de se perdre et de ne pas être capable de distinguer ce qui est important de ce qui est dépourvu d'intérêt. La documentation informatisée ne dispense aucunement de travailler et n'est pas un substitut à la lecture.

Les cédéroms juridiques permettent d'économiser du papier, mais certains proposent la même information dans la version papier correspondante (c'est le cas des codes et de la plupart des revues). La consultation de ces cédéroms dans une bibliothèque est néanmoins un bon moyen de se familiariser avec cet outil et de découvrir l'information juridique sous une forme nouvelle.

De même, il existe de nombreux sites Internet susceptibles d'intéresser le droit constitutionnel, à commencer par ceux des principales institutions, les deux assemblées parlementaires, le Conseil constitutionnel, la présidence de la République ou Matignon, et ils ont le grand avantage d'être gratuits. Les sites des principales institutions publiques sont :

- **assemblee-nationale.fr**
- **senat.fr**
- **conseil-constitutionnel.fr**
- **elysee.fr**
- **premier-ministre.gouv.fr**
- **conseil-etat.fr**

Le site **www.legifrance.gouv.fr** permet enfin de connaître les textes en vigueur dans leur dernier état et d'avoir accès à la jurisprudence constitutionnelle, administrative et judiciaire. Les moteurs de recherche permettent désormais un accès facilité à la documentation. Bonne navigation…

V / Bibliographie indicative

Les ouvrages cités ci-dessous sont susceptibles, pour certains d'entre eux, de connaître une nouvelle édition à la rentrée 2016 :

B. Chantebout, *Droit constitutionnel*, 32e éd., Paris, Sirey, coll. « Université », 2015.

V. Constantinesco et S. Pierré-Caps, *Droit constitutionnel*, 6e éd., Paris, PUF, coll. « Thémis Droit », 2013.

O. Duhamel et G. Tusseau, *Droit constitutionnel et institutions politiques*, 3e éd., Paris, Seuil, 2013.

L. Favoreu et al., *Droit constitutionnel*, 18e éd., Paris, Dalloz, coll. « Précis », 2015.

J. Gicquel et J.-É. Gicquel, *Droit constitutionnel et institutions politiques*, 28e éd., Paris, Montchrestien, coll. « Précis Domat », 2014.

F. Hamon et M. Troper, *Droit constitutionnel*, 35e éd., Paris, LGDJ, coll. « Manuel », 2014.

D.-G. Lavroff, *Le droit constitutionnel de la Ve République*, 3e éd., Paris, Dalloz, coll. « Précis », 1999.

P. Pactet et F. Mélin-Soucramanien, *Droit constitutionnel*, 34e éd., Paris, Sirey, coll. « Université », 2015.

A.-M. Le Pourhiet, *Droit constitutionnel*, 6e éd., Paris, Economica, coll. « Corpus droit public », 2014.

H. Portelli, *Droit constitutionnel*, 11e éd., Paris, Dalloz, coll. « HyperCours », 2015.

D. Turpin, *Droit constitutionnel*, 2e éd., Paris, PUF, coll. « Quadrige manuels », 2007.

M. Verpeaux, *La Constitution*, Paris, Dalloz, coll. « Connaissance du droit », 2008.

M. Verpeaux, *Droit constitutionnel français*, Paris, PUF, coll. « Droit fondamental », 2015.

É. Zoller, *Droit constitutionnel*, 2e éd., Paris, PUF, coll. « Droit fondamental », 1999.

Théorie du pouvoir politique et droit constitutionnel général

› *Questions à réponses courtes (QRC)*

Thème principal

L'État

Question 1 : L'État est-il encore une personne morale souveraine ?

Question 2 : Quelles sont les fonctions d'une Constitution ?

Question 3 : Quelles sont les caractéristiques du régime parlementaire ?

Durée 1 h 30.

Mots-clés

Bicamérisme, Constitution, Personne morale, Régime parlementaire, Séparation des pouvoirs, Souveraineté

Sujet donné et corrigé établi par

Pierre Esplugas-Labatut, Professeur, Université d'Auvergne Clermont-Ferrand 1

Premier semestre 2014-2015

› Préparation

Analyse du sujet

Ces trois questions permettent d'aborder des éléments essentiels du droit constitutionnel correspondant à un enseignement de premier semestre à savoir l'État, la Constitution, la souveraineté et la séparation des pouvoirs. Le sujet tel qu'il est posé exige des réponses séparées pour chaque question. Il est possible, néanmoins, pour chacune d'elles, d'y apporter des réponses structurées par un plan.

› Corrigé

Question 1 : L'État est-il encore une personne morale souveraine ?

Le principe est que l'État est une personne morale souveraine (1) mais ce caractère est aujourd'hui contesté (2).

1 • Le principe : Une personne morale souveraine

L'État est un pouvoir souverain en ce sens que, par rapport à d'autres personnes morales comme les entreprises, les associations, les partis politiques, l'Église, celui-ci est **affranchi de n'importe quel pouvoir**. En d'autres termes, c'est un **pouvoir indépendant**.

Ce concept de souveraineté trouve son origine au XVIe siècle dans les écrits de Jean Bodin. Il s'agissait alors, de manière assez conjoncturelle, de consolider l'autorité du Roi de France à la fois vis-à-vis des seigneurs, de l'Église et son Pape et du Saint-Empire romain germanique. Pour Bodin, la « souveraineté est le pouvoir suprême qui tire sa justification de lui-même ».

Aujourd'hui, on peut définir la souveraineté à un double niveau :

- au niveau interne : elle consiste en un **double monopole**, d'une part, **dans l'élaboration d'une règle de droit obligatoire** qui s'impose à tous (la loi), et, d'autre part, dans la **sanction de la violation de celle-ci** (seul l'État peut, à travers ses services publics de souveraineté que sont la police et la justice, condamner et incarcérer en cas de fraude à la loi) ;

- au niveau international : la souveraineté suppose que les **États soient en principe égaux** quelle que soit leur puissance économique, militaire ou culturelle. Un État n'est souverain que s'il est indépendant des souverainetés étrangères. À ce titre, chaque État est doté au sein de l'Assemblée générale des Nations unies, d'une voix, par exemple, les États-Unis comme le plus petit État du Pacifique.

2 • La remise en cause du principe : Une souveraineté contestée

La conception de la souveraineté faisant de cette dernière un principe inconditionné et absolu est aujourd'hui remise en cause.

- Au plan théorique, se sont développées, à partir de la Révolution, des théories dites du **droit naturel** selon lesquelles l'État est limité par des droits extérieurs et supérieurs à lui et tirés, selon les conceptions, de la volonté divine, de la nature humaine ou de la raison. De même, les théories dites **positivistes** font valoir que l'État est limité par le droit dit positif qu'il pose lui-même.
- Au plan économique, la **mondialisation des échanges** rend caduc la pleine maîtrise de la politique économique d'un État : Il ne sert à rien d'augmenter les impôts ou de renforcer une législation sociale dans un État si une entreprise est en mesure de délocaliser dans un autre État au sein duquel le coût fiscal et social est pour elle plus avantageux. De même, des fédérations sportives internationales arrivent à s'exonérer, à l'occasion d'événements sportifs d'envergure, de la fiscalité nationale.
- Au plan juridique, des États ont pu, de manière délibérée, **transférer leur souveraineté par des traités internationaux**. C'est le cas avec le traité dit de Maastricht portant création de l'Union européenne en 1992 : alors que la monnaie est un attribut classique depuis Philippe le Bel de la souveraineté d'un État, les États membres ont créé une monnaie unique et commune, l'euro. De même, les États ayant signé le traité de Rome en 1998 créant la Cour pénale internationale ont accepté que des nationaux soient jugés par une juridiction supranationale pour les infractions les plus graves (crimes d'agression, de guerre, génocide et contre l'humanité) alors que depuis Saint-Louis, la justice est un des attributs classiques de la souveraineté.
- Au plan politique et militaire, des **interventions armées ont été décidées, avec ou sans l'accord de l'ONU, dans des États souverains** en vue de réagir à une situation considérée, à tort ou à rai-

son, comme inacceptable par la communauté internationale ou certains de ses membres : ce fut le cas par exemple dans les années 1990 en Bosnie-Herzégovine, en Somalie, au Rwanda ou dans les années 2000 en Irak ou en Afghanistan.

Question 2 : Quelles sont les fonctions d'une Constitution ?

Une Constitution a pour fonction d'être un instrument de limitation du pouvoir (1), de constituer un symbole de fondation d'un régime (2) et de mettre en place un système juridique (3).

1 • La Constitution est tout d'abord un instrument de limitation du pouvoir

La fonction d'une Constitution de limitation du pouvoir est, d'un point de vue chronologique, la première. En effet, le but des auteurs se réclamant au XVIIIe siècle du courant philosophique du **libéralisme** et du **constitutionnalisme** est, d'une manière générale, de limiter et d'encadrer l'action du pouvoir politique, et, d'une manière plus particulière, de mettre fin aux excès ou à l'arbitraire de la monarchie absolue. Il est exact qu'en acceptant de soumettre à une Constitution les gouvernants voient leur action limitée. La Constitution est de ce point de vue un moyen pour instaurer un État de droit (les gouvernants sont soumis au droit) par opposition à l'État de police.

Cependant, il convient de noter que la Constitution ne saurait être une garantie absolue contre l'arbitraire du pouvoir : la Constitution de l'ex-URSS était longue et minutieuse sans que cet État ne soit pour autant un État de droit. Elle est donc simplement une condition pour instaurer un État de droit.

2 • La Constitution est un symbole de fondation d'un régime

La Constitution a pour but de marquer la philosophie politique, « **l'idée de droit** », selon l'expression de Georges Burdeau, dont se réclame le régime. Par exemple, pour les constituants de 1946, il s'agit de marquer le rétablissement de la légalité républicaine après le régime de Vichy. Pour les constituants de 1958, leur philosophie est de réagir aux excès des régimes parlementaires des IIIe et IVe Républiques par l'instauration d'un ensemble de techniques dites de rationalisation du parlementarisme. À l'étranger, les constituants des nouveaux États indépendants après la décolonisation ont souhaité marquer dans leur constitution une rupture avec l'ancienne puissance coloniale.

D'une manière plus particulière, la Constitution n'est pas qu'un texte normatif destiné à régir l'action de l'État. Il s'agit aussi de **poser des symboles essentiels** comme un drapeau, un hymne ou une devise. Ces symboles sont tout aussi importants, si ce n'est plus, pour l'identité d'une nation et d'un État que toute une série de dispositions techniques que l'on trouve dans une Constitution.

3 • La Constitution met en place un système juridique

La Constitution **institue un certain nombre d'organes et leur attribue des compétences**. C'est de ce point de vue que l'on dit que la Constitution est le **statut juridique de l'État**. Une fois institués, ces organes peuvent ainsi tirer leur légitimité du texte constitutionnel.

Le juriste autrichien Hans Kelsen dans sa *Théorie pure du droit* a développé l'idée selon laquelle l'ensemble des sources du droit, au sein de ce système juridique, s'agencent ou s'articulent en une « **pyramide des normes** ». Cette image conduit à définir l'ordre juridique comme composé de normes, non pas placées sur un même plan, mais organisées de manière hiérarchique où chacune **n'acquiert sa validité que par sa conformité à la norme supérieure**.

Cette conception, passée à la postérité, a comme mérite d'être très évocatrice et didactique mais elle traduit aussi une perception quelque peu glaçante et déshumanisée selon laquelle le droit n'est qu'un agencement logique, mathématique, – pur –, de normes.

Question 3 : Quelles sont les caractéristiques du régime parlementaire ?

Le régime parlementaire est une des conséquences de la séparation des pouvoirs dans la mesure où, au sein des pouvoirs législatif et exécutif, les organes sont divisés (1).

Le régime parlementaire est un régime de **séparation dite souple des pouvoirs**, c'est-à-dire que ceux-ci ne sont pas strictement séparés l'un de l'autre. Plus précisément, les pouvoirs législatifs et exécutifs entretiennent des **relations d'interdépendance** (2).

1 • La division des organes

Le pouvoir exécutif est divisé en deux têtes : on parle de bicéphalisme du pouvoir exécutif (a). De même, le pouvoir législatif est divisé en deux chambres : on parle de bicamérisme ou de bicaméralisme (b).

a) Le bicéphalisme du pouvoir exécutif

En régime parlementaire, le pouvoir exécutif est divisé en, d'une part, un chef de l'État et, d'autre part, un Gouvernement avec à sa tête un chef.

Le **chef de l'État** est, en monarchie, un roi ou une reine qui doit son titre à l'hérédité, ou, en République, un président de la République qui doit son titre à l'élection. La fonction d'un chef d'État en régime parlementaire est **d'incarner l'unité de la nation et la continuité de l'État.** En effet, il ne peut être destitué par le parlement par la mise en jeu de sa responsabilité politique. Assuré d'être maintenu en place, il peut donc exercer ce rôle au-dessus des forces politiques présentes au parlement.

Le gouvernement puise son origine dans le « cabinet » britannique. Il a été alors conçu comme un **intermédiaire entre le roi et le parlement**. Il est celui qui est en charge d'assurer une synthèse entre les aspirations parfois contradictoires de ces deux pouvoirs rivaux et de s'interposer entre eux. Le gouvernement est aussi conçu comme un **organisme collégial, homogène et solidaire** en ce sens que sa responsabilité politique peut être mise en jeu collectivement devant le parlement et conduire à sa destitution. Le gouvernement a à sa tête un chef dont le nom varie selon les pays ou les époques : Premier ministre en France et au Royaume-Uni, Président du Conseil en France sous les IIIe et IVe Républiques et en Italie aujourd'hui, Chancelier en Allemagne, Président du Gouvernement en Espagne.

b) Le bicamérisme

L'existence de deux chambres se justifie par trois séries de raisons :

- Dans les États fédéraux, la seconde chambre a pour fonction de **représenter les États**.
- En régime parlementaire, le bicamérisme est une **conséquence de la séparation des pouvoirs** : la seconde chambre peut être un instrument pour contrôler la première et servir de contrepoids aux emportements supposés démagogiques en tant qu'élue au suffrage universel. En régime autoritaire, la pluralité de chambres est aussi un moyen de « diviser pour mieux régner ». Napoléon Ier et Napoléon III ont ainsi institué sous les deux Empires non pas deux mais quatre chambres (Corps législatif, Tribunat, Sénat et Conseil d'État).
- À l'origine, ce fut un moyen de **concilier les principes démocratiques**, par la première chambre élue au suffrage universel, et **aristocratiques**, par la seconde chambre composée de nobles (Chambre des Lords au Royaume-Uni, Chambre des Pairs sous la Restauration et la Monarchie de Juillet). Cependant, le développement de la démocratie conduisit soit à la disparition des chambres aristocratiques (Chambre des Pairs), soit à une évolution de leur composition qui intègre des personnes élues à côté des nobles et à une diminution sensible de leurs pouvoirs (Chambre des Lords).

Aujourd'hui, le bicamérisme est justifié par d'autres raisons :

- La **loi bénéficierait qualitativement d'un double examen** par les deux chambres.
- Les secondes chambres permettent de représenter les citoyens non pas comme la première de manière abstraite, mais dans leur environnement professionnel et géographique. Il s'agit de représenter ce que le professeur Georges Burdeau appelait « l'homme situé », c'est-à-dire un individu pris en considération de son travail et de son lieu de vie. Cependant, les chambres corporatives destinées à représenter les individus en fonction de leur milieu professionnel ne se sont pas développées. En effet, elles se heurtent à la répartition inévitablement arbitraire des sièges entre les différentes catégories socio-professionnelles. Surtout, elles furent discréditées par l'utilisation qu'en firent des régimes autoritaires (Mussolini en Italie, Salazar au Portugal). En revanche, la représentation géographique connut un plus grand succès : les Sénats français, espagnol et italien représentent ainsi les collectivités territoriales.

Il n'en reste pas moins que ces arguments ne suffisent pas à dissiper toutes les critiques contre les secondes chambres. Ainsi, elles sont parfois accusées de conservatisme : le Sénat français de la IIIe République se distingua en ce sens en s'opposant par exemple à l'impôt sur le revenu ou au vote des femmes. De même, Le Premier ministre Lionel Jospin qualifia le Sénat en 1999 « d'anomalie » tant son opposition fut systématique.

Ce conservatisme peut s'expliquer en France par l'âge plus élevé en moyenne de leurs membres, leur mandat plus long (longtemps au Sénat 9 ans et aujourd'hui 6 ans), le renouvellement partiel (longtemps par tiers, aujourd'hui par moitié). Plus politiquement, un malaise persiste : ces chambres peuvent être perçues comme des institutions abritant des privilégiés dont l'utilité n'est pas entièrement avérée. C'est pourquoi certains États ont préféré plus franchement adopter des institutions monocamérales comme ceux des Pays scandinaves, la Grèce, le Portugal et le Luxembourg.

2 • Les rapports entre les différents organes

Les rapports entre les différents organes se matérialisent, d'une part, par une **collaboration fonctionnelle** (l'exécutif et le législatif participent à la fonction de l'autre) (a) et, d'autre part, un **équilibre organique** (l'un des deux pouvoirs peut remettre en cause la structure de l'autre) (b).

a) La collaboration fonctionnelle

La collaboration fonctionnelle a pour conséquence que le **gouvernement participe à la fonction législative**. Ainsi, par exemple, il détient, comme les parlementaires, l'initiative des lois en disposant de la faculté de déposer des projets de loi ; il est partie prenante aux débats législatifs et peut à ce niveau déposer des amendements ; une fois la loi adoptée, celle-ci aura force exécutoire lorsqu'elle aura été promulguée par le chef de l'État.

Réciproquement, le **parlement participe à la fonction gouvernementale**, par exemple, lorsqu'il s'informe sur l'action du gouvernement, soit en posant des questions à celui-ci en séance publique, soit par l'intermédiaire des commissions parlementaires. De même, la compétence diplomatique est traditionnellement réservée au pouvoir exécutif. Toutefois, le parlement peut jouer ici un rôle en ratifiant les traités internationaux par le vote d'une loi.

b) L'équilibre organique

L'équilibre organique implique tout d'abord que le **gouvernement soit responsable devant le parlement**. Cette **responsabilité** trouve son origine dans la procédure britannique, de nature pénale et individuelle, dite de l'*impeachment*. Cette procédure va ensuite s'élargir en devenant **politique** (le gouvernement est mis en cause pour des affaires politiques) et **collective** (elle concerne l'ensemble du gouvernement). La sanction de cette responsabilité est la démission du gouvernement si le parlement exprime sa défiance à l'égard de celui-ci. La démission peut être obtenue selon deux techniques : la **question de confiance** posée à l'initiative du gouvernement et la **motion de censure** votée à l'initiative des parlementaires.

L'équilibre organique implique ensuite le **droit pour l'exécutif de dissoudre le parlement**, généralement la chambre dite basse élue au suffrage universel direct (sauf en Belgique ou aux Pays-Bas où la chambre haute, comme contrepartie de sa possibilité de mettre en jeu la responsabilité du gouvernement, peut être dissoute).

La dissolution a été principalement conçue comme une **procédure d'arbitrage populaire**. À cet égard, si un conflit survient entre les deux pouvoirs, le pouvoir exécutif peut dissoudre le parlement hostile et faire procéder à des élections anticipées (sens de la dissolution décidée par le Président Mac-Mahon en 1877). Le conflit sera ainsi tranché par le peuple. Ce conflit peut même être éventuel (sens des dissolutions décidées par François Mitterrand à la suite des élections présidentielles de 1981 et 1988).

Toutefois, le sens de la dissolution a pu évoluer : elle peut être aussi utilisée par l'exécutif comme une **menace afin de consolider la coalition majoritaire** (cas de la France entre 1976 et 1981), un **moyen direct de consolider une majorité parlementaire** sans d'ailleurs que le but ne soit forcément atteint (cas des dissolutions « ratées » de Jacques Chirac en France en 1997 et voulue par Gerhard Schröder en Allemagne en 2005), un **moyen de profiter d'une conjoncture favorable** en provoquant des élections législatives anticipées (sens de la dissolution décidée par Margaret Thatcher en 1982 à l'issue de la guerre des Malouines) et une technique afin de poser une **question de confiance au peuple**, notamment en cas de crise extra-parlementaire (sens de la dissolution du 30 mai 1968 à la suite des « événements » de ce mois).

Théorie du pouvoir politique et droit constitutionnel général

Thème principal

La Constitution

Mots clés

Source de droit,
État de droit,
Hiérarchie des normes,
Séparation des pouvoirs,
Droits fondamentaux,
Constitutionnalisme,
Révision constitutionnelle

Sujet donné et corrigé établi par

Xavier Bioy, Professeur, Université Toulouse 1-Capitole

Premier semestre 2013-2014

› *Commentaire de texte*

Commentez cet extrait de M. Hauriou, *Précis de droit constitutionnel*, 2e éd., 1929, p. 242.

« Chapitre III

Les constitutions nationales

Section première

L'avènement des constitutions nationales.

Après les institutions gouvernementales, qui étaient des garanties puisées dans les formes et procédures, de nouvelles garanties avaient été cherchées dans le "règne de la loi", du côté des règles de fond, parce que la loi apportait avec elle des normes supérieures ; mais l'instinct profond du droit le pousse à chercher toujours de nouvelles garanties dans les formes ; d'ailleurs, sans doute, la loi écrite apportait des normes d'ordre et de justice, mais aussi elle introduisait sur la scène politique un nouveau pouvoir, qui était celui de faire la loi, pouvoir redoutable, contre lequel il importait encore de se protéger : la solution du difficile problème fut cherchée et trouvée du côté d'une espèce supérieure de lois qui ne seraient point l'œuvre du même pouvoir, qui n'auraient point la même forme, et qui contiendraient le statut national de l'État.

En effet, notre définition sera la suivante : *une constitution nationale est le statut de l'État corporatif et de ses membres, établi au nom de la nation souveraine par un pouvoir constituant et par une opération législative de fondation selon une procédure spéciale.* »

› *Préparation*

Analyse du sujet

Le texte présente deux temps :
- une approche chronologique de la succession État de police, État légal, État de droit sous l'impact du constitutionnalisme ;
- une définition de la Constitution (incomplète).

La première partie attend donc un commentaire remettant en perspective chronologique du constitutionnalisme. La seconde développera la notion de constitution.

Plan du corrigé

I/ L'avènement du constitutionnalisme

A – La vertu des formes juridiques pour encadrer le pouvoir : « l'instinct profond du droit le pousse à chercher toujours de nouvelles garanties dans les formes »

B – Les fondements du constitutionnalisme : « elle introduisait sur la scène politique un nouveau pouvoir, qui était celui de faire la loi, pouvoir redoutable, contre lequel il importait encore de se protéger »

II/ La notion de constitution

A – L'approche matérielle : « le statut de l'État corporatif et de ses membres »

B – L'approche formelle d'Hauriou, une approche à compléter : « établi au nom de la nation souveraine par un pouvoir constituant et par une opération législative de fondation selon une procédure spéciale »

› *Corrigé*

Introduction

Accroche : Définir ce qu'est une constitution revient notamment à déterminer les fonctions qu'elle remplit, lesquelles ont évolué en pratique comme sous la plume des grands auteurs attachés au « constitutionnalisme ». De l'organisation des institutions à la garantie des droits, plus l'objet des constitutions croît plus leur importance juridique prend du sens.

Contextes :

- Au cœur de la IIIe République, Hauriou en livre une approche somme toute moderne mais dont il ne pouvait vraiment anticiper la postérité. Il met en effet en valeur la force limitatrice de la forme du droit, des procédures, à l'encontre du pouvoir. Ce qu'il nomme par ailleurs la « formation madréporique du droit », c'est-à-dire, au fond, l'enlisement de l'État dans ses propres règles édictées pour sa propre action, expliquerait à elle seule l'avènement des constitutions. Mais, un recul supplémentaire dans le temps, jusqu'à la Ve République, lui aurait permis d'ajouter l'importance des sanctions juridictionnelles qui assurent la primauté de ces constitutions sur les autres normes.

- Le sens de l'approche ici développée par Hauriou s'éclaire à la lumière de l'ensemble de ses analyses décrivant l'antique montée en puissance des gouvernements, avec prédominance de l'exécutif (« les institutions gouvernementales »), et de l'appareil d'État dans son ensemble, contre les pouvoirs de la famille, des religions, des forces économiques. La concentration du pouvoir fera ensuite place au « régime d'État » qui tendra autant à stabiliser le pouvoir qu'à protéger les individus de lui. La célèbre « théorie de l'institution », synthétise les différents aspects de cette inscription dans la durée. Le droit naît des faits sociaux, comme instrument de pérennisation des équilibres entre pouvoir et liberté (« des garanties puisées dans les formes et procédures »). La séparation des pouvoirs, cœur de la théorie constitutionnelle, en est l'illustration même.
- Le contexte d'écriture de ce texte n'était pourtant guère propice à ces idées. Sous la IIIe République, en effet, les lois constitutionnelles, à la fois adoptées sans procédure spécifiquement constituante et réduites aux aspects institutionnels, n'étaient nullement protégées contre les violations de la loi ordinaire, par aucune sanction juridique. Hauriou ne pouvait donc observer que les traits dominants d'un État légal (où la norme législative, expression de la volonté générale, rend prévisible l'action de l'appareil administratif) ayant certes dépassé l'État de police (dans lequel le droit ne sert que de support à l'arbitraire du pouvoir) mais n'ayant pas encore enfermé la loi, à son tour, dans les limites voulues par la société (État de droit).

Dans l'optique d'Hauriou, la constitution devra, tôt ou tard, par la force de la logique formelle du droit, servir de base à un contrôle de la loi elle-même au regard des valeurs sociales que la constitution transcrit. De l'État légal on passerait ainsi à l'État de droit. Ce faisant, il dépasse la conception simplement matérielle de la constitution (par son objet), souvent la plus répandue parmi les constitutionnalistes (depuis le XVIIIe siècle) pour une définition formelle (« la solution du difficile problème fut cherchée et trouvée du côté d'une espèce supérieure de lois qui ne seraient point l'œuvre du même pouvoir, qui n'auraient point la même forme »).

Questions : Hauriou a-t-il raison de présenter l'évolution vers l'État de droit comme inéluctable (« instinct de la forme ») de l'Ancien Régime à l'État de droit ? La constitution n'est-elle qu'une loi adoptée selon une procédure spéciale ou est-il nécessaire de lui adjoindre un contrôle de constitutionnalité des normes inférieures ?

Problématique : Explication critique du texte d'Hauriou : Il perçoit la constitution comme le dépassement procédural de la loi ordinaire, elle-même étant l'aboutissement des plusieurs siècles de concentration du pouvoir dans le gouvernement qui a organisé les institutions. Il définit la Constitution d'un point de vue formel uniquement procédural, sans développer la question de la sanction, notamment du contrôle de constitutionnalité des lois. Dans le même temps, la pratique de la IIIe République, celle de la domination du Parlement et de la loi, le conduisent à espérer qu'à leur tour ils soient l'objet d'un contrôle vis-à-vis de la constitution. La Constitution se conçoit aussi comme une norme suprême dont la primauté est garantie par les différents contrôles de constitutionnalité. Ce système de garantie achève la mutation du légicentrisme au constitutionnalisme et la protection de la séparation des pouvoirs et des droits fondamentaux.

Annonce du plan : Le texte d'Hauriou peut se décrire, selon le premier temps du texte, comme la continuité logique du constitutionnalisme (I) ; bien que sa définition de ce qu'est une constitution, posée dans un second temps, paraisse en deçà des exigences formelles et matérielles d'aujourd'hui (II).

I/ L'avènement du constitutionnalisme

Hauriou fait de la rédaction des constitutions le fait marquant et final d'une longue évolution politique amenant le droit à se saisir du fait politique majeur qu'est l'État depuis le XVIe siècle. Le pouvoir, par la force de résistance inhérente aux procédures juridiques, s'est institutionnalisé, c'est-à-dire tout à la fois pérennisé, dépersonnalisé et rendu prévisible. Toutes choses que le constitutionnalisme a souhaitées en tant que courant d'idées favorable à l'adoption de constitutions contraignantes en vue de limiter le pouvoir.

A – La vertu des formes juridiques pour encadrer le pouvoir : « l'instinct profond du droit le pousse à chercher toujours de nouvelles garanties dans les formes »

1 • Le droit comme forme du pouvoir

En tant que discours normatif, qui tend à vouloir imposer des comportements aux acteurs politiques, le droit, particulièrement le droit constitutionnel, s'analyse comme une « forme » qui encadre et limite la matière du pouvoir : il limite les possibilités parmi tout ce que les gouvernants peuvent vouloir, y compris leur propre avènement ou maintien au pouvoir. Hauriou est particulièrement attentif à la façon dont la décision politique a besoin de la logique juridique pour agir, comme instrument formalisé, standardisé, authentifié de sa volonté tout en étant nécessairement conditionné et entravé par ce formalisme. Moins puissant dans le domaine du gouvernement de l'État qu'ailleurs, il n'en est pas moins, paradoxalement, encore plus remarquable en cette matière. Les coutumes constitutionnelles, les lois fondamentales du royaume puis les constitutions écrites en sont divers degrés dont l'enchaînement signifierait la progression des sociétés vers un « statut » de « l'État », les deux mots ayant même racine.

2 • Notion de procédure

La notion de procédure résume cette pensée du formalisme. Elle s'impose comme forme de la décision en plusieurs étapes devant se combiner d'une certaine manière pour que l'acte juridique soit « parfait » et reconnu comme l'expression du souverain ou sa concrétisation légale. La procédure sert autant à assurer la fidélité du contenu de la décision à celle du souverain (en imposant des consultations, en réservant la décision à tel ou tel organe) qu'à authentifier cette volonté vis-à-vis des destinataires de la règle en utilisant des indicateurs de formes (visas, signatures). Aujourd'hui, le Conseil constitutionnel sanctionne les lois qui ont été adoptées sans respecter les prescriptions constitutionnelles (la consultation du Conseil d'État par exemple : décision Conseil constitutionnel, 2003-468 DC, 3 avr. 2003) ou celles des lois organiques ou des règlements des assemblées (usage du droit d'amendement par exemple).

3 • Notion de hiérarchie des normes

La notion de hiérarchie des normes et sa théorisation par Merkl et Kelsen comme formation du droit par degrés, constitue l'aboutissement de cette lecture formaliste du droit. L'idée est que la dynamique du droit implique que chaque norme engendre d'autres normes plus précises ou de moindre portée et les habilite à en produire elles-mêmes d'autres. Dans cette perspective, une vraie constitution serait la « mère » de toutes les autres normes. D'un point de vue plus statique, le contenu de chaque règle doit respecter celui de la norme qui lui est supérieure. Là encore, dans l'absolu, aucune norme ne peut valablement contredire la constitution. Encore faut-il qu'existent des mécanismes qui corrigent les erreurs, les illégalités et inconstitutionnalités, notamment contre la loi.

B – Les fondements du constitutionnalisme : « elle introduisait sur la scène politique un nouveau pouvoir, qui était celui de faire la loi, pouvoir redoutable, contre lequel il importait encore de se protéger »

1 • Idéologiques

Imposer l'idée de constitution, comme l'Ancien Régime ne le fit que progressivement, à son avantage, ne fut pas la chose la plus facile ni la mieux acceptée. La loi, comme le dit Hauriou, avait déjà la vertu de porter formellement la volonté du souverain. Lorsque celui-ci devint démocratique, que la loi exprimait la volonté de la Nation, il était alors difficile de la soupçonner de ne pas respecter des valeurs plus importantes qu'elle et que le souverain se promettait de respecter à travers leur inscription dans la constitution. Dès les XVe et XVIe siècles, les auteurs monarchomaques (contre la monarchie absolue, jusqu'au régicide) ou contractualistes (qui pensent le pouvoir est consenti, via le contrat social, par tous les membres de la société ou ne vaut rien) ont émis l'idée qu'une loi suprême, simple et protégée de tous, devait être la meilleure garantie du bonheur de tous.

2 • Historiques

Évidemment le parlementarisme anglais a fasciné les « anglomanes », de Montesquieu (*De l'Esprit des lois*, 1748) à Voltaire (*Lettres anglaises*, 1734). Ils ont préconisé de trouver dans la séparation des pouvoirs et le souci du libéralisme, les traits dominants d'un pouvoir limité par le droit. Depuis la Grande Charte de 1215, le pouvoir, lié par la morale et par la religion, doit respecter le Common law, protecteur des droits privés. La Révolution française, comme le mouvement d'indépendance américain, optent pour d'autres moyens pour une même fin. L'écriture d'une constitution doit cristalliser le projet social et assurer ensuite la preuve de ce projet vis-à-vis de ceux qui s'en écarteraient et ce pour le bonheur des peuples. Une constitution institue donc un État, à la condition que ceux qui tentent de ne pas la respecter soient sanctionnés.

II/ La notion de constitution

La modernité de l'approche d'Hauriou dans sa définition de la constitution réside dans son approche en partie formelle d'une notion jusque-là essentiellement définie matériellement par son objet, soit la séparation des pouvoirs, soit la garantie des droits individuels (voir l'article 16 de la Déclaration des droits de l'homme et du citoyen de 1789). Hauriou y voit surtout le « statut de l'État », voulu par le souverain et non pas hérité des coutumes, dressé par une procédure solennelle qui en assure la pérennité. Cette approche se trouve aujourd'hui prolongée et complétée par la sanction juridictionnelle des violations de la Constitution.

A – L'approche matérielle : « le statut de l'État corporatif et de ses membres »

Les constitutions peuvent se définir, sans trop de rigueur, en partant des faits politiques, comme des règles ayant pour objet de répartir les différentes capacités d'émettre des normes entre différents organes, différentes volontés, mais aussi comme déterminant les droits de l'individu ou bien encore la hiérarchie des différentes règles ainsi instituées.

1 • L'idée de « statut »

Pour Hauriou, un statut désigne à la fois l'adhésion que les individus manifestent à l'institution, ici l'État, et l'affectation de moyens pour fonctionner. Ce statut crée de la continuité, avec une forme d'objectivité, alors que le contrat, au contraire, ne permet que du temporaire. Une organisation sociale devient durable lorsqu'elle est instituée, c'est-à-dire lorsque le pouvoir du gouvernement se voue à l'idée directrice, au projet, à accomplir, qu'un équilibre se crée d'organes et de pouvoirs, et que les membres de l'institution y consentent. Par exemple, les règles de succession au trône qui encadrent la dévolution du pouvoir d'État garantissent cette stabilité dans le temps. Le roi est titulaire d'un pouvoir qui ne lui appartient pas en propre mais qu'il exerce, momentanément, comme une fonction au service de l'État. Cette conception perdure : L'État survit même si les régimes dont il est le support disparaissent. Par exemple, par un avis rendu le 16 février 2009, l'Assemblée du contentieux du Conseil d'État, a engagé la responsabilité de l'État dans la déportation résultant des persécutions antisémites pendant la seconde guerre mondiale.

2 • La séparation des pouvoirs

La séparation des pouvoirs a toujours été une théorie et une pratique au cœur du constitutionnalisme. L'idée et d'affaiblir le pouvoir en le divisant, tout en trouvant la meilleure formule de fonctionnement. Si de nombreuses versions existent, si seules certaines se pratiquent avec succès et si beaucoup n'existent qu'en façade de gouvernements qui concentrent beaucoup de pouvoirs en un seul organe, la séparation des pouvoirs demeure un mythe structurant et la base de toute constitution : diviser le pouvoir pour ne pas le voir s'ériger contre les individus. La séparation des pouvoirs apparaît comme le moyen de la garantie des droits.

3 • La garantie des droits de l'homme

Eux aussi issus d'une longue tradition subjectiviste, les droits de l'homme sont la finalité ultime du système constitutionnaliste.

Aujourd'hui, presque toutes les constitutions disposent d'une déclaration de ces droits et les pays adhèrent à des systèmes internationaux de protection sur habilitation de leur constitution. Le Préambule de la Constitution de 1958 a incorporé la Déclaration de 1789 et le Préambule de la Constitution de 1946 dans la Constitution. Le Conseil constitutionnel et tous les autres juges doivent donc respecter et faire respecter les droits de l'homme dans l'ensemble de leurs activités. Il a développé une jurisprudence abondante dans ce domaine depuis la décision *Liberté d'association* (Cons. const., 16 juill. 1971, déc. n° 71-44 DC) qui invoque le préambule de la Constitution pour établir l'inconstitutionnalité d'une loi. Avec cette solution, désormais acquise dans de très nombreux pays, la Constitution n'est plus seulement une loi symboliquement forte, elle est la norme suprême. D'ailleurs, les partisans d'une protection renforcée des droits fondamentaux pensent souvent que ces droits devraient être hors de portée des constituants ou des interprètes de la constitution. Bien qu'étant dans la constitution, les normes porteuses de droits fondamentaux seraient en réalité hiérarchiquement supérieures à l'ensemble des autres normes constitutionnelles (« supraconstitutionnalité ») comme dans certains pays qui interdisent, sous contrôle du juge, de réviser ces dispositions-là.

B – L'approche formelle d'Hauriou, une approche à compléter : « établi au nom de la nation souveraine par un pouvoir constituant et par une opération législative de fondation selon une procédure spéciale »

1 • La notion de pouvoir constituant, l'écriture et l'adoption des constitutions

Le pouvoir constituant est le nom ou la forme que l'on donne aux auteurs supposés de la constitution, même s'ils ne l'ont pas, en fait, écrite. On peut ainsi attribuer une constitution à un peuple, un roi, une nation, un Dieu… même si elle a été rédigée par une assemblée, un comité, un individu, puis adoptée par référendum, vote parlementaire ou simple promulgation unilatérale d'un monarque. C'est pourquoi, la procédure d'adoption a une importance toute relative, tout comme la procédure qui permettra ensuite de réviser le texte.

La doctrine distingue souvent le pouvoir constituant originaire et le pouvoir constituant dérivé. Ils sont a priori différents puisque le pouvoir constituant originaire construit sur du neuf, en l'absence de toute règle et que le second est enfermé dans des conditions prévues par la Constitution elle-même. Le pouvoir de révision est « dérivé » parce qu'il découle du texte constitutionnel précédent ou existant et qu'il est enfermé dans des conditions précises de forme et de procédure voire de limites à ne pas franchir (ex. l'article 89 al. 5 qui interdit de modifier la forme républicaine du gouvernement). Cependant, cette distinction ne convainc pas toujours en l'absence de contrôle du pouvoir de révision : la constitution ancienne peut être révisée de telle manière qu'elle est, en réalité, remplacée par une nouvelle constitution.

2 • Les formes de révision de la constitution

Pour assurer la primauté constitutionnelle, un contrôle des autres normes et nécessaire autant que l'existence d'une procédure spécifique de révision, qui empêchent ces normes de modifier indirectement ou frauduleusement la constitution. On pense bien sûr tout d'abord à la manière dont les lois constitutionnelles des IIIe et IVe République pouvaient être modifiées par une loi ordinaire et ne possédaient aucune aura particulière, comme le dénonçait R. Carré de Malberg. On pense aussi à l'usage de l'article 11 de la Constitution de 1958 par le général de Gaulle. Le Conseil constitutionnel ayant refusé de se saisir de la question, a avalisé l'idée que la Constitution n'est pas protégée contre les lois référendaires. Tout au plus, Hauriou se serait-il félicité de ce que l'on puisse saisir le Conseil constitutionnel pour vérifier que l'adoption d'un traité international ne conduise pas à priver d'effet une disposition constitutionnelle.

3 • L'absence dans le texte du rôle des juges de la constitutionnalité des lois et règlements

Voilà finalement ce qui manque au texte d'Hauriou. On sait qu'il plaidait déjà, au début du XXe siècle pour un contrôle de constitutionnalité des lois, proche du système américain. Dans le présent extrait, il ne va pas jusqu'à intégrer ce contrôle de constitutionnalité des lois à la définition même de la constitution, comme condition de la primauté constitutionnelle et élément nécessaire à sa portée. Il s'agit pourtant aujourd'hui d'une composante *sine qua non* de l'État de droit. Qu'il s'agisse de reproduire les traits d'un système à l'américaine, diffus, concret et a posteriori ou de décliner le modèle austro-kelsénien, concentré, parfois a priori, parfois *a posteriori*, plus abstrait le cas échéant, on n'imagine pas aujourd'hui laisser la constitution sans protection juridictionnelle. La primauté est devenue dans des systèmes fortement formalisés la clef de la constitutionnalité de la norme, notamment dans un contexte globalisé où la constitution se trouve fortement concurrencée.

Théorie du pouvoir politique et droit constitutionnel général

› *Commentaire de texte*

Vous commenterez les extraits du texte proposé ci-dessous et articulerez votre réflexion autour d'un plan juridique (en deux parties et quatre sous parties), précédé d'une introduction.

Durée : 3 heures.
Aucun document autorisé.

Constitution du Bénin, 11 décembre 1990 (extraits)

Article 41 – Le Président de la République est le chef de l'État. Il est l'élu de la nation et incarne l'unité nationale. Il est le garant de l'indépendance nationale, de l'intégrité territoriale et du respect de la Constitution, des traités et accords internationaux.

Article 42 – Le Président de la République est élu au suffrage universel direct pour un mandat de cinq ans, renouvelable une seule fois. En aucun cas, nul ne peut exercer plus de deux mandats présidentiels.

Article 43 – L'élection du Président de la République a lieu au scrutin uninominal majoritaire à deux tours.

Article 54 – Le Président de la République est le détenteur du pouvoir exécutif. Il est le chef du Gouvernement et à ce titre, il détermine et conduit la politique de la Nation, Il exerce le pouvoir réglementaire, Il dispose de l'Administration et de la Force Armée, il est responsable de la Défense nationale. Il nomme, après avis consultatif du bureau de l'Assemblée Nationale, les membres du Gouvernement ; il fixe leurs attributions et met fin à leurs fonctions. Les membres du Gouvernement sont responsables devant lui.

Thème principal

La typologie des régimes politiques

Mots-clés

Séparation des pouvoirs, Régime présidentiel, Contrôle de constitutionnalité, Constitution rigide

Sujet donné et corrigé établi par

Pauline Türk, Maître de conférences-HDR, Université de Lille

Premier semestre 2014-2015

Article 55 – Le Président de la République préside le Conseil des Ministres

Article 57 – Le Président de la République a l'initiative des lois concurremment avec les membres de l'Assemblée Nationale. Il assure la promulgation des lois dans les quinze jours qui suivent la transmission qui lui en est faite par le Président de l'assemblée nationale.

Article 59 – Le Président de la République assure l'exécution des lois et garantit celle des décisions de justice.

Article 70 – Le Président de la République peut déléguer certains de ses pouvoirs aux ministres, sauf ceux prévus aux articles 54 alinéa 3, 60, 61, 101, 115, 133 et 144.

Article 71 – Le Président de la République ou tout membre de son Gouvernement peut, dans l'exercice de ses fonctions gouvernementales, être interpellé par l'Assemblée Nationale. Le Président de la République répond à ces interpellations par lui-même ou par l'un de ses ministres qu'il délègue spécialement devant l'Assemblée Nationale.

Article 72 – Le Président de la République adresse annuellement un message à l'Assemblée Nationale sur l'état de la Nation.

Article 73 – La responsabilité personnelle du Président de la République est engagée en cas de haute trahison, d'outrage à l'Assemblée ou d'atteinte à l'honneur et à la probité.

Article 79 – Le Parlement est constitué par une Assemblée unique dite Assemblée Nationale dont les membres portent le titre de député. Il exerce le pouvoir législatif et contrôle l'action du Gouvernement.

Article 80 – Les députés sont élus au suffrage universel direct. La durée du mandat est de quatre ans. Ils sont rééligibles. Chaque député est le représentant de la Nation tout entière et tout mandat impératif est nul

Article 94 – L'Assemblée Nationale informe le Président de La République de l'ordre du Jour de ses séances et de celui de ses commissions.

Article 95 – Les membres du Gouvernement ont accès aux séances de l'Assemblée Nationale. Ils sont entendus à la demande d'un député, d'une commission ou à leur propre demande. Ils peuvent se faire assister par des experts.

Article 96 – L'Assemblée Nationale vote la loi et consent l'impôt.

Article 97 – La loi est votée par l'Assemblée Nationale à la majorité simple.

Article 103 – Les députés ont le droit d'amendement.

Article 105 – L'initiative des lois appartient concurremment au Président de la République et aux membres de l'Assemblée Nationale.

Article 114 – La Cour Constitutionnelle est la plus haute Juridiction de l'État en matière constitutionnelle. Elle est juge de la constitutionnalité de la loi et elle garantit les droits fondamentaux de la personne humaine et les libertés publiques. Elle est l'organe régulateur du fonctionnement des institutions et de l'activité des pouvoirs publics.

Article 115 – La Cour Constitutionnelle est composée de sept membres dont quatre sont nommés par le Bureau de l'Assemblée Nationale et trois par le Président de la République pour un mandat de cinq ans renouvelable une seule fois. Aucun membre de la Cour Constitutionnelle ne peut siéger plus de dix ans. Pour être membre de la Cour Constitutionnelle, outre la condition de compétence professionnelle, il faut être de bonne moralité et d'une grande probité.

La Cour Constitutionnelle comprend : Trois magistrats ayant une expérience de quinze années au moins dont deux sont nommés par le Bureau de l'Assemblée Nationale et un par Président de la République ; Deux juristes de haut niveau [...] ; Deux Personnalités de grande réputation professionnelle nommées l'une par le Bureau de l'Assemblée Nationale et l'autre par le Président de la République.

Article 117 – La Cour Constitutionnelle statue obligatoirement sur :

- la Constitutionnalité des lois organiques et des lois en général avant leur promulgation ;
- le Règlement Intérieur de l'Assemblée Nationale [...] ;
- la Constitutionnalité des lois et des actes réglementaires censés porter atteinte aux droits fondamentaux de la personne humaine et aux libertés publiques et en général, sur la violation des droits de la personne humaine ;
- les conflits d'attributions entre les institutions de l'état. [...].

Article 120 – La cour constitutionnelle doit statuer dans le délai de quinze jours après qu'elle a été saisie d'un texte de loi ou d'une plainte en violation des droits de la personne humaine et des libertés publiques. [...] Dans ce cas, la saisine de la Cour Constitutionnelle suspend le délai de promulgation de la loi.

Article 121 – La Cour Constitutionnelle, à la demande du Président de la République ou de tout membre de l'Assemblée Nationale, se prononce sur la constitutionnalité des lois avant leur promulgation.

Elle se prononce d'office sur la constitutionnalité des lois et de tout texte réglementaire censés porter atteinte aux droits fondamentaux de la personne humaine et aux libertés publiques. Elle statue plus généralement sur les violations des droits de la personne humaine et sa décision doit intervenir dans un délai de huit jours.

Article 122 – Tout citoyen peut saisir la Cour Constitutionnelle sur la constitutionnalité des lois, soit directement, soit par la procédure de l'exception d'inconstitutionnalité invoquée dans une affaire qui le concerne devant une juridiction. Celle-ci doit surseoir jusqu'à la décision de la Cour Constitutionnelle qui doit intervenir dans un délai de trente jours.

Article 124 – Une disposition déclarée inconstitutionnelle ne peut être promulguée ni mise en application. [...]

Article 125 – Le pouvoir judiciaire est indépendant du Pouvoir Législatif et du Pouvoir Exécutif.

Il est exercé par la Cour suprême, les Cours et Tribunaux créés conformément à la présente Constitution.

Article 154 – L'initiative de la révision de la Constitution appartient concurremment au Président de la République, après décision prise en Conseil des Ministres et aux membres de l'Assemblée Nationale.

Pour être pris en considération, le projet ou la proposition de révision doit être voté à la majorité des trois quarts des membres composant l'Assemblée Nationale.

Article 155 – La révision n'est acquise qu'après avoir été approuvée par référendum, sauf si le projet ou la proposition en cause a été approuvé à la majorité des quatre cinquièmes des membres composant l'Assemblée Nationale.

Article 156 – Aucune procédure de révision ne peut être engagée ou poursuivie lorsqu'il est porté atteinte à l'intégrité du territoire. La forme républicaine et la laïcité de l'État ne peuvent faire l'objet d'une révision.

› Préparation

Analyse du sujet

Le sujet n'impliquait pas de connaissances particulières relatives au constitutionnalisme en Afrique, rarement abordé au stade de la première année de Licence. Il s'agissait davantage de proposer aux étudiants une « constitution-test », leur permettant d'appliquer des clefs de lecture censées être acquises, au vu des connaissances et de la méthodologie étudiées pendant le premier semestre d'enseignement consacré aux principes fondamentaux du droit constitutionnel. La difficulté consistait, comme toujours pour un commentaire de texte, à trouver un équilibre dans l'analyse du texte, en évitant à la fois l'écueil de la paraphrase et celui de la dissertation. En particulier, les introductions proposées par les étudiants ont été décevantes, proposant rarement la structure attendue pour une introduction de commentaire : mise en situation du texte, date, éléments de lieu et de contexte, structure du texte, objet des extraits sélectionnés, thèmes concernés, problématiques sous-jacentes, annonce de plan. Le choix d'un plan présentait moins de difficulté, puisqu'il ressort clairement des extraits sélectionnés deux points d'analyse différents : le premier (art. L. 41 à 105) relatif à la nature du régime politique, quelque peu ambiguë ou « atypique » si l'on s'en tient aux caractéristiques classiques des régimes parlementaire et présidentiel ; le second (art. 114 à 156) relatif aux mécanismes permettant de garantir le respect de la Constitution, sous l'angle de la révision d'une constitution voulue rigide et des modalités du contrôle de constitutionnalité au Bénin.

L'appréciation de la nature du régime politique béninois pouvait apparaître délicate pour les étudiants les moins armés, compte tenu des particularités voire des contradictions apparentes issues du texte. Il fallait faire preuve d'esprit d'analyse et se rattacher aux « fondamentaux » de la distinction entre régimes présidentiel et parlementaire. Les étudiants devaient comprendre que les spécificités et ambiguïtés constatées sont justement la résultante de l'appropriation, par un État donné, d'un régime politique qui ne saurait rester qu'un modèle théorique. Certains y ont vu aussi l'illustration des limites de la classification des régimes politiques et de la distinction classique – et quelque peu dépassée on le sait – entre régime parlementaire et présidentiel (s'avançant parfois sur le terrain délicat du régime semi-présidentiel, mixte ou hybride). Les meilleurs étudiants ont logiquement conclu à un régime présidentiel, ont fait le parallèle avec le régime des États-Unis, se sont interrogés sur certains aspects atypiques relatifs aux relations entre les pouvoirs, et y ont vu la spécificité du régime béninois en essayant de l'expliquer par certaines contraintes liées au contexte du pays. Ils se sont ensuite intéressés aux mécanismes de garantie de la Constitution en deuxième partie. Les deux dimensions d'une constitution démocratique (séparation des pouvoirs et institutions politiques / respect de la constitution et protection des libertés) auront été également valorisées. Les principaux écueils ont résidé dans l'oubli ou la confusion dans l'utilisation des mots-clefs (monocéphalisme, monocamérisme), dans la sous-valorisation des extraits relatifs à la Cour constitutionnelle, et dans l'incapacité à dissocier l'essentiel (absence de Premier ministre) de l'accessoire (possibilité pour les ministres d'accéder aux séances de l'Assemblée nationale), concernant la qualification du régime politique.

Plan du corrigé

I/ La nature du régime politique béninois : un régime présidentiel atypique ?

A – Des ambiguïtés apparentes dans l'organisation de la séparation des pouvoirs

B – Les fondements incontestés d'un régime de type présidentiel

II/ La protection des libertés au Bénin : des mécanismes efficaces de garantie de la Constitution

A – Les modalités d'un contrôle concentré de constitutionnalité

B – Les conditions de révision d'une constitution voulue rigide

› *Corrigé*

Introduction

Longtemps resté sous domination française, le Bénin, pays d'Afrique occidentale, est un État indépendant depuis 1960. Après une période marquée par une succession de coups d'État et par la confusion des pouvoirs aux mains de dirigeants appuyés sur l'armée, le Bénin entame une période de transition démocratique qui débouchera sur l'élaboration de la Constitution du 11 décembre 1990. Les extraits ici proposés à commenter (30 articles), donnent à voir une Constitution voulue respectueuse des principes démocratiques. Elle a permis au Bénin, 25 années après son entrée en vigueur, d'établir des institutions stables et un mécanisme de garantie de la Constitution efficace qui fait figure de modèle en Afrique.

Comme d'autres pays longtemps soumis au joug du colonialisme et de la dictature, le Bénin s'engage sur le terrain de la démocratie grâce à un processus constitutionnel qui soulève plusieurs interrogations : quel type de régime politique la Constitution du 11 décembre 1990 met-elle en place, avec quelles modalités de limitation du pouvoir ? Comment tente-t-elle de réussir la conversion démocratique dans le respect des droits et libertés fondamentaux ? Précisément, parmi les articles retranscrits, un premier volet de dispositions (articles numérotés de 41 à 105) permet de décrire l'organisation des institutions politiques et les rapports entretenus par les différents pouvoirs, tandis que le second volet (art. 114 à 156) expose les conditions de la protection des droits et libertés constitutionnels, en décrivant le rôle de la Cour constitutionnelle, en soulignant l'indépendance du pouvoir judiciaire et en présentant les étapes de la procédure de révision constitutionnelle. Dans les développements qui suivent, on tentera donc d'abord de qualifier la nature – à certains égards originale – du régime politique au Bénin (I), avant de mettre en évidence les modalités – relativement classiques – de la garantie de la Constitution de 1990, au service de la protection des droits et libertés (II).

I/ La nature du régime politique béninois : un régime présidentiel atypique ?

Malgré certaines caractéristiques, plutôt rattachables au régime parlementaire, qui pourraient en faire douter (A), il s'agit bien d'un régime présidentiel (B), cette « hybridation » s'expliquant peut-être par les particularités du contexte béninois lors de l'élaboration de la Constitution de 1990, destinée à accompagner la transition démocratique et à organiser un système de pouvoirs séparés et équilibrés.

A – Des ambiguïtés apparentes dans l'organisation de la séparation des pouvoirs

Aux termes de la Constitution de 1990, le régime politique béninois distribue le pouvoir entre un parlement monocaméral, constitué d'une Assemblée nationale, et un président de la République assisté d'un gouvernement composé de ministres. Les députés, élus au suffrage universel pour 4 ans, exercent le pouvoir législatif et contrôlent l'action du Gouvernement (art. 79). Le chef de l'État, également élu au suffrage universel direct pour un mandat de cinq ans, est « l'élu de la nation et incarne l'unité nationale », et il est détenteur du pouvoir exécutif (art. 41 et 54). Le partage des pouvoirs entre les différents organes, ainsi que les rapports entretenus par l'exécutif avec les membres du Parlement, laissent entrevoir certaines caractéristiques classiquement attachées au régime parlementaire, caractérisé par une relative collaboration des pouvoirs, parfois qualifiée de « séparation souple ». On note en effet le partage de l'initiative des lois entre le chef de l'État et les députés (art. 57), de même que l'accès des ministres aux séances de l'Assemblée nationale (art. 95). Autre élément troublant, la Constitution mentionne l'existence d'un « gouvernement » (art. 54 et 79 par exemple), organe qui unifie le collectif des ministres autour d'une politique commune dessinée par le chef de l'exécutif. Enfin, on note que l'article 71 de la Constitution prévoit un droit d'interpellation du Président de la République ou de l'un de ses ministres par les députés, permettant à ces derniers de demander des comptes sur l'exercice des fonctions gouvernementales. Or l'interpellation est classiquement un des mécanismes permettant de mettre en jeu la responsabilité politique de l'exécutif devant le parlement, accompagnant l'installation du parlementarisme (exemple de son utilisation en France au XIXe siècle, sous la Monarchie de Juillet, puis à la fin du second empire et sous la IIIe République). Ces mécanismes, pourtant, ne permettent pas de conclure à un régime parlementaire, les conditions fondamentales d'un tel régime n'étant pas réunies : on constate l'absence de droit de dissolution de l'Assemblée nationale par le chef de l'État et l'absence d'un véritable pouvoir de censure des députés sur le pouvoir exécutif, sanction d'une responsabilité politique ministérielle collégiale. En effet, si le terme « gouvernement » revient, à plusieurs reprises, dans la Constitution, il désigne bien, par commodité de langage, la réunion des ministres chargés d'assister le Président de la République, mais ne désigne pas ici, au sens que lui donne la théorie générale du droit constitutionnel, une institution gouvernementale solidairement responsable devant le parlement. En réalité, malgré certains indices caractéristiques du régime parlementaire, qui pourraient à première vue en faire douter, le régime est bien de type présidentiel.

B – Les fondements incontestés d'un régime de type présidentiel

Aux termes de l'article 54 de la Constitution béninoise ici commentée, le Président de la République « est le chef du Gouvernement et à ce titre, il détermine et conduit la politique de la Nation ». Il préside également le conseil des ministres (art. 55) et exerce l'ensemble des attributions dévolues au chef du gouvernement (pouvoir réglementaire et d'exécution des lois, direction de l'administration et des forces armées…). L'absence de Premier ministre (ou de « président du conseil ») signe le monocéphalisme de l'exécutif, caractéristique du régime présidentiel. Le Président est à la fois chef de l'État et du gouvernement, ce dernier étant conçu comme la réunion des ministres qui sont ses collaborateurs personnels, et dont l'article 54 précise qu'ils « sont responsables devant lui ». Sur le modèle du régime présidentiel américain, le Président de la République béninois est élu au suffrage universel, son mandat n'est renouvelable qu'une seule fois et il est responsable personnellement de certains crimes ou délits visés à l'art. 73. Comme aux États-Unis là encore, il adresse annuellement un message au Parlement sur l'état du pays (art. 72), il exerce le pouvoir de nomination des membres du gouvernement sous le contrôle du Parlement (*cf. confirmation process* devant le Sénat pour les secrétaires nommés par le président américain), et il est responsable de la Défense nationale (art. 54). Quant au Parlement, sous réserve de l'initiative partagée des lois dont on a déjà soulevé la relative incongruité en régime présidentiel, il assume l'essentiel de la fonction législative (vote de la loi, droit d'amendement), consent à l'impôt et contrôle l'activité du pouvoir exécutif.

Le partage des pouvoirs correspond bien au système présidentiel, dans sa définition classique, même si le Constituant béninois rompt avec le « modèle » américain en omettant le droit de *veto* présidentiel (art. 57) et en faisant le choix du monocamérisme (n'étant pas contraint au bicamérisme comme les États-Unis à raison de leur structure fédérale). Le régime est présidentiel alors même que cette qualification peut apparaître troublée par certaines particularités, plutôt propres au régime parlementaire. Sans doute s'est-il agi, pour les Constituants béninois, de tempérer, par quelques assouplissements à la spécialisation fonctionnelle, la rigueur d'une séparation trop rigide des pouvoirs ? Certains pourraient y voir une transposition de la théorie des *checks and balances* américaine, adaptée au contexte béninois de la recherche d'institutions stables et démocratiques, assurant le juste équilibre des pouvoirs entre Président et Parlement. D'autres pourraient s'interroger sur la nature mixte ou « hybride » du régime politique béninois, soit pour y voir un régime quelque peu atypique, soit pour y voir une nouvelle preuve de la désuétude de la classification des régimes politiques et de la vanité de la construction de modèles, faits pour être adaptés et dépassés.

II/ La protection des libertés au Bénin : des mécanismes efficaces de garantie de la Constitution

L'appropriation rapide par le Bénin des techniques les plus approfondies de contrôle de constitutionnalité fait figure d'exemple (A), la garantie de la Constitution et des droits fondamentaux étant également assurée par la procédure complexe et solennelle prévue pour sa révision (B).

A – Les modalités d'un contrôle concentré de constitutionnalité

À côté du pouvoir judiciaire confié à des cours et tribunaux indépendants sous l'autorité d'une Cour suprême (art. 125), la Constitution béninoise instaure une Cour constitutionnelle, « plus haute juridiction de l'État en matière constitutionnelle » (art. 114). Cet organe juridictionnel, composé de sept membres nommés par les autorités politiques, au regard de différentes qualités et compétences juridiques (art. 115), joue un rôle de régulation du fonctionnement des pouvoirs publics, dans le cadre d'une séparation des pouvoirs précisément organisée, et elle est chargée de juger la constitutionnalité des lois et de garantir les droits fondamentaux. Le Bénin rejoint ainsi la longue liste des États qui, sur le modèle kelsenien, confient le contrôle de constitutionnalité des lois à un organe juridictionnel spécialisé (contrôle dit « concentré », comme en Autriche, Espagne, Allemagne, Belgique, Italie, France, Croatie, Sénégal…), contrairement à ceux qui, tels les États-Unis, laissent les juridictions ordinaires se charger de la garantie de la Constitution (contrôle « diffus », assuré par les tribunaux américains sous l'autorité de la Cour suprême, depuis l'arrêt *Marbury/ Madison* de 1803).

La Constitution de 1990 prévoit un contrôle de constitutionnalité obligatoire pour les lois organiques et ordinaires, qui a pour effet d'empêcher leur promulgation et leur entrée en application (art. 117 et 124). Ce mécanisme de contrôle *a priori* et par voie d'action, déclenché sur demande du Président de la République ou d'un député (saisine relativement « fermée », car réservée aux autorités politiques), coexiste avec un mécanisme de contrôle *a posteriori* plus ouvert, permettant aux citoyens de saisir la Cour de la constitutionnalité d'une loi soit directement, soit par la voie d'une exception d'inconstitutionnalité « dans une affaire qui le concerne devant une juridiction » (art. 122). Dans ce dernier cas, la juridiction ordinaire saisie de la question de constitutionnalité la transmet à la Cour constitutionnelle et, dans l'attente, surseoit à statuer, conformément à la logique du contrôle concentré (réservé à la Cour constitutionnelle spécialisée). Comme le fait le Conseil constitutionnel français, la Cour statue également sur le Règlement intérieur de l'Assemblée nationale, et sur les conflits d'attributions entre les institutions de l'État, dans des conditions que les extraits fournis ne permettent pas de détailler. La Cour reçoit enfin une compétence plus générale de gardienne des libertés publiques et des droits de la personne humaine. Elle contrôle ainsi toute loi ou acte réglementaire susceptible de leur porter atteinte, et peut se saisir d'office. La Cour, dont l'action est enfermée dans des délais variables selon les hypothèses, produit une jurisprudence dense et riche (plusieurs milliers de décisions depuis 1990) et joue un rôle majeur dans la promotion de l'État de droit au Bénin, se nourrissant d'ailleurs des textes internationaux pour nourrir ses interprétations (par exemple décision DCC 02-052 du 31 mai 2002, *Laurent Fanou*). Les mécanismes béninois en matière de contrôle de constitutionnalité constituent un modèle de référence pour les pays en voie de démocratisation, notamment en Afrique.

B – Les conditions de révision d'une constitution voulue rigide

La garantie d'une constitution, c'est-à-dire du respect des principes de gouvernement et des droits fondamentaux qui y sont consacrés, implique aussi de prévoir les conditions de sa révision. Cette question est cruciale dans un contexte de transition démocratique où les règles constitutionnelles portant un ordre politique nouveau nécessitent d'être protégées contre les tentatives de déstabilisation et les manœuvres de détournements. La Constitution béninoise de 1990, écrite et non coutumière, comme la plupart des constitutions des États dans le monde, a prévu les modalités de sa propre révision aux articles 154 à 156. On constate que cette Constitution a été voulue rigide, puisque les règles prévues pour sa modification sont relativement complexes et dessinent une procédure spéciale et solennelle, distincte de la procédure législative ordinaire (adoption des lois à majorité simple, *cf.* art. 97). Ainsi, première étape, l'initiative de la révision est partagée entre le Président de la République (dont la décision doit avoir été préalablement délibérée en Conseil des ministres) et les députés. Ensuite, le projet ou la proposition de révision doit être adopté par une majorité qualifiée de députés (majorité des trois quarts des membres composant l'Assemblée nationale), d'autant plus exigeante que les absents ou abstentionnistes sont ainsi réputés ne pas soutenir l'initiative (majorité calculée sur le nombre total de membres de l'Assemblée et non sur les exprimés). Troisième étape, la révision ne peut être opérée qu'après approbation par le peuple par voie de référendum, étape qui ne peut être évitée qu'à la condition du soutien d'une écrasante majorité des membres de l'Assemblée (exception prévue seulement pour le cas où le projet ou la proposition a été approuvé par une majorité des quatre cinquièmes des députés !). La Constitution béninoise de 1990 apparaît ainsi relativement rigide, ce qui constitue, selon le contexte et le point de vue, un gage de sa stabilité dans le temps ou, parfois, un facteur de sclérose des institutions. Enfin, des limites à la révision sont prévues par l'article 156 de la Constitution de 1990, qui touchent, comme dans beaucoup d'autres constitutions, au moment ou au fond de la révision envisagée. Ainsi, au Bénin, toute atteinte à l'intégrité du territoire a pour effet de « geler » la révision, tandis que deux principes clefs sont intangibles : la laïcité et la forme républicaine de l'État béninois. Ces limites imposées à la révision, qui peuvent s'analyser comme une restriction au pouvoir souverain du Constituant, posent la question de l'existence, au Bénin, de principes d'essence supra-constitutionnelle, donc particulièrement protégés. Les extraits de la Constitution ici proposés ne permettent pas, cependant, de s'avancer davantage sur ce point, notamment en ce qui concerne le rôle éventuel de la Cour constitutionnelle dans la garantie de ces limites à la révision.

Théorie du pouvoir politique et droit constitutionnel général

Thème principal

Le changement de régime politique

Mots-clés

Régime politique, Dévolution du pouvoir, Coup d'État, Césarisme démocratique, Parlementarisme

Sujet donné et corrigé établi par

Xavier Bioy, Professeur, Université Toulouse 1-Capitole

Premier semestre 2014-2015

› *Commentaire de textes*

Commentez ces trois extraits d'interventions du Général de Gaulle

Déclaration du 15 mai 1958

« La dégradation de l'État entraîne infailliblement l'éloignement des peuples associés, le trouble de l'armée au combat, la dislocation nationale, la perte de l'indépendance. Depuis douze ans, la France, aux prises avec des problèmes trop rudes pour le régime des partis, est engagée dans ce processus désastreux.

Naguère, le pays, dans ses profondeurs, m'a fait confiance pour le conduire tout entier jusqu'à son salut.

Aujourd'hui, devant les épreuves qui montent de nouveau vers lui, qu'il sache que je me tiens prêt à assumer les pouvoirs de la République. »

Conférence de presse du 19 mai 1958

« Je réponds que si de Gaulle était amené à se voir déléguer des pouvoirs exceptionnels, pour une tâche exceptionnelle, dans un moment exceptionnel, cela ne pourrait évidemment se faire suivant la procédure et les rites habituels, tellement habituels que tout le monde en est excédé. Il faudrait adopter une procédure, elle aussi, exceptionnelle. Pour l'investiture de l'Assemblée nationale par exemple. Mais, vous le savez, quand les événements parlent très fort et qu'on est d'accord sur le fond, les procédures comportent une flexibilité considérable. Toute mon action publique est là pour le prouver. »

Communiqué du 27 mai 1958

« J'ai entamé hier le processus régulier nécessaire à l'établissement d'un gouvernement républicain capable d'assurer l'unité et l'indépendance du Pays.

Je compte que ce processus va se poursuivre et que le Pays fera voir, par son calme et sa dignité, qu'il souhaite le voir aboutir.

Dans ces conditions, toute action, de quelque côté qu'elle vienne, qui met en cause l'ordre public, risque d'avoir de graves conséquences. Tout en faisant la part des circonstances, je ne saurais l'approuver.

J'attends des forces terrestres, navales et aériennes présentes en Algérie qu'elles demeurent exemplaires, sous les ordres de leurs chefs : le général Salan, l'amiral Auboyneau, le général Jouhaud. À ces chefs, j'exprime ma confiance et mon intention de prendre incessamment contact avec eux. »

Aucun document n'est autorisé.

› Préparation

Analyse du sujet

Le candidat pourrait être déstabilisé par la forme du sujet qui réunit trois courts textes à commenter ensemble. Ce sont trois déclarations de De Gaulle, à quelques jours d'intervalles, prononcés dans la période de transition entre la IVe République et la Ve. Le cours n'a pas encore vraiment abordé les institutions actuelles, ni même les idées constitutionnelles de De Gaulle. Il a traité de l'histoire constitutionnelle, notamment les changements de régime politique, la notion de régime politique et la dévolution du pouvoir (violente ou pacifique). Le cours a aussi abordé les questions de souveraineté et de constitution. Il faut donc lire le sujet avec ces connaissances-là.
Il faut rechercher ce qui fait l'unité de ces trois textes et y percevoir le projet de l'auteur. Il s'agit d'actes de communication vers l'opinion publique et non de textes juridiques. Ils ont une finalité politique active qu'il faut relier aux notions apprises en droit constitutionnel et institutions politiques : le changement de régime politique (notamment par le coup d'État), le césarisme démocratique, la légalité et la légitimité, le parlementarisme de la IVe et sa future rationalisation, etc. Ces termes, qui seront l'objet du commentaire, devront être définis en introduction. Il faut penser à revenir toujours au texte pour en expliquer les termes.

Plan du corrigé

I/ La prise de pouvoir dans la tradition césariste
- *A – L'appel à l'homme providentiel*
- *B – Un coup d'État sans violence*

II/ Le changement annoncé de régime
- *A – L'annonce du changement*
- *B – Un changement consenti*

› Corrigé

Introduction

Accroche : Au moment où se dessine la perspective d'un nouveau régime politique, l'« homme du 18 juin », qui sait en appeler au peuple, semble renouer avec une longue tradition de la prise du pouvoir hors des formes juridiques.

Contextes : Ces trois extraits d'allocutions du Général De Gaulle rappellent en effet dans quel contexte trouble s'est opéré l'enterrement de la IVe République et quel débat a suscité l'arrivée au pouvoir de celui qui jusque-là « traversait le désert », refusant de participer à un régime parlementaire honni car dévoyé. Il l'avait dit dès 1946, dans son fameux discours de Bayeux, dont les accents raisonnent encore ici lorsqu'il dénonce à nouveau le « régime des partis ». Commence alors un débat qui voit s'affronter ceux qui accusent De Gaulle d'une forme, atténuée mais non moins réelle, de coup d'État dans la « grande » tradition du césarisme démocratique et les gaullistes qui y voient un appel du peuple auquel répond De Gaulle du haut son incontestable légitimité historique. Cette forme de dévolution informelle et brutale du pouvoir, inaugurée par Bonaparte et pratiquée par son petit-neveu, a elle-même été validée par le peuple à l'occasion du référendum constituant de 1958.

Le premier texte réagit aux événements algériens du 13 mai 1958. Le général Massu met en effet en place un comité de salut public et appelle à manifester contre le FLN (mouvement indépendantiste algérien). Alors que l'insurrection risque de dégénérer en guerre civile, le Général se dit « prêt à assumer les pouvoirs de la République ». Il rassure et insiste sur la nécessité de l'union nationale et se présente à nouveau comme le recours. Ne désavouant ni les militaires ni les Comités de Défense de la République, il suscite l'inquiétude de ses opposants qui le soupçonnent de préparer une opération militaire à Paris (opération dite « Résurrection »). Le 27 mai, on le lit ici, il affirme désapprouver les actes attentatoires à l'ordre public. Le 29 mai, le président de la République, René Coty, fait appel « au plus illustre des Français ». L'Assemblée nationale vote néanmoins la confiance à Pierre Pflimlin désavoué par René Coty, Président de la République, dans un message où il menace de démissionner et envisage le risque d'un coup d'état militaire. Charles de Gaulle a un entretien avec Pflimlin accepte de former un gouvernement, qui est investi, le 1er juin. Il ne fait pas mystère de sa volonté de gouverner par ordonnance et de mener à bien la réforme constitutionnelle vers un nouveau régime. C'est donc par la menace de l'action militaire que le changement de régime politique s'opère. Pierre Mendès France, dira alors « c'est parce que le Parlement s'est couché qu'il n'y a pas eu de coup d'état ! » Le général de Gaulle devient ainsi le dernier président du Conseil de la IVe République.

Résumé du texte : Sentant les conditions réunies (« la dégradation de l'État ») pour s'imposer, De Gaulle ne fait pas mystère de ces ambitions. Il insiste sur le caractère exceptionnel de ce moment (« des pouvoirs exceptionnels, pour une tâche exceptionnelle, dans un moment exceptionnel »), sur sa légitimité personnelle (« naguère, le pays, dans ses profondeurs, m'a fait confiance »), sur son ambition d'installer un nouveau pouvoir. Il ne cache pas non plus qu'il a l'appui de l'armée pour ce faire et qu'il n'entend pas respecter les formes légales de la révision constitutionnelle (« cela ne pourrait évidemment se faire suivant la procédure et les rites habituels »). Il associe ainsi sa stature d'homme d'État et la peur que doit inspirer une situation de crise grave qu'il impute non pas à sa proximité avec l'armée mais aux vices du « régime des partis ». Il finit d'ailleurs par relativiser complètement la force du droit en rappelant qu'il a toujours joué sur la flexibilité des procédures.

Ce procédé ressemble bien à un coup d'État, ou putsch, entendu comme un « changement de gouvernants opéré, hors des procédures constitutionnelles en vigueur, par une action entreprise au sein même de l'État au niveau de ses dirigeants ou de ses agents. Cette action, le terme « coup » le suggère, est soudaine et sollicite généralement la force » (*in* « Le coup d'État », O. Duhamel et Y. Meny, *Dictionnaire constitutionnel*, Paris, Puf, 1992, p. 240). De Gaulle semble s'inscrire dans la continuité du césarisme démocratique, c'est-à-dire la conquête et l'exercice du pouvoir par un homme providentiel, militaire de préférence, à l'aide de consultations populaires ayant le caractère d'un plébiscite (toute question se ramène à un appui personnel au gouvernant). Mais les allocutions de De Gaulle dépassent le seul accès au pouvoir. Il mentionne dans la conférence du 19 mai la perspective de nouvelles procédures pour investir les pouvoirs. Se profile la mutation constitutionnelle qui viendra quelques semaines plus tard. Cela invite à évoquer les formes de pouvoir constituant, l'écriture et l'adoption d'une nouvelle constitution.

Problématique : En trois communiqués avec l'opinion publique, De Gaulle profite d'une situation de crise en Algérie pour s'imposer comme l'homme providentiel et pour proposer de changer de régime hors des procédures prévues pour réviser la constitution de 1946. Certains l'accuseront de coup d'État, d'autres indiqueront que, à sa demande (ambiguë puisqu'il demande l'appui de l'armée), il n'y a pas eu de violence. Il faut analyser donc ces deux aspects :

la prise de pouvoir en marge de la régularité (I) et la perspective d'un changement de régime annoncé et accepté tacitement par le peuple sous le regard de l'armée (II).

I/ La prise de pouvoir dans la tradition césariste

L'histoire politique et constitutionnelle française porte la marque d'hommes providentiels qui ont provoqué un changement de régime constitutionnel. Napoléon Bonaparte et Louis Napoléon Bonaparte ont ainsi dévoyé la République en Empire, avec l'appui d'une votation populaire. Dans une certaine mesure, la posture de De Gaulle s'inscrit dans cette « tradition bonapartiste » (R. Rémond). Mais alors que les deux premiers ont usé de la force pour accéder au pouvoir, la situation de 1958 est plus ambiguë. L'histoire mouvementée de la vie politique française a vu les régimes s'installer à la faveur de guerres ou de coup d'État. Tout se passe comme si l'extraordinaire séisme qu'a été la Révolution française se poursuit par des répliques de moindre intensité. L'avènement de la Ve République s'est effectué en douceur mais non sans parenté avec ses prédécesseurs.

A – L'appel à l'homme providentiel

De Gaulle semble clairement se situer dans une lignée de gouvernants qui, depuis Napoléon Bonaparte, en passant par son petit-neveu, Louis-Napoléon, ou encore le Maréchal Pétain et le colonel de La Rocque, ont été portés par un peuple fasciné par la carrière militaire. Cette forme de légitimité charismatique (M. Weber) a trouvé des formes juridiques pour s'exprimer constitutionnellement.

1 • La tradition césariste française

Le bonapartisme, qui finit toujours par l'exercice d'un pouvoir personnel, se veut avant tout une défense de la République.

a) Le discours républicain

L'homme providentiel qui demande le pouvoir se veut avant tout celui qui sauvera la République de ses errements. La République, c'est-à-dire le gouvernement dans l'intérêt de tous, ne peut selon eux être abandonnée à une oligarchie parlementaire et divisée qui ne recherche que la satisfaction d'intérêts catégoriels et partisans. Seul un homme issu du peuple et intrinsèquement convaincu de sa capacité à vouloir ce que le peuple veut, un homme qui a déjà prouvé son sens du sacrifice, peut mériter l'appui du peuple.

b) La responsabilité personnelle du maintien de l'ordre

De Gaulle s'inscrit aussi dans la tradition du parti de l'ordre. Comme avant lui Napoléon Bonaparte qui voulait « mettre fin à la Révolution », il entend rétablir l'ordre politique sur des bases fermes. Il se présente en réformateur capable de restaurer un pouvoir fort, de nature à rétablir la grandeur de la France. Tant au plan interne, où la situation dramatique en Algérie menace de connaître le même épilogue qu'en Indochine, qu'au plan international, où la France peine à retrouver sa place, il faut, selon lui, un chef.

2 • La légitimité charismatique

Comme ses devanciers, la légitimité historique du Libérateur de la France sera l'appui que le peuple lui témoignera par les urnes, c'est en cela que le césarisme est démocratique.

a) La gloire militaire

Homme à la carrière militaire nourrie et ayant occupé des responsabilités ministérielles, De Gaulle est surtout l'« homme de l'appel du 18 juin ». Celui qui a unifié la Résistance et permis à la France d'être à la table des vainqueurs : « Quoi qu'il arrive, la flamme de la résistance française ne doit pas s'éteindre et ne s'éteindra pas ».

b) L'appui plébiscitaire

La tradition bonapartiste française s'appuie sur la dimension populaire de la souveraineté. Critiques envers les élites libérales, notamment les juges et notables, accusées de ne pas gouverner dans l'intérêt de tous, les bonapartistes entendent s'appuyer sur des référendums fréquents, légitimant les choix du chef politique. Après chacun de coup d'État et chaque changement de forme politique, les Bonaparte ont eu recours à une votation populaire. De Gaulle annonce qu'il fera de même. Il continuera à en appeler au peuple pendant ses présidences, remettant en jeu son mandat. Le peuple se prononce donc moins sur l'objet juridique du référendum que sur la confiance qu'il accorde à celui qui pose la question. De Gaulle quittera ainsi le pouvoir en 1969 à l'issue d'un échec référendaire.

B – Un coup d'État sans violence

François Mitterrand dénoncera plus tard un « coup d'État permanent » dans la manière de gouverner de De Gaulle. En 1958, avec Pierre Mendès France, il est déjà un des plus fervents opposants à la désignation de De Gaulle comme chef du gouvernement. Il est vrai que cet épisode comporte quelques ambiguïtés qui ne sont pas sans rappeler des épisodes mouvementés de notre histoire politique.

1 • Exemples historiques de coups d'État

a) La période révolutionnaire

Optant pour une forte rigidité du texte constitutionnel (la révision de la Constitution était presque impossible) et une séparation stricte des pouvoirs, la Constitution du 5 fructidor an III (22 août 1795) avait fait le pari de stabiliser le pouvoir par des règles constitutionnelles contraignantes pour se prémunir contre la toute-puissance des comités et la dictature personnelle de quelques grands meneurs de la première heure. Malgré cela, ou à cause de cela, le Directoire va connaître une succession de coups de force : 18 fructidor an V, 22 floréal an VI, 29 et 30 prairial an VII. Le dernier lui sera fatal, celui du 18 brumaire an VIII (9 nov. 1799) qui crée le Consulat.

b) 1799

Sieyès, alors Directeur « cherche un sabre » pour rétablir l'ordre. Il le trouve en Bonaparte, de retour d'Égypte, et prépare avec lui un coup d'État. Arguant d'un « complot des terroristes » (royalistes), on réunit les deux assemblées (les Cinq-Cents et les Anciens) au motif de les faire protéger par Bonaparte. Sommés de modifier la Constitution pour accorder le pouvoir à ce dernier, les élus des Cinq-Cents refusent aux cris de « À bas le dictateur ! » La séance est levée, les députés s'enfuient et sont rattrapés par la troupe qui les contraint dans la nuit à proclamer le Consulat. Plus tard, le peuple approuvera le Consulat à vie de Bonaparte, puis l'Empire.

c) 1848

Élu premier président de la République française le 10 décembre 1848 au suffrage universel, Louis-Napoléon bénéficie aussi d'un fort appui populaire. Alors que la Constitution de la IIe République interdit au président en exercice de solliciter un deuxième mandat, il soumet en 1851 au Parlement un projet de révision de la Constitution autorisant une nouvelle candidature. Sans succès. C'est pourquoi le 2 décembre 1852 les parisiens découvrent des affiches qui annoncent la dissolution de l'Assemblée nationale et l'état d'urgence en vue de la mise en place prochaine de nouvelles institutions. On arrête quelques députés et on mate les tentatives de soulèvement.

2 • La « méthode De Gaulle »

Le chemin emprunté par De Gaulle est certes plus lent et moins violent, il utilise les voies modernes de communication, mais au fond son projet est le même. L'Assemblée nationale vote l'investiture le 1er juin 1958, par 351 voix contre 250. De Gaulle avait posé ses conditions : les pleins pouvoirs pendant six mois et l'institution d'une procédure exceptionnelle de révision de la Constitution.

a) Le retrait de la vie politique

Alors qu'il a déjà su instituer un pouvoir avant et après la Libération et qu'il a ainsi permis d'éviter une administration provisoire étrangère, il démissionna de la Président du Gouvernement provisoire, en raison d'un désaccord avec l'Assemblée constituante élue en octobre 1945 sur la conception de l'État et le rôle des partis le 20 janvier 1946. Le parti qu'il fonde, le Rassemblement du Peuple Français (RPF), portera ses idées. Il dénoncera les institutions issues du compromis des partis d'avant-guerre et se retirera de la vie publique jusqu'en 1958. Les anciens partis de la troisième République avaient en commun de refuser le pouvoir gaulliste, le retrait de la vie politique est aussi une façon de parier sur leur désunion.

b) L'appui militaire

S'il ne l'a pas sollicité, il est certain que le putsch des généraux d'Alger, avec l'appui de la 10e division parachutiste du général Massu et la complicité de Jacques Soustelle, entend empêcher la constitution du Gouvernement Pierre Pflimlin et imposer un changement de politique allant dans le sens du maintien de l'Algérie française. De Gaulle devrait pour eux en être l'acteur et il est tenu informé par les putschistes. La menace militaire a donc bien été déterminante pour l'arrivée au pouvoir de De Gaulle et le changement de régime.

II/ Le changement annoncé de régime

Si De Gaulle reste discret ici sur ces intentions futures, tout son parcours tend à demander une forme de « pleins pouvoirs » pour mettre fin aux errances de la IVe République. Il n'a de cesse de rappeler qu'il avait raison dès 1946 lorsqu'il disait « non, franchement non » aux institutions d'après-guerre. Tous savent qu'en désignant De Gaulle comme dernier Président du Conseil il s'agit réellement de conduire à un processus constituant, vers un régime où l'exécutif sera le plus fort. En indiquant que le respect des procédures constitutionnelles ne sera pas sa priorité, De Gaulle annonce en fait l'adoption d'une nouvelle constitution, ce qui en fait un changement annoncé (A) et consenti (B).

A – L'annonce du changement

L'appel au changement est ancien, dès les années 1930, De Gaulle plaidait pour une réforme politique de l'État qui se fonde sur un gouvernement fort, capable de diriger le pays sans les compromis et les atermoiements du parlementarisme.

1 • Le discours récurrent de De Gaulle sur la crise de l'État

a) Le discours de Bayeux

« Depuis douze ans, la France, aux prises avec des problèmes trop rudes pour le régime des partis, est engagée dans ce processus désastreux. » En 1958 il rappelle qu'il avait raison dès 1946, lorsqu'à Bayeux il annonce le retour à la troisième République qu'opère le projet des partis alors reconstitués. Il est persuadé que l'alliance politique entre eux cédera et que la République sera paralysée.

b) La sauvegarde de la République

Il préconise que le futur chef de l'État, comme le sera De Gaulle en 1958, ait la charge de sauvegarder la République face à ces dangers les plus grands. Il aurait des pouvoirs exceptionnels en période de crise, instaurant une sorte de « dictature légale ». Ce sera en effet l'article 16 de la Constitution de 1958 qui fera écho à sa déclaration du 27 mai 1958 en dotant la France d'un « gouvernement républicain capable d'assurer l'unité et l'indépendance du Pays ». Comme il le dira dans son discours du 4 septembre 1958 lorsqu'il se réfère au drame de 1870 : « … au milieu de la tourmente nationale et de la guerre étrangère, apparut la République. Elle était la souveraineté du peuple, l'appel de la liberté, l'espérance de la justice… ».

2 • L'appel au changement de régime

a) Vers un pouvoir fort mais non la dictature

Dans sa conférence de presse du 19 mai 1958 alors qu'un journaliste lui fait part de l'inquiétude de certains : « que, si vous reveniez au pouvoir, vous attentiez aux libertés publiques ». Il répond : « L'ai-je jamais fait ? Au contraire, je les ai rétablies quand elles avaient disparu. Croit-on, qu'à 67 ans, je vais commencer une carrière de dictateur ? ».

b) Vers la rationalisation du parlementarisme

Les idées constitutionnelles que De Gaulle exprime sont connues. Il opte pour un régime à séparation souple des pouvoirs, de type parlementaire et non pour le modèle américain. Mais il veut que le Parlement soit le soutien de la politique du gouvernement et non l'inverse. C'est pourquoi il veut un bloc exécutif qui dispose de l'initiative de la loi et d'un pouvoir réglementaire autonome. Il voit au sommet de l'édifice un chef de l'État qui soit en mesure d'assurer les intérêts supérieurs de la nation, notamment par le biais de la dissolution de l'Assemblée et la nomination du gouvernement. Deux missions majeures lui incombent : assurer « le fonctionnement régulier des institutions » et « faire valoir au milieu des contingences politiques les intérêts supérieurs de la Nation ». Le gouvernement disposera ainsi d'une majorité qu'il contrôlera grâce d'intervention dans le débat législatif.

B – Un changement consenti

De Gaulle est arrivé au pouvoir à ses conditions, notamment celle de refonder le régime, de donner de nouvelles institutions à la France.

1 • L'appel au pouvoir constituant

Il écrit « dans un moment exceptionnel, cela ne pourrait évidemment se faire suivant la procédure et les rites habituels ». Il n'en fait pas mystère, il faudra passer outre les modalités de révision de la Constitution prévues en 1946.

a) Acter la fin de la IVe

De Gaulle n'entend pas seulement infléchir le régime parlementaire de la IVe, dominé par l'Assemblée nationale, presqu'un régime d'assemblée. Il ne veut pas avoir à donner des garanties à ceux qui l'ont toujours banni et qui le redoutent en même temps. La procédure de révision est en outre trop complexe et lente pour être menée sereinement. L'initiative appartenait exclusivement aux deux assemblées à travers le vote d'une résolution à la majorité absolue de leurs membres, puis l'élaboration d'un projet de loi par les députés adopté dans les mêmes conditions qu'une loi ordinaire puis une adoption définitive réalisée soit par la seule Assemblée nationale à la majorité des 2/3 ou par les deux chambres séparément à la majorité des 3/5. Si ces majorités n'étaient pas atteintes le projet de loi constitutionnelle était soumis à l'approbation du Peuple par référendum. Cette procédure n'ayant jamais été menée jusqu'à son terme, dans ses déclarations du mois de mai apparaît une nette exigence de pouvoir le laisser faire à sa guise.

b) Lancer un processus constituant pour un texte « sur mesure » pour De Gaulle

Si des projets de révision partielle de la Constitution de 1946 sont en cours pour faciliter ensuite sa révision, le général de Gaulle n'y donne pas suite. Il souhaite une modification du seul article consacré à la révision, afin de permettre au gouvernement d'élaborer une nouvelle Constitution qui serait directement soumise à la décision du peuple français par la voie du référendum. Le 31 mai 1958 un projet est établi, soumis au Conseil d'État et adopté par le Conseil des ministres après le vote de confiance de l'Assemblée nationale. Il est rapidement adopté par l'Assemblée, puis par le Conseil de la République, c'est la loi constitutionnelle du 3 juin 1958 : « Par dérogation aux dispositions de son article 90, la Constitution sera révisée par le gouvernement investi le 1er juin 1958 et ce, dans les formes suivantes : Le Gouvernement de la République établit un projet de loi constitutionnelle mettant en œuvre les principes ci-après… », suivent quelques principes comme le suffrage universel, la séparation des pouvoirs, la responsabilité du gouvernement devant le Parlement, l'indépendance de l'autorité judiciaire… En même temps, une loi accorde les pouvoirs spéciaux en Algérie et une autre les pleins pouvoirs législatifs pour six mois au chef du gouvernement, ce qui lui permet de légiférer par ordonnances. La transition s'est faite ainsi en douceur.

2 • La prise de pouvoir de De Gaulle et la naissance de la Ve

a) La rédaction du texte de 1958

Pendant l'été 1958, un comité technique ou d'experts, constitué de juristes, piloté par Michel Debré prépare les projets sur lesquels se prononcent les quatre ministres d'État et deux juristes représentant De Gaulle. Un avant-projet en ressort qui est soumis du Comité consultatif constitutionnel présidé par Paul Reynaud. Fin août, le gouvernement adopte alors l'avant-projet et le transmet au Conseil d'État. Puis le 3 septembre le projet de Constitution est adopté en Conseil des ministres. De Gaulle le présente le 4 septembre 1958, place de la République, où se défend de s'inscrire dans la tradition bonapartiste.

b) L'adoption du texte de 1958

Le 28 septembre 1958 le référendum adopte la Constitution par 79,25 % des voix. La Constitution de la Ve République est promulguée le 4 octobre 1958. Le choix de l'adoption par le seul référendum, sans le parlement rappelle les moments bonapartistes mais comme le dit le général (4 sept. 1958) : « Le nécessaire a été fait pour obvier à l'irrémédiable à l'instant même où il était sur le point de se produire. Le déchirement de la nation fut, de justesse, empêché. On a pu sauvegarder la chance ultime de la République. C'est dans la légalité que moi-même et mon gouvernement avons assumé le mandat exceptionnel d'établir un projet de nouvelle Constitution et de le soumettre à la décision du peuple. »

Théorie du pouvoir politique et droit constitutionnel général

› *Dissertation*

Le régime parlementaire en France, de la première Restauration à la fin de la IVe République.

Thème principal

Histoire constitutionnelle

Mots-clés

Pouvoir exécutif, Pouvoir législatif, Régime parlementaire, Responsabilité politique, Dualisme, Charte

Sujet donné et corrigé établi par

Arnaud Coutant, Maître de conférences HDR, Université de Reims Champagne-Ardenne

Premier semestre 2014-2015

› Préparation

Analyse du sujet

La principale difficulté de ce sujet réside dans sa perspective historique. Il s'agit d'une dissertation de droit constitutionnel ; il ne faut pas adopter de plan chronologique.

Plan du corrigé

I/ Un élément parlementaire majeur, la consécration de la responsabilité politique

A – La mise en œuvre initiale : 1814

B – Les crises ultérieures, l'affirmation de la responsabilité politique

II/ Une incertitude, la difficile collaboration entre les pouvoirs

A – La supériorité de l'exécutif sur le législatif, la question du régime parlementaire dualiste

B – La supériorité du législatif sur l'exécutif, l'instabilité dans le régime parlementaire moniste

› Corrigé

Introduction

Phrase d'accroche : On peut opter pour une phrase en relation avec un élément historique. En 2014 et en 2015, ont lieu les bicentenaires de deux textes constitutionnels français, la Charte de 1814 et l'Acte additionnel aux constitutions de l'Empire.

On peut aussi utiliser une perspective plus actuelle, avec une référence à l'utilisation de l'article 49 alinéa 3, par l'actuel gouvernement. Dans ce cas, il s'agit de faire le lien avec la naissance du régime parlementaire et de la responsabilité politique en France.

Définition des termes du sujet : En raison de la spécificité de ce sujet, il faut commencer par des précisions chronologiques. En effet, il faut tout d'abord fixer la période étudiée, en l'occurrence entre juin 1814, date de l'adoption de la Charte qui régit la première Restauration, et juin 1958, date du vote des pleins pouvoirs en matière constituante au général De Gaulle, ce qui met fin, en pratique, à la IVe République.

Il faut ajouter une analyse circonstanciée des constitutions concernées par le sujet. Entre 1814 et 1958, on trouve en effet 8 textes fondamentaux qui ont régi successivement la France. Il s'agit de la Charte de 1814, de l'Acte additionnel aux constitutions de l'Empire, en 1815, de la Charte de 1830, de la Constitution de 1848 qui sert de fondement à la IIe République, de la Constitution de 1852, qui est utilisée à la fois pour la présidence décennale et pour le Second Empire, du Senatus-consulte de 1870 qui modifie de manière significative la constitution précédente en y ajoutant un volet parlementaire, des lois constitutionnelles de 1875, et de la Constitution de 1946. Un régime est écarté puisqu'il ne comporte ni texte fondateur, ni régime parlementaire, le régime de Vichy.

Mais cette première étape est insuffisante car il faut aussi se poser la question de la présence ou non d'un régime parlementaire dans les constitutions citées. Ceci permet d'exclure la constitution de 1852 dans sa mise en pratique jusqu'en 1870.

Ce sujet appelle également la définition du régime parlementaire.

Il suffit de préciser que ce régime se reconnaît à des critères précis, moyens d'interaction entre les organes exécutifs et législatifs (responsabilité politique de l'exécutif devant le législatif et droit de dissolution) et collaboration entre les organes pour l'élaboration de la loi (en particulier par le droit d'initiative partagé).

Problématique : Les éléments précédents ont fait apparaître une très grande diversité d'exemples dans l'histoire constitutionnelle française. Une telle diversité induit de soulever la question d'une hésitation française en ce qui concerne le choix du régime. Le régime parlementaire qui apparaît plus ou moins dans ces différents textes est aussi au cœur des débats politiques en France pendant plus de 150 ans. L'importance des débats en question conduit à s'interroger sur le régime finalement apparu à l'issue de ces différentes querelles.

On peut donc poser la question suivante : le régime parlementaire français est-il spécifique ?

La réponse doit tenir compte à la fois des critères du régime parlementaire et de leur mise en œuvre.

L'histoire constitutionnelle française permet de comprendre la mise en place d'un des éléments majeurs du régime parlementaire, la responsabilité politique du gouvernement devant l'organe législatif (I). Cependant, cette apparente consécration parlementaire cache une incertitude en ce qui concerne la collaboration réelle entre les pouvoirs (II).

I/ Un élément parlementaire majeur, la consécration de la responsabilité politique

Le but de ce développement est d'insister sur la mise en place de la responsabilité politique du gouvernement dans les différents régimes qui se sont succédé entre 1814 et 1958. Pour mener cette étude, il est nécessaire d'insister sur la mise en place initiale, c'est-à-dire la Charte de 1814 et sa pratique, mais également de préciser que l'adoption de ce critère a donné lieu à de multiples crises dans les décennies suivantes.

A – La mise en œuvre initiale : 1814

Dans ce développement, il faut commencer par préciser qu'un des deux critères en matière d'interaction n'a pas soulevé de très grandes difficultés, du moins dans la mise en place initiale, il s'agit du droit de dissolution. En effet, les questions principales au niveau français portaient sur la nature de la responsabilité gouvernementale, politique, ou pénale, et l'identité de l'organe devant lequel le gouvernement était responsable.

Dans ce paragraphe, il convient d'insister sur les incertitudes du texte fondamental et sur le paradoxe politique sur lequel la Restauration va se fonder.

1 • Les hésitations de la Charte

Lorsque la Charte est octroyée, en 1814, elle est le résultat d'un véritable compromis. En effet, la majorité monarchiste qui a réussi à reconquérir le pouvoir, à la faveur d'une guerre, est profondément divisée, ce qui va avoir des conséquences sur le texte constitutionnel.

a) Les deux modèles institutionnels

Avec le retour des Bourbons au pouvoir, la question politique en ce qui concerne le régime est certes simplifiée, mais les équilibres internes de la monarchie ne sont pas fixés.

Les deux frères de Louis XVI, Louis XVIII, le nouveau roi, et son jeune frère, le comte d'Artois, sont opposés politiquement. Le premier est à la tête d'un courant libéral tandis que le second souhaite un retour à l'Ancien Régime, comme ses partisans, les ultraroyalistes (également dénommés ultras).

Cette opposition a une conséquence institutionnelle. Louis XVIII est favorable à un régime de type parlementaire, comparable à celui de l'Angleterre. Le comte d'Artois privilégie un régime centré sur le roi et accepte une perspective de balance des pouvoirs qui donnerait au monarque un rôle majeur.

b) Les conséquences sur la Charte

Le texte constitutionnel est le résultat d'un compromis entre les deux perspectives, parlementaire et ultra.

Dans la perspective parlementaire, le texte fait référence à un droit de dissolution de la Chambre basse par le roi. La Charte évoque également une responsabilité des ministres sans plus de précision.

Dans la perspective des ultras, le texte prévoit la participation du roi et des deux Chambres à l'élaboration de la loi. Le roi a l'initiative de la loi et peut l'arrêter par un *veto*. Les Chambres, en l'occurrence la Chambre des pairs et la Chambre des députés, discutent et votent la loi.

Un doute subsiste puisque la responsabilité gouvernementale n'est pas explicitement qualifiée. Si elle est politique, le régime est parlementaire. Si elle est pénale, il dispose des traits spécifiques de la balance des pouvoirs (avec un problème, le droit de dissolution).

2 • La clarification : un paradoxe politique

La mise en place d'un régime parlementaire, ou tout au moins l'interprétation parlementaire de la Charte, est le résultat de sa pratique dès les premiers mois. C'est un paradoxe politique qui explique l'adhésion majoritaire à cette interprétation.

a) La Chambre introuvable

C'est le nom donné à la première Chambre des députés élue en 1815.

L'élection, qui a lieu au retour de Louis XVIII, après la chute définitive de Napoléon, donne une très large majorité aux ultraroyalistes dans la Chambre des députés. Sur 402 députés, 350 se réclament du royalisme extrême. Leur vision politique repose sur un retour à l'Ancien Régime, une lutte acharnée contre les idées révolutionnaires et une condamnation de tout retour à la souveraineté du peuple. Louis XVIII qualifie cette nouvelle Chambre d'introuvable en insistant sur le royalisme écrasant de la représentation. Mais, en fait, cette majorité pose un réel problème au roi libéral.

b) L'affrontement avec le roi et le paradoxe constitutionnel de 1815

Ce paradoxe repose sur une inversion circonstancielle des priorités.

Dans l'esprit des ultraroyalistes, le pouvoir royal est majeur dans la Charte. La Chambre des députés doit être soumise. Cependant, avec la victoire électorale, un problème politique apparaît pour les ultras. La Chambre est ultraroyaliste et le roi libéral. Si les ultras veulent mener leur politique, ils doivent interpréter la Charte dans un sens parlementaire. Allant à l'encontre de leurs convictions, dans le but de s'emparer du pouvoir, les ultras revendiquent une interprétation parlementaire du régime et entendent peser sur les choix politiques. Ils commencent par demander la modification de la composition gouvernementale. Louis XVIII transige en nommant un modéré, le duc de Richelieu, comme chef du gouvernement. Mais il est obligé d'accepter les textes les plus conservateurs défendus par la nouvelle majorité.

Cette interprétation parlementaire de la Charte, par une majorité en principe hostile au régime parlementaire, donne ici une clé majeure pour comprendre la mise en place de ce type de régime en France. Par la suite, des élections conduiront au pouvoir une majorité libérale. Mais cette alternance ne permettra pas une remise en cause des institutions en raison du choix effectué en 1815.

B – Les crises ultérieures, l'affirmation de la responsabilité politique

À deux occasions, au cours du XIXe siècle, les tenants des deux pouvoirs politiques ont choisi de s'affronter concernant la mise en œuvre et les conséquences de la responsabilité politique.

Ce développement doit permettre de présenter les deux affrontements en question, en 1830 et en 1877, en insistant sur leurs conséquences.

1 • 1830

Deux éléments doivent apparaître ici. D'une part, la crise qui survient entre le roi Charles X et sa majorité parlementaire, d'autre part, la révolution et ses conséquences, institutionnelles et politiques.

a) Une crise au nom de la responsabilité politique

Il s'agit ici d'évoquer la lutte entre le roi Charles X et sa majorité libérale entre 1829 et 1830.

Plusieurs éléments doivent apparaître.

Tout d'abord, la mésentente entre le roi et Martignac, le chef du gouvernement libéral qu'il commence par accepter après les élections. C'est cette mésentente qui conduit au remplacement de Martignac par Polignac, un ultra, qui ne dispose pas d'une majorité pour gouverner.

Ensuite, il faut insister sur la réaction de la Chambre des députés. La Chambre vote une adresse au roi pour condamner ce changement de gouvernement. L'adresse des 221 constitue un acte politique fort puisqu'il s'agit de rappeler au roi l'interprétation parlementaire du régime.

C'est la remise en cause de l'idée même de responsabilité politique, avec la désignation de Polignac, qui amène cette révolte.

L'obstination du roi avec la dissolution de la Chambre, les nouvelles élections, puis de nouveau une tentative de dissolution avec l'utilisation des ordonnances de l'article 14, amène une révolution.

b) Une révolution au nom du régime parlementaire

La révolution est faite au nom de l'interprétation parlementaire de la Charte. Ceci aurait dû avoir deux conséquences.

En premier lieu, le maintien du régime en tant que tel puisqu'il n'était pas remis en cause. Sur ce point précis, on peut dire que la Charte de 1830 est une copie de la Charte de 1814 et en reprend les principaux éléments.

En second lieu, une modification textuelle de la Charte pouvait être envisagée pour affirmer la transformation opérée. L'interprétation parlementaire qui était défendue par les révolutionnaires aurait pu ainsi conduire à une modification du texte lui-même. Paradoxalement, il n'en est rien puisque les ministres demeurent responsables, sans plus de précision.

2 • 1877

Le parallèle avec la crise précédente est visible. Dans ce cas également, on trouve une mise en cause de la responsabilité politique et son rétablissement après la crise.

a) La mise en cause de la responsabilité politique

Cette fois, l'affrontement met aux prises un président favorable aux monarchistes, le Maréchal de Mac Mahon, et une Chambre dominée par une majorité républicaine.

Le président s'oppose à la politique suivie par les républicains et renvoie son chef de gouvernement, Jules Simon, pour le remplacer par une personnalité monarchiste, le duc de Broglie, qui ne dispose pas d'une majorité dans la Chambre.

La Chambre des députés se déclare hostile au nouveau gouvernement par l'intermédiaire d'un manifeste signé par 363 membres. Le manifeste en question condamne une interprétation non parlementaire des lois constitutionnelles.

b) Un rétablissement de la responsabilité politique

On retrouve, du moins dans un premier temps, des éléments qui rappellent la crise de 1830.

Le président décide de dissoudre la Chambre des députés, espérant l'arrivée d'une majorité monarchiste au pouvoir.

Les nouvelles élections conduisent à une victoire des républicains. Cette fois, l'organe exécutif se soumet, le président choisit un gouvernement qui dispose d'une majorité dans la Chambre.

Cette seconde crise permet de consacrer la responsabilité politique et donc le régime parlementaire.

Un élément toutefois peut servir ici de transition. Dans les deux cas, l'organe exécutif a utilisé l'un des moyens d'interaction, le droit de dissolution, pour sortir d'une crise qu'il avait provoquée en reniant l'autre moyen d'interaction, la responsabilité politique. En 1877, cette crise va avoir des conséquences sur le droit de dissolution.

De fait, en examinant les différents régimes qui se sont succédé, on constate que, malgré l'adhésion à un régime parlementaire, des difficultés de fonctionnement subsistent en raison d'un affrontement entre les deux organes politiques.

II/ Une incertitude, la difficile collaboration entre les pouvoirs

Cette seconde partie doit permettre de mettre en exergue les spécificités du régime parlementaire en France. Son histoire montre que l'équilibre entre les deux pouvoirs est particulièrement fragile. En effet, le fonctionnement politique conduit soit à la supériorité de l'exécutif sur le législatif, soit à la supériorité du législatif sur l'exécutif. Dans les deux cas, le régime parlementaire est interprété dans un sens singulier.

A – La supériorité de l'exécutif sur le législatif, la question du régime parlementaire dualiste

En droit constitutionnel, on a pour habitude d'évoquer la création française d'un type de régime parlementaire particulier, le régime parlementaire dualiste. Ce régime est le résultat d'une intervention accrue de l'exécutif dans le système initial. En effet, à la responsabilité politique du gouvernement devant l'organe législatif, il ajoute la responsabilité politique de ce même gouvernement devant le roi ou le président. Concrètement, cette transformation a conduit à une supériorité de l'exécutif en pratique. Ce développement doit en montrer la phase initiale, en 1814, et son développement théorique et pratique, entre 1830 et 1848.

1 • 1814 et la supériorité du roi

Deux éléments apparaissent clairement lorsqu'on évoque l'organe exécutif durant la Restauration : d'une part, la supériorité du roi par l'intermédiaire de l'article 14, d'autre part, l'absence de gouvernement.

a) L'article 14 de la Charte

Dans un régime parlementaire, la réalité de la fonction exécutive est en principe entre les mains du gouvernement. Or, avec la Charte de 1814, pour des raisons circonstancielles, une partie importante de la fonction exécutive a été laissée au roi.

Comme nous l'avons vu précédemment, les circonstances ont conduit à un compromis entre un courant parlementaire et un courant favorable à un roi beaucoup plus puissant. C'est ce compromis qui a donné naissance à l'article 14 de la Charte qui permet au roi d'agir par ordonnance et donc de remplacer l'autre organe, sur sa seule décision.

Cette supériorité du roi a été mise en œuvre en 1830 avec les quatre ordonnances prises par Charles X pour essayer de retrouver la totalité de son pouvoir face au Parlement.

b) La question du gouvernement

Dans le texte de 1814, il n'existe pas de gouvernement explicitement nommé.

Le texte fait référence aux ministres. Mais l'article 13 qui comporte cette référence fait partie d'un ensemble qui met en avant le roi en tant que principal acteur de l'organe exécutif.

Les pouvoirs sont répartis entre les Chambres et le roi, sans aucune mention d'un gouvernement ou de ministres actifs sur ces questions.

2 • La Monarchie de Juillet, théorie et pratique

Ce deuxième développement est important car il permet d'évoquer à la fois la mise en place d'un modèle nouveau, le régime parlementaire dualiste, et les dangers de sa pratique sous la monarchie de juillet, avec le détournement du système par Louis-Philippe et Guizot.

a) Louis-Philippe et Guizot

La Charte de 1830 conserve la logique de celle de 1814, à savoir un régime parlementaire dans lequel le roi dispose d'une place particulière. Les discussions qui conduisent au nouveau texte, en 1830, aboutissent toutefois à une modification importante puisque le roi perd le monopole d'initiative législative qu'il doit partager avec les Chambres.

Dans les premières années du régime, Louis-Philippe choisit de se retirer et de laisser agir les différents gouvernements. Cette situation dure jusqu'en 1838, date à laquelle il choisit de peser directement sur l'ensemble des ministres. Avec l'arrivée au pouvoir de Guizot comme président du conseil des ministres, en 1840, Louis-Philippe détient ici une clé majeure en ce qui concerne le fonctionnement institutionnel.

Le chef du gouvernement et le roi agissent de concert. Le gouvernement est responsable devant la Chambre et devant le roi mais Louis-Philippe agit de manière directe en matière politique.

b) Une pratique controversée

Ce régime parlementaire dualiste qui semble fonctionner repose en réalité sur une pratique dangereuse entre 1840 et 1848. Par définition, parce qu'il est parlementaire, le régime consacre une responsabilité politique du gouvernement devant la Chambre des députés. Parce qu'il est dualiste, il comporte également une responsabilité devant le roi.

En utilisant la corruption, Guizot va considérablement diminuer la première responsabilité en ne faisant plus reposer le régime que sur la seconde. Pour cela, il choisit d'agir à la fois sur la majorité qui se trouve au sein de la Chambre des députés et sur le corps électoral.

Disposant de la faculté de nommer aux emplois administratifs, le chef du gouvernement utilise les postes de fonctionnaires pour obtenir des voix dans la Chambre des députés. De la même manière, il recourt à des moyens similaires pour convaincre les électeurs, relativement peu nombreux en raison de l'application du système censitaire, de voter pour des candidats favorables à son courant.

Concrètement, cela signifie que le régime parlementaire dualiste dans cette pratique conduit en réalité à une domination de l'exécutif, en effaçant la responsabilité politique devant la Chambre, par des moyens contestables.

3 • Les doutes de 1848

L'examen de la constitution de la IIe République soulève de nombreuses questions en ce qui concerne son rattachement potentiel au régime parlementaire.

D'un côté, la révolution a été faite au nom du parlementarisme, contre la pratique déviante instituée par Guizot. On pourrait donc penser que le nouveau régime se place dans la même perspective. Dans cette mesure, les ministres sont déclarés responsables, avec le même manque de précision que dans le régime précédent.

De l'autre, le texte interdit strictement le droit de dissolution et comporte un exécutif composé d'un président et d'un vice-président. Ces deux éléments font référence à un modèle de balance des pouvoirs.

La seule conclusion que l'on peut tirer, de manière certaine, de ce régime est qu'il est un exemple parfait des difficultés françaises à mettre en œuvre un régime équilibré entre les deux pouvoirs.

Mais la France connaît aussi un autre type de régime parlementaire caractérisé par une instabilité gouvernementale. Cette instabilité est le résultat d'une interprétation spécifique du régime, liée aux circonstances et aux perspectives historiques.

B – La supériorité du législatif sur l'exécutif, l'instabilité dans le régime parlementaire moniste

Il s'agit cette fois d'étudier les deux autres exemples de régime parlementaire, la IIIe et la IVe République. Dans les deux cas, le régime parlementaire a conduit à une supériorité de l'organe législatif et à une instabilité exécutive.

1 • La IIIe République et sa pratique

La résolution de la crise de 1877 a eu une autre conséquence sur le régime parlementaire. En utilisant le droit de dissolution, le Maréchal de Mac Mahon a déconsidéré ce moyen qui est apparu comme un instrument excessif. La pratique de la IIIe République permet de mettre en évidence les conséquences de cette transformation en insistant sur l'affaiblissement de l'exécutif, à une exception près.

a) Un exécutif affaibli

Parce qu'elle se plaçait dans la perspective de la Charte de 1830, la logique des lois constitutionnelles n'avait pas intégré un gouvernement spécifique.

Le texte prévoyait un président et des ministres, en évitant les détails superflus puisque, dans l'esprit des constituants, le régime devait rapidement devenir monarchique.

L'installation de ce régime dans la durée, avec une transformation de l'un de ces éléments en raison de la disparition du droit de dissolution en pratique, a eu une conséquence sur les organes eux-mêmes. Le chef du gouvernement n'étant pas désigné par les lois constitutionnelles comme un organe existant, il est le résultat d'une pratique, ce qui l'affaiblit politiquement.

L'absence de responsabilité devant le président de la république, consacrée après la crise de 1877, conduit à un régime parlementaire moniste. Mais, de ce fait, elle retire au chef du gouvernement un appui politique majeur. Celui-ci se retrouve donc seul, affaibli constitutionnellement parlant, face à la majorité parlementaire.

b) Une exception à double sens, Millerand

En 1920, après l'épisode navrant de Paul Deschanel, le chef de la nouvelle majorité, Alexandre Millerand, demande à être désigné comme président de la république. Il souhaite restaurer la fonction présidentielle. Ceci a une conséquence sur la perspective parlementaire.

En effet, ce retour à l'esprit du texte de 1875 conduit à effacer le gouvernement au profit d'un dialogue entre le président de la république et la Chambre des députés. La question de l'équilibre entre les deux organes est clairement posée. À l'issue de nouvelles élections, en 1924, le parti de Millerand perd la majorité à la Chambre des députés. Les nouveaux députés refusent d'entrer en contact avec le président et choisissent de revenir à une application traditionnelle en insistant sur la responsabilité politique du gouvernement devant la Chambre.

2 • La IVe République et l'échec institutionnel

La IVe République est conçue comme une réponse aux échecs et faiblesses de la IIIe. Le régime parlementaire est fondé sur une interaction entre le gouvernement et le parlement au moyen de la responsabilité politique et du droit de dissolution. L'échec de la IIIe République et en particulier la grande instabilité gouvernementale qu'elle connaît ont conduit les constituants en 1946 à intégrer de nouvelles dispositions, pour stabiliser le régime. Ces dispositions, que l'on connaît sous le terme de rationalisation, ont échoué en pratique.

a) L'échec de la rationalisation

La constitution prévoyait deux moyens distincts pour rationaliser le régime parlementaire, c'est-à-dire concrètement pour limiter l'instabilité gouvernementale : d'une part, l'investiture, d'autre part, le droit de dissolution.

Le premier dispositif devait permettre de renforcer le chef du gouvernement en lui garantissant une majorité sur son nom seul. Il a très rapidement été écarté puisque le premier président du conseil, Paul Ramadier, est revenu devant la Chambre pour obtenir une nouvelle investiture avec son gouvernement. Cette pratique de la double investiture a considérablement fragilisé les gouvernements successifs puisqu'ils dépendaient de nouveau des alliances de partis.

Le second dispositif, le retour du droit de dissolution, avait pour but de restreindre les mises en cause de la responsabilité politique du gouvernement. Il s'agissait de permettre la dissolution de l'Assemblée nationale en cas de crises ministérielles répétées en l'espace de 18 mois. Les députés ont réussi à éviter ce nouvel écueil en raison du caractère excessivement précis de la constitution. Les crises ministérielles évoquées n'incluaient pas la démission du gouvernement. Il suffisait donc de montrer au gouvernement qu'il n'avait plus de majorité, sans procéder à son renversement selon la constitution, pour obtenir son départ, sans conséquence politique gênante.

b) La pratique discutée de la dissolution

En régime parlementaire, la dissolution doit servir de moyen d'interaction pour équilibrer le régime. Son utilisation sous la IVe République et les conséquences de cette pratique démontrent le caractère orienté du régime parlementaire à cette époque.

À une seule occasion, les députés ont mis en cause la responsabilité politique d'un gouvernement à deux reprises en l'espace de 18 mois, selon la lettre de la constitution. Cette situation, en novembre 1955, a permis la dissolution de la Chambre, à la demande du chef du gouvernement, Edgar Faure.

La campagne législative qui a suivi cette dissolution a été centrée sur le caractère excessif de la demande gouvernementale et sur les dangers d'un pouvoir trop important confié à l'exécutif. Alors que, dans un régime parlementaire, le droit de dissolution peut être utilisé de manière apaisée, cette seule et unique expérience de la IVe République a conduit à un climat délétère et violent entre les partis.

Conclusion

Dans une dissertation juridique, cette conclusion n'est pas indispensable.

Ici, avec ce type de sujet, elle peut permettre une mise en perspective en évoquant les difficultés renouvelées en France de concilier un pouvoir exécutif fort et un régime parlementaire.

De fait, la période qui s'étend entre 1814 et 1958 permet de mieux comprendre les spécificités françaises et d'insister sur ce régime parlementaire à la française qui conduit à restreindre les pouvoirs du Parlement au profit d'un chef d'État aux compétences étendues.

Théorie du pouvoir politique et droit constitutionnel général

Thème principal

Histoire constitutionnelle

Mots-clés

Président du Conseil, Pouvoir exécutif, Pouvoir législatif, Séparation des pouvoirs, Régime parlementaire

Sujet donné et corrigé établi par

Christelle Nicq,
Maître de conférences,
Université Lille Nord de France (Lille 2)
Premier semestre 2014-2015

› *Dissertation*

Le Président du Conseil sous les IIIe et IVe Républiques.

› Préparation

Analyse du sujet

Formulé dans le cadre d'une dissertation, le sujet, qui permet de comprendre à la fois les mécanismes de base du régime parlementaire et les dérives qu'il a connues, nécessite une réponse argumentée et structurée, en évitant de traiter séparément les deux périodes mentionnées. Il importe de dégager les lignes de force d'une institution, le président du Conseil, véritable chef de l'Exécutif, qui a pris une place grandissante sous les IIIe et IVe Républiques, avec ses forces et ses faiblesses.

Plan du corrigé

I/ Le Président du conseil, véritable chef de l'exécutif

A – Le responsable de la cohésion de l'équipe ministérielle

B – Une importance affirmée au détriment de la Présidence de la République

II/ Un Président du Conseil, « otage » du Parlement

A – L'inorganisation et le dévoiement des mécanismes de responsabilité politique

B – Un Président du Conseil démuni de moyens d'action

› Corrigé

La naissance du régime parlementaire sous les chartes a été marquée par l'émergence d'un personnage central au sein du jeu institutionnel : Le Président du Conseil.

Cette fonction est apparue en Grande-Bretagne suite à un « accident de l'histoire » et par le mystère du jeu successoral des règles de dévolution de la couronne britannique.

En effet, suite au décès de la Reine Anne, sans descendance, le trône britannique va échoir à Georges Ier, électeur de Hanovre, en 1714. Âgé, il ne parle pas l'anglais et, tout comme son fils qui va lui succéder, il se désintéresse des affaires du Royaume.

Tous deux, prennent alors l'habitude de se faire représenter au sein du Conseil par un ministre à qui ils donnaient leurs directives et qui leur rapportait le compte-rendu des réunions. Celui-ci prit rapidement l'ascendant sur les autres ministres et on lui octroya le titre de Premier ministre.

Dans un régime parlementaire, l'institution de la Présidence du Conseil est le corollaire de l'irresponsabilité du chef de l'État.

En effet, puisque le Gouvernement est responsable politiquement devant le Parlement de la politique qu'il entend mener et puisque le chef de l'État, élément stable du système ne l'est pas, il est nécessaire que quelqu'un endosse la responsabilité de ses actes devant le Parlement. La technique du contreseing en est d'ailleurs une parfaite illustration.

Apparu sous les Chartes, en même temps que se mettait en place le régime parlementaire, le Président du Conseil apparaît comme un personnage clef des IIIe et IVe Républiques.

Mais, si le Président du Conseil a résolu à son avantage au cours de la période la question soulevée par la dualité de l'exécutif et a su s'imposer au sein de celui-ci comme un véritable leader (I), ce n'est que pour mieux devenir l'otage du pouvoir législatif et de ses pratiques (II).

I/ Le Président du conseil, véritable chef de l'exécutif

Chargé d'assurer la cohésion de l'équipe ministérielle, son importance au sein des institutions s'est affirmée au détriment de l'influence de la Présidence de la République.

A – Le responsable de la cohésion de l'équipe ministérielle

Sous la IIIe République, le Président du Conseil apparaît à l'origine comme une autorité coutumière. En effet, les trois lois constitutionnelles de 1875, fruit d'un compromis entre monarchistes et républicains et dont le caractère laconique n'est plus à démontrer, ne mentionnent pas son existence.

Pourtant en 1871, l'Assemblée avait créé un poste de vice-Président du Conseil et dès 1876, Dufaure s'en attribua le titre et la fonction.

En droit, il ne jouit d'aucune prééminence vis-à-vis des autres ministres. Il n'est qu'un simple Primus inter pares et il ne dispose d'aucune prérogative qui lui soit propre.

Pourtant son existence apparaît comme une évidence dans un régime parlementaire. Elle est le corollaire de l'irresponsabilité politique du chef de l'État, irresponsabilité qui se matérialise par l'existence du contreseing. Qui plus est, le Gouvernement a besoin d'un chef qui coordonne l'action des différents ministères et représente le Gouvernement devant le Parlement. Ainsi, il choisit ses collaborateurs, préside les réunions de cabinet.

Son autorité dépend essentiellement de sa personnalité, de son charisme personnel ainsi que de la configuration de la coalition parlementaire qui soutient le Gouvernement. Lorsque la majorité parlementaire s'avère solide, telle de 1899 à 1913, le Président du Conseil est souvent doté d'une forte personnalité. À ce titre, on peut mentionner, Clemenceau, Briand, Poincaré…

En revanche, lorsque la majorité apparaît comme beaucoup plus fragile et incertaine, le Président du Conseil est un personnage beaucoup plus effacé, plus conciliateur que véritable leader, ce qui explique qu'il ait peu d'autorité sur ses collaborateurs et que ceux-ci n'hésitent pas à prendre position contre lui dans des scrutins devant le Parlement, et ce même public.

À l'origine, le Président du Conseil cumule la fonction de chef du Gouvernement avec un autre portefeuille ministériel. Dès 1914, un « embryon » d'organisation administrative se met en place – événements obligent –, tandis que la loi de finances du 24 décembre 1934 consacre l'existence d'un ministre chargé de la présidence du Conseil. Des services spécifiques lui sont attribués par un décret du 31 janvier 1935 ainsi qu'un immeuble spécialement dédié à la fonction qu'il exercera désormais de manière exclusive à l'exclusion de toute autre fonction, l'hôtel Matignon.

La Constitution de 27 octobre 1946 conforte l'évolution de la fonction de président du Conseil et constitutionnalise l'institution dans son article 45.

Son autorité sur les autres ministres est confortée. En effet, il est, à l'origine du texte constitutionnel, pressenti par le Président de la République puis investi seul par un vote de l'Assemblée nationale. Une fois nanti de cette investiture, il est nommé par le Président de la République puis procède à la désignation des membres de l'équipe gouvernementale.

La règle est devenue de ne pas prendre d'autres portefeuilles ministériels sauf s'il s'agit de mettre l'accent sur un problème particulier comme Antoine Pinay qui cumulera ses fonctions avec celles de ministre des Finances de mars à décembre 1952.

Enfin ses services se sont étoffés et à la Libération, un certain nombre d'institutions administratives lui ont été rattachées, direction des Journaux officiels, ENA, commissariat général au Plan, à l'énergie atomique…

Si durant les IIIe et IVe Républiques, le rôle et la place du Président du Conseil se sont affirmés et renforcés, c'est au détriment de ceux du chef de l'État.

B – Une importance affirmée au détriment de la Présidence de la République

Si sous la IIIe République, l'importance de la Présidence du Conseil s'est affirmée contre le texte même de la Constitution que la pratique des institutions a mis à mal, sous l'égide de la Constitution de 1946 ses compétences ont été institutionnalisées et élargies.

Sous la IIIe République, deux raisons déterminantes expliquent l'effacement de la Présidence de la République, au profit de la Présidence du Conseil.

La première est la crise du 16 mai 1877 qui marque le passage d'un régime parlementaire dualiste à un régime parlementaire moniste ce qui implique que le Gouvernement n'est responsable que devant le Parlement et non plus devant le Parlement et le chef de l'État comme le souhaitait le Maréchal de Mac Mahon, Président de la République.

En effet, celui-ci souhaitait que le Président de la République puisse mettre fin aux fonctions du Cabinet lorsque celui-ci ne disposerait plus de sa confiance, ce qui l'aurait conduit à jouer un rôle politique actif. Obligé de se « soumettre » au vote des électeurs suivant l'expression de Gambetta, il avait été contraint de nommer comme Président du Conseil, un membre de la majorité parlementaire qui ne bénéficiait pas de sa confiance. Dès lors, il est admis que le Président du Conseil, ne tient sa légitimité que de la seule majorité parlementaire, ce qui en fait le véritable chef du Gouvernement.

La seconde raison découle directement de l'élection à la Présidence de la République de Jules Grévy. En effet, en 1879, le Maréchal de Mac Mahon démissionne de ses fonctions. Les parlementaires lui élisent alors un successeur, qui leur adresse le message suivant : « Soumis à la grande loi du régime parlementaire, je n'entrerai jamais en lutte contre la volonté nationale exprimée par ses organes constitutionnels ».

Ce renoncement par avance au droit de dissolution allait conduire à l'effacement de la Présidence de la République qui allait avoir pour corollaire la « montée en puissance » du Président du Conseil. En effet, bon nombre de ses compétences vont être transférées *de facto* au chef du Gouvernement par le biais du contreseing. Dès lors, ses pouvoirs sont essentiellement formels et exercés par le Président du Conseil : présidence du Conseil des ministres, initiative des lois, nomination aux emplois publics…

Nanti de la confiance de la majorité parlementaire le Président du Conseil s'impose comme le véritable chef de l'exécutif, seul responsable de la politique gouvernementale.

D'autres raisons expliquent également la perte d'influence du chef de l'État au profit du Président du Conseil : il est élu par les chambres réunies en Assemblée nationale et ne détient aucune légitimité populaire, il ne dispose plus du droit de dissoudre la chambre basse, ni de mettre un terme aux fonctions gouvernementales. Irresponsable politiquement, ses actes sont obligatoirement contresignés par les membres du Cabinet. Certes, le choix du Président du Conseil lui revient de plein droit mais à condition de respecter les règles du jeu parlementaire et de le choisir dans la majorité de la Chambre des députés En effet, ladite chambre détient droit de « vie ou de mort » sur le Gouvernement à l'instar du Sénat devant lequel le gouvernement est également responsable politiquement et ce, eu égard à la redoutable question de confiance ou à la pratique des interpellations.

Supplanté par le Président du Conseil qui exerce la réalité du pouvoir exécutif, il se trouve cantonné à une simple magistrature morale, même s'il conserve certaines compétences résiduelles en matière diplomatique.

Sous la IVe République, la prééminence du Président du Conseil au sein du pouvoir exécutif va être amplifiée et constitutionnalisée d'ailleurs il prend le titre de Président du Conseil des ministres.

Pressenti par le chef de l'État, il est, avant la révision constitutionnelle de 1954, le seul investi par la confiance de l'Assemblée nationale et ce n'est qu'une fois nanti de celle-ci que le Président de la République procède à sa nomination.

Ses compétences ont été élargies par le texte constitutionnel. Désormais, il choisit librement les membres de son gouvernement qui sont ensuite nommés par le Président de la République.

En vertu de l'article 47 de la Constitution, il assure l'exécution des lois. Il nomme aux emplois civils et militaires de l'État sous réserve des compétences dévolues en la matière au Président de la République telles que prévues aux articles 30, 46 et 84 (conseillers d'État, grand Officier de la Légion d'honneur, recteurs des Universités, préfets…).

Il assure la direction des forces armées et coordonne la mise en œuvre de la défense nationale. Ses actes sont contresignés par les ministres intéressés.

Malgré l'affirmation du rôle de la Présidence du Conseil sous les IIIe et IVe Républiques, celle-ci n'a jamais eu durant la période les moyens d'imposer son autorité face au Parlement.

II/ Un Président du Conseil, « otage » du Parlement

L'inorganisation des mécanismes de responsabilité politique, alliée à l'absence de réels moyens d'action n'ont pas permis au Président du Conseil de rétablir l'équilibre des pouvoirs à tel point qu'il apparaît comme « l'otage » du Parlement.

A – L'inorganisation et le dévoiement des mécanismes de responsabilité politique

Sous la IIIe République, l'article 6 de la Loi constitutionnelle du 25 février 1875 dispose que « les ministres sont solidairement responsables devant les chambres de la politique générale du gouvernement et individuellement de leurs actes personnels ».

Le laconisme des trois lois constitutionnelles de 1875 fait que les mécanismes de mise en jeu de la responsabilité politique du Gouvernement se sont développés de manière « anarchique ».

C'est ainsi que vont se mettre en place des techniques prévues par le règlement des deux Assemblées aussi diverses que variées : interpellation, investiture, ordre du jour, question de confiance, techniques qui vont entraîner à maintes reprises la démission du Gouvernement.

Qui plus est, le Président du Conseil, simple primus inter pares n'est pas le seul à pouvoir engager la responsabilité du Gouvernement.

Il faut noter que le Gouvernement est responsable devant les deux assemblées, ce qui l'affaiblit considérablement. En effet, il n'est pas rare qu'il démissionne suite à un vote hostile du Sénat : tel a été le cas de Léon Blum en 1936 et 1937.

À cela s'ajoute l'extrême morcellement des forces politiques en présence, ainsi que l'inorganisation des partis politiques au sein desquels la discipline de vote est quasiment nulle, et où les ambitions politiques personnelles priment sur la cohésion gouvernementale.

D'où la mise en place de gouvernements de « dosage » dans lesquels les partis politiques exigent que les ministres privilégient la discipline partisane au détriment de la discipline gouvernementale. De plus, les alliances entre les partis au pouvoir sont très fragiles, ce qui entraîne une très grande instabilité gouvernementale. On ne dénombre pas moins de 104 gouvernements sous la IIIe République.

Néanmoins, malgré cette instabilité gouvernementale, la IIIe République se caractérise par une certaine continuité politique, car si les gouvernements se succèdent, les ministres quant à eux demeurent, surtout durant les premières années du régime. Certains portefeuilles sont tenus quasiment sans discontinuer par les mêmes personnalités : Ferry, Clemenceau, Combes…

Cette stabilité ministérielle, corrigera les effets néfastes de l'instabilité gouvernementale et aura permis à la IIIe République de mener à bien de grands chantiers législatifs : lois de 1901 sur la liberté d'association, lois de 1905 sur la séparation de l'Église et de l'État, ou sur la communication du dossier des fonctionnaires…

Sous la IVe République, la place et le rôle de la Présidence du Conseil sont confortés tandis que les mécanismes de responsabilité du Gouvernement sont organisés par le texte constitutionnel.

En effet, désormais, le Président du Conseil des ministres, après délibération de celui-ci détient seul la prérogative de poser la question de confiance devant la seule Assemblée nationale, ce qui implique que le Gouvernement n'est plus responsable devant la deuxième chambre à savoir le Conseil de la République.

Grande nouveauté, la confiance ne peut être refusée qu'à la majorité absolue des membres qui composent l'Assemblée nationale. Et surtout pour éviter les votes hâtifs et irréfléchis, le vote sur la question de confiance ne peut intervenir que vingt-quatre heures après qu'elle ait été posée et au scrutin public à la tribune (Const., art. 49).

Le même souci de rationalisation du régime se manifeste dans la procédure de la motion de censure. Le vote de celle-ci ne peut intervenir que vingt-quatre heures après son dépôt et uniquement à la majorité absolue des membres composant l'Assemblée.

Pourtant nonobstant ces dispositions constitutionnelles parfaitement claires et destinées à renforcer le rôle de la Présidence du Conseil ainsi que la stabilité gouvernementale, la pratique politique des institutions allait mettre à mal le fragile équilibre que le constituant avait tenté d'instaurer.

En effet, alors qu'il était prévu que seul le Président du Conseil reçoive l'investiture de l'Assemblée nationale, ce qui lui assurait *de facto* la prééminence sur les autres membres du Gouvernement, dès 1947, le Président du Conseil nouvellement investi, Paul Ramadier, allait inaugurer une pratique restée dans l'histoire constitutionnelle sous le nom de « double investiture Ramadier ».

En effet, investi par les députés, et une fois son gouvernement constitué, il avait sollicité une nouvelle fois l'investiture de la Chambre mais, cette fois-ci, pour le Gouvernement dans son ensemble.

La pratique pourtant contraire au texte constitutionnel, étant devenue la règle, la réforme constitutionnelle de 1954 marquera le retour au système qui prévalait sous la IIIe République, à savoir que l'investiture était accordée ou refusée au Gouvernement dans son ensemble.

Qui plus est, alors que les articles 81 et 82 de la Constitution disposaient que la confiance ne pouvait être refusée au Gouvernement qu'à la majorité absolue des membres composant l'Assemblée, ceux-ci vont prendre l'habitude de démissionner suite à un vote de défiance à la majorité relative.

La conjonction de ses deux paramètres allait empêcher le Président du Conseil d'assurer pleinement ses fonctions et allait faire de l'instabilité gouvernementale le mal endémique de la IVe République.

B – Un Président du Conseil démuni de moyens d'action

Que ce soit sous les IIIe ou IVe Républiques, le Président du Conseil se trouve dépourvu des moyens d'action qui lui auraient permis d'affirmer son autorité face aux chambres et de garantir la stabilité gouvernementale.

Sous la IIIe République, il aurait pu s'appuyer sur le Président de la République, mais suite à la crise du 16 mai 1877 dont l'institution présidentielle est sortie considérablement affaiblie, cela s'avère impossible.

Il aurait pu également tenter de s'octroyer les « bonnes grâces » du Sénat, mais depuis l'aval malheureux donné par celui-ci à la dissolution de 1877, le Sénat ne se prononce pas sur l'éventuelle question de la dissolution mais demeure un redoutable adversaire du Gouvernement.

Recourir au peuple par la voie de la dissolution s'avère également impossible. En effet sous la IIIe République, celui-ci apparaît comme une arme régalienne, discréditée suite à la crise du 16 mai 1877 et tombée en désuétude suite à la « Constitution Grévy » de 1879.

Sous la IVe République, le droit de dissolution est prévu dans l'article 51 de la Constitution.

Il appartient au Président de la République, après délibération du Conseil des ministres, et après avis du Président de l'Assemblée nationale.

Les conditions de sa mise en œuvre sont très réglementées : tout d'abord, aucune dissolution ne peut être prononcée dans les dix-huit premiers mois de la Législature, ensuite il faut que dans un intervalle de dix-huit mois deux Gouvernements aient été renversés, sachant que les crises ministérielles intervenues dans les quinze jours de la nomination du Gouvernement ne sont pas prises en compte (Const., art. 45).

Il est indiqué à l'article 51 de la Constitution que les crises ministérielles susceptibles de provoquer la mise en œuvre du droit de dissolution doivent avoir eu lieu à la majorité des membres composant l'Assemblée nationale.

Or depuis le précédent initié par Paul Ramadier, les gouvernements ont pris l'habitude de se retirer et de démissionner dès qu'ils étaient mis en minorité à la majorité relative. Ce qui va entraîner *de facto*, la mise en place de la pratique des votes calibrés et pour corollaire la paralysie du droit de dissolution.

En effet, les parlementaires, vont, lorsqu'ils refusent la confiance, veiller à « calibrer » leurs votes, c'est-à-dire qu'ils vont faire en sorte que la confiance soit retirée au gouvernement à la majorité relative et non pas à la majorité absolue, ce qui constituerait une crise ministérielle au sens constitutionnel.

Dès lors la dissolution de cette Assemblée devenue toute puissante apparaît impossible : Preuve en est, nonobstant les multiples crises ministérielles que connaîtra le régime en 12 ans, une seule dissolution sera prononcée : celle d'Edgar Faure en 1955 puisque suite à une « erreur de tir » des députés qui ont mal comptabilisé leurs suffrages, les conditions de la dissolution sont réunies. En effet, le Gouvernement Mendès France a été renversé à la majorité absolue en 1954, et en décembre 1955, les députés, mal inspirés ou piètres comptables, mettent un terme anticipé au Gouvernement Edgar Faure, ce qui permettra à celui-ci de décider de la dissolution de l'Assemblée.

Qui plus, est la IVe République avait été construite pour fonctionner sur des majorités de coalitions solides. Mais la mise en place du scrutin proportionnel allié au morcellement des forces politiques en présence et à leur inorganisation empêchent le gouvernement de disposer d'une majorité stable lui permettant de mener une politique cohérente et de faire face aux grands enjeux des années cinquante, au rang desquels la menée à bien de la politique de décolonisation.

En 1951, la loi du 9 mai, dite loi sur les « apparentements », institue un nouveau mode de scrutin destiné à empêcher la double poussée dans le corps électoral des communistes et des gaullistes. Un élément majoritaire est alors inséré dans le scrutin proportionnel, puisque les listes qui se déclarent apparentées dans un département enlèvent à elles seules la totalité des sièges du département qu'elles se répartissent ensuite entre elles.

Un tel système va permettre à la troisième force composée du MRP, des radicaux et des socialistes d'emporter la victoire électorale lors des élections de 1951 et 1956. Mais cette majorité, fruit de compromis est très fragile et conduit la Présidence du Conseil à négocier de manière permanente avec les forces politiques en présence plutôt que de mettre en place une politique cohérente et de résoudre les grands enjeux auxquels la IVe République se trouve confrontée.

Les mêmes causes produisant inexorablement les mêmes effets, le Président du Conseil apparaît dès lors comme l'otage du Parlement.

Pourtant, des tentatives de réformes ont été mises en place afin de restaurer le pouvoir exécutif. Lors de première guerre mondiale, afin d'améliorer la réactivité du gouvernement, les chambres ont autorisé le Gouvernement à prendre des décrets ayant force de loi, c'est-à-dire susceptibles de modifier les lois en vigueur.

Sous la IVe République, et ce malgré l'interdiction de Constitution, la loi du 17 août 1948 (dite loi André Marie), va mettre en place le dispositif de la loi-cadre qui permet de délégaliser certaines dispositions législatives, puis dès 1953, la pratique des décrets-lois sera réintroduite.

Les IIIe et IVe Républiques auraient pu se réformer si elles avaient su résoudre tant la défaite militaire de juin 1940, que l'« affaire algérienne » en 1958.

Des projets de réformes avaient d'ailleurs été déposés sous l'égide des gouvernements Gaillard et Pflimlin en 1958, projets qui serviront, outre le discours de Bayeux prononcé par le général de Gaulle en 1946 à la mise en place de nouvelles institutions, celles de la Ve République dans lesquelles l'exécutif sera restauré et le parlementarisme rationalisé.

Régimes politiques étrangers

Thème principal

Le régime politique américain

Mots-clefs

États-Unis, Séparation des pouvoirs, *Impeachment*, Régime présidentiel, Cour suprême, Congrès, Président

Sujet donné et corrigé établi par

Arnaud Coutant, Maître de conférences HDR, Université de Reims Champagne-Ardenne

Premier semestre 2013-2014

› *Dissertation*

La balance des pouvoirs aux États-Unis.

› Préparation

Analyse du sujet
La principale difficulté de ce sujet réside dans sa définition initiale. Il ne s'agit pas de traiter de la balance des pouvoirs de manière générale, ni de disserter sur le seul régime présidentiel.
Plan du corrigé
I/ Un équilibre recherché, des fonctions réparties *A – La fonction principale et l'adaptation du modèle anglais* *B – les deux autres fonctions, une division interne* II/ Un équilibre difficile, des pouvoirs concurrents *A – Des oppositions circonstancielles, la lutte entre les pouvoirs* *B – Des transformations durables, la victoire d'un pouvoir*

› Corrigé

Introduction

Phrase d'accroche

Les possibilités sont nombreuses.

Première possibilité : l'approche circonstancielle. En 2014, une partie du congrès américain sera renouvelée dans le cadre des élections de mi-mandat (*Mid-Terms*). Cette échéance électorale aura un impact sur le fonctionnement américain en raison de la nécessaire collaboration entre le Président et le Congrès pour faire aboutir les textes législatifs. Cette collaboration est au cœur du régime américain, fondé sur une balance des pouvoirs.

Seconde possibilité : une approche qui insiste déjà sur un aspect du sujet tout en étant en lien avec l'actualité. En 2013, les États-Unis ont traversé une crise financière concernant leur dette en raison de l'affrontement entre une partie du Congrès et le Président. Certains élus de l'organe législatif, opposés à la politique mise en œuvre par le Président Obama dans le cadre de son programme de santé, ont utilisé la dette et les échéances qu'elle comporte pour faire pression sur la structure exécutive dans le but d'obtenir un retrait du texte sur la santé. Ce débat, très dangereux pour le système américain au niveau économique, illustre les particularités du fonctionnement institutionnel, fondé sur un équilibre entre les pouvoirs dénommé balance.

Définition des termes

Balance des pouvoirs : pour étudier ce concept, il est nécessaire de citer à la fois l'exemple anglais et sa théorisation par Montesquieu.

L'origine anglaise doit faire l'objet d'un bref résumé qui évoque l'histoire de l'Angleterre, les révolutions du XVIIe siècle et les transformations institutionnelles qu'elles ont déclenchées.

Le commentaire de Montesquieu dans *De l'Esprit des lois* constitue une théorisation de ce modèle. Montesquieu étudie l'organisation anglaise en montrant qu'elle répond parfaitement à sa théorie selon laquelle : « *Pour qu'on ne puisse abuser du pouvoir, il faut que, par la disposition des choses, le pouvoir arrête le pouvoir* ».

À ce stade, il est nécessaire de définir ce qu'est la balance des pouvoirs. Il faut insister sur la recherche de l'équilibre entre les pouvoirs, recherche rendue nécessaire afin d'éviter la supériorité d'un acteur sur les autres. Dans l'exemple anglais, la fonction législative est principalement concernée par cette balance. La loi est votée par le Parlement, le roi dispose d'un droit de veto, il n'existe aucune interaction entre les organes (ni responsabilité politique, ni dissolution).

La référence aux États-Unis : il s'agit évidemment d'un encadrement précis du sujet. Il ne faut pas traiter ici de la balance des pouvoirs de manière générale mais s'intéresser à son fonctionnement américain. Plusieurs remarques sont nécessaires.

Première remarque : la Constitution actuelle des États-Unis date de 1787. Cette longévité s'explique en partie par son adaptabilité. De nombreuses interprétations ont été rendues possibles en raison du texte lui-même.

Deuxième remarque : la balance a été importée aux États-Unis. Il s'agit d'une copie presque fidèle, autour d'un principe : l'équilibre nécessaire.

Problématique

Le terme principal du sujet, la balance, renvoie à l'idée d'équilibre. Dans une approche relativement répandue, le régime américain est qualifié de régime présidentiel, ce qui sous-entend une prédominance de l'organe exécutif dans la Constitution. Ceci pose nécessairement la question de l'existence ou non d'une balance des pouvoirs aux États-Unis, en insistant sur l'équilibre comme élément clé de cette organisation.

La réponse est orientée autour d'une idée : la contradiction relevée plus haut repose sur une interprétation erronée du texte constitutionnel. Ce texte n'établit en aucune façon une supériorité présidentielle. Il a au contraire pour but la mise en place d'un équilibre entre les pouvoirs au sein des fonctions. Son écriture initiale comme de nombreux éléments pratiques le démontrent (première partie). Néanmoins, cet équilibre a montré sa fragilité durant l'histoire constitutionnelle américaine. Parce qu'il repose sur une collaboration nécessaire entre des pouvoirs, il implique aussi la concurrence possible entre ces mêmes pouvoirs. La balance a donc parfois été déséquilibrée au profit d'un des acteurs (seconde partie).

I/ Un équilibre recherché, des fonctions réparties

Le but de ce développement est de démontrer l'existence d'une balance des pouvoirs dans le régime américain à partir de l'étude de la Constitution et de sa pratique.

Ce développement doit permettre d'illustrer par des exemples le fonctionnement d'une balance au niveau institutionnel en examinant les fonctions qui ont été réparties entre les organes.

Il s'agit d'analyser ici le choix effectué par les constituants américains de faire intervenir plusieurs organes dans les fonctions du régime afin de constituer un système de *Checks and Balances*. Ce choix concerne la fonction principale, c'est-à-dire la fonction législative, qui apporte la preuve de l'importation du modèle anglais mais également les deux autres fonctions, qui reposent sur une division entre les organes.

A – La fonction principale et l'adaptation du modèle anglais

La fonction législative est répartie entre les trois organes.

1 • Le rôle principal de l'organe législatif

La fonction législative est naturellement dévolue au Congrès dont les membres ont le droit d'initiative ; les lois ou bill sont discutées dans les commissions, puis examinées et votées par les chambres.

Les discussions majeures qui aboutiront au texte de loi interviennent dans les deux chambres, chacune disposant d'une procédure spécifique. À la Chambre des représentants la discussion est organisée de manière particulièrement stricte puisque le temps de parole des orateurs est limité. Au Sénat, au contraire, chaque Sénateur a un droit de parole illimitée, ce qui a parfois conduit à des tentatives d'obstruction par l'intermédiaire du *filibustering*. Les Sénateurs hostiles à un projet peuvent se relayer à la tribune du Sénat pour évoquer des sujets de leur choix jusqu'à la clôture de la session.

Pour être adoptée, une loi doit être votée par les deux chambres sous la même forme. En cas de désaccord, une commission de conciliation paritaire est créée.

Afin d'accélérer la mise en place de certaines dispositions, le Congrès a parfois recours à des lois qui habilitent l'organe exécutif à agir dans des domaines particuliers. Cette forme de délégation du pouvoir législatif a toutefois une contrepartie puisque le Congrès dispose d'un délai, de 30 à 60 jours en fonction de ce que la loi précise, pour ratifier ou non les dispositions prises par l'organe exécutif. On parle dans ce cas d'un veto législatif.

2 • Les rôles nécessaires des deux autres organes

Dans la balance des pouvoirs, l'organe législatif ne dispose pas à lui seul du pouvoir de créer la loi. Son action doit être complétée par celle d'un ou plusieurs autres organes. Dans la Constitution américaine, cette procédure induit l'intervention de l'organe exécutif et celle de l'organe judiciaire.

Le rôle de l'organe exécutif

Parce que toutes les lois doivent être signées par le Président, celui-ci dispose d'un pouvoir négatif sur la loi puisqu'il peut très bien déposer son veto c'est-à-dire interdire que cette loi soit publiée.

Il existe deux types de veto. En cours de session, le Président peut s'opposer à un texte ; dans ce cas, le Congrès peut dépasser ce veto en votant à une majorité des deux tiers dans chaque chambre. En fin de session, le veto présidentiel est décisif puisqu'il ne peut pas être surmonté. De même, le Président dispose en principe d'un délai de 10 jours pour déposer son veto. À l'issue de ce délai, sans réponse présidentielle, le texte est considéré comme accepté. Mais, si le texte est présenté au Président dans les 10 derniers jours de la session, celui-ci peut le conserver sans le signer et sans que ce silence implique un accord. On dit dans ce cas que le Président conserve le texte dans sa poche, ce qui a valu à cette procédure le nom de veto de poche ou *pocket veto*.

Le rôle de l'organe judiciaire

Dans la balance américaine, la loi passe par un troisième stade et subit l'action d'un autre organe. Cette troisième étape est laissée entre les mains de la Cour suprême.

Depuis 1803, avec l'arrêt *Marbury v. Madison*, la Cour peut contrôler la constitutionnalité des lois c'est-à-dire la conformité des différentes lois au texte constitutionnel tel qu'il est interprété par la juridiction.

B – Les deux autres fonctions, une division interne

On retrouve un esprit comparable dans l'organisation des fonctions exécutives et judiciaires. Sans faire intervenir nécessairement les trois organes, les constituants américains ont choisi d'éviter une concentration de la fonction entre les mains d'un seul acteur.

1 • La fonction exécutive

En principe, elle est dévolue au Président qui l'exerce seul.

En réalité, les deux autres pouvoirs peuvent intervenir directement ou indirectement sur cette fonction exécutive.

Ainsi, le Congrès dispose tout d'abord d'un contrôle majeur sur l'activité présidentielle puisqu'il vote le budget. Fréquemment, la structure américaine se retrouve paralysée en raison d'un désaccord entre le Congrès et le Président, le premier utilisant justement le budget pour arrêter l'activité présidentielle.

Dans une moindre mesure, le Sénat dispose aussi d'un pouvoir particulier puisque son accord est nécessaire au Président pour pouvoir nommer un certain nombre de personnes. Les postes de fonctionnaires fédéraux par exemple ne peuvent être pourvues de titulaire qu'avec le consentement du Sénat. De même, le Sénat dispose du pouvoir de ratification des traités internationaux.

Enfin les deux chambres sont compétentes pour autoriser le Président à déclarer la guerre.

2 • La fonction judiciaire

Elle est confiée principalement à la Cour suprême.

Toutefois, en ce qui concerne la responsabilité pénale de l'exécutif, elle dépend du Congrès. La Chambre des représentants accuse le président et le Sénat est chargé de le juger. Dans cette circonstance, le Sénat est présidé par le président de la Cour suprême. On trouve relativement peu de procédures de ce type durant l'histoire américaine.

On peut citer les trois procédures engagées en signalant qu'aucune n'a abouti à une destitution : elles concernaient, en 1868, Andrew Johnson, acquitté à une voix de majorité, en 1974, Richard Nixon, qui a démissionné avant la fin de la procédure et, plus récemment, en 1999, Bill Clinton également acquitté.

II/ Un équilibre difficile, des pouvoirs concurrents

À côté d'une pratique conforme à l'esprit du texte, l'histoire constitutionnelle américaine offre des exemples de domination d'un pouvoir sur les autres. Dans certains cas, cette victoire est éphémère ; dans d'autres, elle s'accompagne d'une transformation plus durable du régime.

A – Des oppositions circonstancielles, la lutte entre les pouvoirs

À de multiples reprises, les discussions entre les organes n'ont pas permis d'aboutir à un compromis. De manière significative, dans certaines circonstances, ces discussions sont intervenues dans un contexte politique tendu. Le compromis a été remplacé par un rapport de forces entre deux des trois pouvoirs. Des exemples permettent d'illustrer ces débats qui ont parfois opposé l'organe législatif et l'organe exécutif, ou l'organe exécutif et l'organe judiciaire.

1 • Les débats entre les deux organes politiques

Nous retrouvons ici la logique du régime. Par définition, les deux organes, Congrès et Président, doivent travailler ensemble. Ceci implique une répartition des fonctions et nécessairement une séparation entre les organes. Toutefois, dans la pratique, les conflits ont parfois conduit à des réinterprétations des textes. Un exemple pertinent apparaît avec la tentative de mise en cause de la responsabilité politique d'Andrew Johnson.

Nous sommes en 1868. Le Président en exercice, Johnson, est en réalité le vice-président de Lincoln qui a été assassiné en 1865. Les circonstances sont très particulières puisqu'aucun crime ou délit n'a été commis. La procédure de destitution a été engagée suite à un conflit politique entre le Congrès et le Président sur des questions liées à la reconstruction. Après la guerre de sécession, les partisans d'une mise sous tutelle des anciens États sécessionnistes ont emporté la majorité au Congrès. Mais le Président, un démocrate du Sud, est beaucoup plus réticent et préfère une approche respectueuse des États. La destitution est donc ici à visée politique uniquement.

2 • Les querelles impliquant la Cour suprême

Ces querelles sont très spécifiques car, dans le cadre de l'équilibre américain, la Cour suprême occupe une place singulière en raison de son rôle. Il ne s'agit pas d'un organe politique mais bien d'un organe judiciaire. C'est en se fondant sur cet aspect que certains responsables politiques américains se sont efforcés de restreindre son influence en remettant en cause certaines de ses décisions ou parfois le comportement des juges eux-mêmes.

Premier exemple : l'*impeachment* du juge Chase

En mai 1803, Samuel Chase qui, à cette époque, est membre de la Cour suprême attaque la réforme judiciaire menée par les Républicains démocrates, comme étant contraire à la Constitution et comportant des risques de dérive démagogique. Jefferson saisit cette opportunité pour essayer de réduire l'influence fédéraliste au sein de la Cour. Il demande à plusieurs responsables de son camp de déclencher une procédure de destitution à l'encontre du magistrat. Cette procédure conduit à la mise en accusation du juge Chase par la Chambre des Représentants, à l'automne 1804. L'acte d'accusation comporte parmi les motivations la politisation excessive des membres de la Cour. En 1805, le procès se déroule devant le Sénat, comme le prévoient les textes américains. Le 1er mars, le Sénat décide d'acquitter Chase.

Cette décision permet de consacrer l'indépendance de la justice américaine vis-à-vis du politique.

Deuxième exemple : le New Deal de Roosevelt

Le contexte est essentiel. Élu en pleine crise économique, Franklin Delano Roosevelt choisit de mener une politique volontariste en interprétant largement les dispositions de la Constitution qui concernent les compétences fédérales.

À partir du mois de mai 1935, les juges de la Cour suprême rendent des décisions hostiles à cette interprétation. Les différentes législations qui constituent le cœur du New Deal sont successivement annulées par la Cour.

Réélu à l'automne 1936, Roosevelt remet en cause l'action de la Cour en dénonçant le caractère politicien du raisonnement suivi et annonce une vaste réforme judiciaire. Son but est explicite : augmenter le nombre de membres de la Cour suprême pour pouvoir nommer des juges favorables à sa politique et ainsi renverser la majorité de la juridiction. Le 29 mars 1937, a lieu le lundi blanc, *the White Monday*. Ce jour symbolise la fin de la crise en tant que telle puisque la Cour valide trois lois liées au New Deal.

B – Des transformations durables, la victoire d'un pouvoir

Les exemples cités dans ce développement démontrent l'existence de certaines potentialités dans la Constitution américaine. La balance qui constitue le principe de fonctionnement connaît des exceptions majeures lorsque, sur une période relativement longue, un des trois organes parvient à imposer son leadership et potentiellement à agir sans la validation des autres.

1 • Les interprétations historiques en faveur du Congrès et de la Cour suprême

Ces deux modalités d'application peuvent être qualifiées d'historiques car elles interviennent principalement au XIXe siècle.

L'interprétation congressionnelle du régime

Dans l'interprétation congressionnelle, l'organe législatif est amené à dominer la vie politique américaine en fixant ses choix et en les imposant au Président sans subir un contrôle excessif de la part de la Cour suprême. Les circonstances expliquent un tel déséquilibre.

Ainsi, en 1815, lorsque la seconde guerre contre l'Angleterre se termine, les institutions américaines connaissent une transformation profonde en raison d'une reconstruction du monde partisan.

Avant cette guerre, deux partis politiques s'affrontaient, le parti fédéraliste, favorable à une extension des pouvoirs fédéraux et à une alliance avec l'Angleterre, et le parti républicain démocrate, défenseur des compétences étatiques et proche de la France.

Avec la guerre de 1812, se produit un événement aux conséquences partisanes essentielles : le parti fédéraliste, hostile au conflit, n'hésite pas à défendre des perspectives sécessionnistes en rejetant les positions du Gouvernement fédéral. En raison de l'adhésion de la grande majorité de la population à la guerre, cette position amène une disparition du parti fédéraliste après 1815.

La domination d'un seul parti politique, le parti républicain démocrate, entre 1815 et 1824, se traduit par une concentration des pouvoirs entre les mains du Congrès. Cette concentration a même une conséquence institutionnelle puisque le Congrès choisit le candidat pour l'élection présidentielle, garantissant sa désignation. On parle à cette époque du roi Caucus puisque c'est le caucus du Congrès qui choisit en pratique le Président.

L'interprétation juridictionnelle du régime

En suivant un auteur français, Édouard Lambert, on parle parfois de gouvernement des juges. Une autre expression, l'activisme judiciaire, rend également compte de cette transformation.

L'exemple majeur est donné par la jurisprudence de la Cour suprême qui commence avec l'arrêt *Lochner v. New-York* rendu en 1905. À partir de cette date, la haute juridiction s'oppose de manière systématique aux législations à vocation sociale défendues par les organes fédéraux en charge de l'exécutif et du législatif.

L'ère Lochner se caractérise par une interprétation restrictive de la Constitution américaine qui interdit les extensions de compétences en matière sociale et économique. Cette tendance se poursuivra de manière plus ou moins constante jusqu'en 1937, année de la crise avec Roosevelt.

Au-delà de cet exemple, l'expression a aussi été utilisée pour dénoncer de manière générale les interventions excessives, ou jugées telles, de la Cour qui, en interprétant la Constitution, s'attribuerait un quasi-pouvoir politique. On trouve des raisonnements identiques concernant la cour Marshall, qui avait rendu l'arrêt *Marbury v. Madison* en 1803.

2 • L'interprétation moderne : le régime présidentiel

Il s'agit de l'aspect le plus notable puisqu'il a conduit à analyser fréquemment le régime américain comme étant d'abord et avant tout un régime présidentiel. Par cette expression, on cherche à mettre en avant une action décisive du Président qui serait à l'origine des principales politiques au niveau interne et au niveau international.

Liée à la modernité politique, cette manière d'envisager le système américain repose sur deux circonstances majeures.

D'une part, à partir de la première guerre mondiale, le rôle grandissant des États-Unis au niveau international a conduit à mettre en avant l'acteur en charge de ses relations à titre principal, le Président. Dans cette perspective, c'est l'image internationale des États-Unis qui a conféré à l'organe exécutif une position apparemment dominante dans le système institutionnel américain.

D'autre part, l'apparition de personnalités charismatiques a contribué à accroître l'impression d'une domination présidentielle. On peut citer entre autres l'influence de Franklin Roosevelt qui peut être considérée comme décisive à la fois, au niveau interne, avec les réformes économiques et sociales du New Deal et, au niveau international, avec ses interventions durant la seconde guerre mondiale. La longévité de Roosevelt, puisqu'il est le seul Président à avoir été élu à quatre reprises, a aussi fourni un argument supplémentaire aux défenseurs d'une interprétation présidentielle du régime. Par la suite, d'autres exemples comme Harry Truman ou John Fitzgerald Kennedy sont venus renforcer cette impression.

Le fait que l'organe exécutif se trouve également doté d'un certain nombre de compétences supplémentaires apporte une illustration de ce déséquilibre potentiel. On peut évoquer à titre d'exemple l'extension de la compétence réglementaire du Président. La création des agences à pouvoir réglementaire, qui interviennent dans des secteurs essentiels au niveau juridique et politique comme le commerce ou l'environnement, a pour effet de dessaisir dans la pratique le Congrès. Celui-ci vote certes la loi, mais sa mise en œuvre qui ne dépend pas de lui peut conduire à des transformations majeures.

Ces éléments doivent toutefois être relativisés puisque les élections régulières conduisent à des alternances politiques au sein de l'organe législatif, ce qui vient inévitablement restreindre les possibilités d'action du Président.

Conclusion

Comme dans toute dissertation juridique, la conclusion n'est pas indispensable. Dans ce sujet, elle peut permettre d'insister sur certains éléments qui caractérisent le fonctionnement américain dans son ensemble.

D'une part, le régime américain est fondé sur un mode de fonctionnement particulier, le compromis. On ne peut pas parler de système majoritaire. Il faut préférer à ce terme l'expression de majorités concurrentes.

D'autre part, l'étude de la balance des pouvoirs illustre de manière pertinente la spécificité de la Constitution américaine qui est fondée sur une évolution permanente caractérisée par des interprétations successives.

Enfin, il faut relever la très forte dépendance du système américain vis-à-vis des circonstances politiques et électorales. Depuis les années 1990, les élections ont fréquemment conduit à la confrontation de majorités opposées au Congrès et au niveau exécutif. Ceci a des incidences essentielles sur le fonctionnement de la Constitution américaine.

Régimes politiques étrangers

Thème principal

Le régime politique américain

Mots-clefs

États-Unis, Séparation des pouvoirs, Partis politiques, Régime présidentiel, Régime parlementaire

› *Commentaire de texte*

Commentez le texte ci-dessous, extrait de l'ouvrage de Philippe Lauvaux, *Les grandes démocraties contemporaines*, PUF, 3e éd., 2014 :

« Le régime présidentiel américain n'aboutit pas, comme les régimes parlementaires, à un gouvernement de parti. Là se trouve la première raison pour laquelle son fonctionnement est resté conforme au modèle constitutionnel d'indépendance des pouvoirs voulu par le constituant de 1787. »

Durée de l'épreuve : 3 heures.
Documents autorisés : aucun.

Sujet donné et corrigé établi par

Bertrand Faure, Professeur, Université de Nantes

Premier semestre 2013-2014

› Préparation

Analyse du sujet

Bien que présenté sous forme de commentaire, ce texte peut être traité comme une dissertation. Il pose le problème du jeu des partis dans le fonctionnement d'un régime politique et l'application de la séparation des pouvoirs. Ainsi il montre qu'un régime de séparation rigide des pouvoirs, comme le régime américain, ne peut fonctionner qu'avec des partis souples.

Plan du corrigé

I/ L'indépendance des pouvoirs posée par le système constitutionnel et social
- *A – L'absence de mise en responsabilité réciproque des pouvoirs*
- *B – Les influences extérieures au jeu des partis politiques*

II/ L'indépendance des pouvoirs favorisée par le rôle des partis politiques
- *A – Le rôle spécifique des partis politiques aux États-Unis*
- *B – Le rôle aléatoire des partis politiques aux États-Unis*

› Corrigé

Le régime présidentiel américain est sans doute davantage encadré par la Constitution qui aura solidement modelé sa pratique que le régime parlementaire qui doit sa physionomie réelle à son histoire et son vécu politique. Alors que le premier a trouvé sa légitimité essentielle dans le respect de la Constitution défendu par la Cour Suprême, le second a souvent vécu sur l'influence qu'a pu exercer sur la conduite de l'État le système bipartisan en Grande-Bretagne ou quasi bipartisan en France. Le système parlementaire a été transformé, sa réalité se trouvant dans l'organisation du parti majoritaire qui exerce le pouvoir et agit sans marchandage vis-à-vis de l'opposition. Au contraire, aux États-Unis, la séparation stricte des pouvoirs, l'absence d'organisation monolithique des partis empêchent la monopolisation du pouvoir par un seul parti. Les partis politiques n'engendrent pas de leadership. L'expression de « gouvernement de parti » est donc spécifiquement appropriée aux régimes parlementaires. Elle caractérise le fait que l'exécutif et le législatif sont deux branches de la même organisation politique, le parti majoritaire avec, en face de lui, une autre organisation, le parti minoritaire qui occupe la fonction d'opposition. De telle manière que les conflits entre l'exécutif et le législatif sont appelés à se résoudre au niveau de l'état-major du parti majoritaire comme la Grande-Bretagne en donne l'illustration.

Mais il faut toujours un grand sens de la nuance lorsque l'on aborde le régime américain. Plusieurs facteurs agissent ensemble pour constater le résultat. Les éléments d'ordre constitutionnel et social fournissent le premier élément d'explication (I), mais, de manière non moins essentielle, la structure fonctionnelle des partis politiques doit être prise en compte (II).

I/ L'indépendance des pouvoirs posée par le système constitutionnel et social

A – L'absence de mise en responsabilité réciproque des pouvoirs

Les éléments d'un régime de séparation stricte des pouvoirs ne doivent évidemment pas être négligés pour expliquer le sujet. Ils sont mêmes prépondérants. Contrairement à la Grande-Bretagne, la procédure de l'*empeachment* dans les mains du Congrès et permettant de destituer le président, est demeurée cantonnée au domaine de la répression pénale sans se transformer en responsabilité politique. Ses ministres qui ne se réunissent pas collégialement en gouvernement, n'ont collectivement aucune responsabilité devant les chambres et ne rendent compte qu'au président. Inversement, le président est dépourvu, contrairement à la pratique d'un régime parlementaire, du pouvoir de renverser la Chambre des Représentants. Il n'a pas l'initiative des lois et son veto, fidèlement à la pensée de Montesquieu, n'est pas conçu comme une intervention dans les affaires législatives mais, au contraire, comme un simple pouvoir d'empêcher. Il s'ensuit que, mécaniquement, l'influence des partis politiques, à la supposer organisée et monolithique, ne pourrait produire d'effet entraînant la mise en jeu de la responsabilité politique entre exécutif et législatif ainsi que les régimes parlementaires ont pu en faire l'expérience.

B – Les influences extérieures au jeu des partis politiques

L'absence de « gouvernement de partis » et le régime strict de séparation des pouvoirs ne signifient pas que le système politique est concentré dans les mains du président. Le pouvoir reste fondamentalement multi-dimensionnel aux États-Unis où d'autres pouvoirs sont extrêmement puissants avec lesquels la politique présidentielle est toujours susceptible de devoir composer : l'organisation fédérale de l'État et les droits des États fédérés, les entreprises privées et les lobbies, la Cour Suprême, le Congrès et ses commissions d'enquête dont l'erreur chez l'analyste français est de croire qu'elles sont faibles. De telle manière que la limitation du pouvoir présidentiel ne s'appuie pas seulement sur la séparation des pouvoirs constitutionnels telle que l'avait imaginé Montesquieu, mais aussi sur des corps intermédiaires modérés. Les influences dont le président doit tenir compte vont donc très au-delà des partis politiques.

II/ L'indépendance des pouvoirs favorisée par le rôle des partis politiques

A – Le rôle spécifique des partis politiques aux États-Unis

Les États-Unis sont marqués par le localisme et cette tendance majeure s'inscrit jusque dans le rôle des partis politiques. Ceux-ci ne forment pas seulement un système juridique mais aussi un système sociologique : la vie politique américaine, comme les partis, contrairement au cas de la Grande-Bretagne ou de la France, ne part pas du centre pour tenter de rayonner sur tout le territoire et sa capitale, mais se compose à partir d'éléments constitutifs que sont les États fédérés et les villes. On trouve la manifestation de cette réalité dans le mode d'élection du président des États-Unis. Le bipartisme américain est entièrement axé sur cette élection, les grands électeurs désignés au sein de chaque État votant systématiquement pour l'un ou l'autre des candidats de chacun des partis. Ce résultat transforme d'ailleurs l'élection du président en une sorte d'élection au suffrage universel direct, tenant précisément dans ce fait que chaque grand électeur se prononcera pour l'un ou l'autre des candidats. Le processus électoral centré autour des primaires et des conventions est la principale manifestation du rôle des partis, celle où chaque parti trouve son unité pour désigner son candidat et tenter de le faire élire. Une fois élu, le président incarne la suprématie constitutionnelle et ne sera pas contesté ou mis en défaut par le jeu des partis politiques, dans son camp comme chez ses adversaires, ce qui lui a toujours assuré la stabilité de son pouvoir nonobstant des contestations parfois très vives (guerres du Vietnam, d'Irak).

B – Le rôle aléatoire des partis politiques aux États-Unis

Du bipartisme aux États-Unis ne résulte aucune unité politique. C'est pourquoi les risques de conflits entre le législatif et l'exécutif ne seront pas alimentés ni résolus par les positions des partis politiques. Le bipartisme n'est, en fait, qu'apparent car ils ne sont que des confédérations de machines locales qui ne possèdent pas de leader au plan national, ni d'idéologie unique, des chevauchements étant possibles entre les positions plutôt à gauche des démocrates et celles plutôt à droite des républicains (politique extérieure, racisme…). Il s'ensuit que le Congrès ne fonctionne pas selon des disciplines de parti, leurs membres n'obéissant à aucune règle générale, consigne de vote. Voilà pourquoi, le président ne sera jamais certain que les parlementaires de son parti voteront ses réformes ni que ceux du parti adverse les rejetteront. Cela crée une indépendance entre les pouvoirs législatifs et exécutifs permettant au président d'exercer pleinement son mandat en dépit d'un Congrès ou d'une chambre du Congrès apparemment hostile. Contrairement à la France ou la Grande-Bretagne, les soutiens du président sont assez indifférents aux résultats électoraux. Le système bipartisan ne possède donc aucune rigidité aux États-Unis. Ce bipartisme est plus formel que réel puisque le président n'a pas au sein de son parti des féodaux et des adversaires irréductibles au sein du parti adverse, pouvant même se trouver soutenu par ses derniers si les intérêts nationaux l'exigent. Son rôle de représentant de l'Union se manifestera toujours ainsi.

Régimes politiques étrangers

› *Dissertation*

Peut-on parler d'une transformation de l'organisation et du fonctionnement des pouvoirs publics en Grande-Bretagne au XXIe siècle ?

Thème principal

Le régime politique britannique

Mots-clefs

Grande-Bretagne, Pouvoirs publics, Régime parlementaire, Premier ministre, Dissolution, Dévolution, Décentralisation

Sujet donné et corrigé établi par

André Dauteribes, Maître de conférences, Université de Bourgogne

Premier semestre 2013-2014

› Préparation

Analyse du sujet

Les mutations constitutionnelles et politiques affectent aussi le Royaume Uni, derrière l'apparente immobilité du régime. Elles sont marquées par la recherche d'une plus grande séparation des pouvoirs mais consacrent aussi le renforcement du rôle du Premier ministre. La « dévolution », notamment en Écosse, et la place du Royaume Uni en Europe sont des causes possibles d'évolutions futures.

Plan du corrigé

I/ L'évolution constitutionnelle du régime parlementaire britannique
  A – Les mutations affectant l'organisation du Parlement britannique...
  B – ... et accentuant la place du Premier Ministre dans le régime constitutionnel britannique
II/ L'évolution politique du régime constitutionnel britannique
  A – Le développement de la Décentralisation
  B – Les mutations politiques consécutives aux élections législatives du 6 mai 2010

› Corrigé

La Grande-Bretagne est dotée des plus anciennes institutions politiques qui semblent immuables et dont la longévité étonne. Privés de constitution écrite, l'organisation et le fonctionnement des pouvoirs publics du Royaume-Uni sont fondés sur des règles inscrites dans la tradition et l'histoire. Elles font de la Grande-Bretagne une exception et un modèle constitutionnel très particulier. Déjà au XVIIIe siècle, Montesquieu célébrait et décrivait dans *De L'Esprit des lois* (Livre XI, Chapitre 6 : « De la Constitution d'Angleterre ») le système institutionnel et politique de ce pays qu'il trouvait exemplaire, et, à l'heure ou la Grande-Bretagne commémore le 300e anniversaire de l'accession au Trône de la Maison de Hanovre (Georges 1er – 1714-1727), on pourrait penser qu'aucune mutation n'est intervenue depuis cette lointaine époque.

Or, le système constitutionnel britannique n'a jamais cessé d'évoluer et de se transformer depuis le XIIIe siècle ! De nombreux textes jalonnent cette longue histoire entre la Grande Charte de

1215 et les derniers textes constitutionnels : le « Constitutional Reform Act de 2005 », le « Constitutional Reform and Governance Act de 2010 » et enfin le « Fixed-term Parliaments Act » du 15 septembre 2011. Le droit constitutionnel britannique est par conséquent le produit de règles coutumières et de textes écrits qui se sont agrégés au fil des siècles et qui ont contribué à encadrer un pouvoir politique entièrement concentré à l'origine dans la personne du Monarque et qui ensuite s'est déplacé vers le Parlement, puis vers le Cabinet dirigé par le Premier Ministre. C'est autour de ces trois institutions : le Monarque ; le Parlement constitué de deux chambres : la Chambre des Communes et la Chambre des Lords ; et le Cabinet dirigé par le Premier Ministre que le régime parlementaire britannique s'est construit et fonctionne depuis si longtemps aujourd'hui.

D'autre part, ce système a réussi à associer au fil des siècles des classes sociales diverses : l'aristocratie traditionnelle qui siégeait dans la Chambre des Lords et qui exerçait dès le XVe siècle un rôle politique fondamental ; la classe montante et triomphante du XIXe siècle incarnée par la bourgeoisie industrielle et commerçante représentée et élue dans la Chambre des Communes ; et enfin au XXe siècle jusqu'à nos jours ; la classe ouvrière, les employés et la nouvelle bourgeoisie…

Les institutions politiques britanniques ont varié en fonction de cette histoire et du rapport des forces politiques et sociales sans jamais de réforme d'ensemble mais au fil d'une évolution progressive.

Rien n'a jamais été figé dans cette organisation et des mutations constitutionnelles et politiques importantes sont aussi intervenues en ce début de troisième millénaire. On peut observer que les institutions politiques de la Grande-Bretagne ont continué à connaître au cours des dernières années des changements importants qui ne remettent pourtant pas fondamentalement en cause une tradition constitutionnelle et politique mais aussi un fonctionnement institutionnel multiséculaire. Ces transformations affectent non seulement l'organisation générale des pouvoirs publics constitutionnels de la Grande-Bretagne mais aussi le fonctionnement global du régime britannique.

Quelle est l'origine et la nature de ces mutations ? Quelles formes prennent-elles ? Quels enjeux soulèvent-elles ? Quels pouvoirs concernent-elles ?

Ces mutations ont contribué non seulement à une évolution constitutionnelle du régime parlementaire britannique (I) mais aussi à une évolution politique du fonctionnement de ce régime (II).

I/ L'évolution constitutionnelle du régime parlementaire britannique

C'est à la veille des élections législatives de 1997 que le candidat du parti travailliste Tony Blair a formulé un programme ambitieux de réformes constitutionnelles qu'il s'est appliqué à engager après avoir remporté ces élections avec succès. Il promettait alors de « mettre en œuvre le programme le plus important de modification de la démocratie jamais proposé. ». Une fois élu, ce très jeune Premier Ministre a présenté douze projets de lois constitutionnelles au cours de la première année de la législature complétés ensuite par plusieurs autres. Parmi tous ces projets figuraient notamment une réforme de la Chambre des Lords, la création d'une Cour Suprême, et le développement de la « décentralisation »... Ces mutations ont prioritairement affecté l'organisation du Parlement britannique (A) mais elles ont aussi indirectement conforté la place de l'exécutif au sein du régime constitutionnel de la Grande-Bretagne (B).

A – Les mutations affectant l'organisation du Parlement britannique...

Dès son accession au pouvoir en 1997 à l'aube du XXIe siècle, Tony Blair s'est lancé dans la réforme de la Chambre des Lords jugée anachronique en raison de sa composition peu démocratique. Cette réforme a été réalisée en 1999 puis complétée en 2005.

La Chambre des Lords était traditionnellement composée de membres héréditaires, de membres viagers, et de membres de droit. La réforme de 1999 visait à supprimer le droit de participation et de vote des Lords héréditaires provenant de l'aristocratie anglaise et dont le nombre s'élevait alors à environ 750 parmi lesquels seule une minorité d'entre eux siégeaient régulièrement au profit de Lords viagers nommés pour récompenser une carrière et une action remarquables. Le droit de siéger des Lords héréditaires a été par conséquent aboli en 1999, mais, pour atténuer la radicalité de la réforme, une centaine parmi eux a été désigné à la suite d'une élection par leurs pairs pour continuer à siéger provisoirement.

Une seconde réforme constitutionnelle est intervenue en 2005. Elle a modifié le statut des Lords juges et a créé une Cour Suprême du Royaume-Uni distincte désormais de la Chambre des Lords. Jusqu'en 2005, les Lords juges faisaient partie des Lords viagers nommés par la Reine. Ils avaient l'obligation de quitter leurs fonctions judiciaires à 75 ans mais restaient membres de la Chambre des Lords jusqu'à leur mort. Depuis octobre 2009, une nouvelle procédure a été prévue et tous les juges nommés après la création de cette Cour Suprême ne sont plus membres de la Chambre des Lords. Désormais, les douze juges de cette Cour ont définitivement cessé d'appartenir à la Chambre des Lords. Ainsi, la séparation des pouvoirs législatif et judiciaire est respectée entre les parlementaires et les juges. Ce n'était pas en apparence le cas avant cette réforme. En réalité, la séparation était respectée car les « Laws-Lords » ne prenaient pas part aux votes au sein de la Chambre et s'abstenaient de toute intervention publique aussi longtemps que duraient leurs fonctions judiciaires.

Par ailleurs, à la suite de la réforme de 2005, l'indépendance de la Chambre des Lords a été reconnue en raison de la mise en place d'un Lord Speaker élu pour la première fois le 4 juillet 2006. Il a succédé au Lord Chancelier qui était Ministre dans le Cabinet et Président de cette Chambre.

Ces réformes initiées par le Premier Ministre Tony Blair lui ont permis de faire largement usage de son droit de nommer des Lords viagers (327 entre 1997 et 2005) et ainsi de modifier la composition politique de cette Chambre traditionnellement conservatrice. Au cours de son deuxième mandat, Tony Blair avait envisagé de supprimer définitivement les Lords héréditaires, de diminuer à trois mois le pouvoir d'opposition des Lords à l'adoption d'une loi et de créer une nouvelle catégorie de Lords élus ou nommés. Ce projet a été rejeté par la Chambre des Communes en 2003. Finalement, cette chambre aux pouvoirs très diminués depuis le début du XXe siècle et très critiquée n'a tout de même pas été supprimée par les travaillistes au pouvoir.

Les transformations qui ont affecté la Chambre des Lords depuis quinze ans s'inscrivent dans un mouvement historique de réduction du rôle de cette chambre qui reste cependant un lieu de débat pour des questions de société délicates, et qui peut encore contribuer à modifier par amendements les projets de lois présentés par le gouvernement. Ainsi, même si elle conserve un certain magistère moral et le lieu où le Discours du Trône qui fixe le programme législatif de la majorité parlementaire écrit par le Premier Ministre reste lu par la Reine, elle n'est plus au cœur des institutions politiques britanniques.

Une autre réforme institutionnelle réalisée en 2011 est venue conforter la place de la Chambre des Communes. Il s'agit du « Fixed-term Parliaments Act » du 15 septembre 2011 qui encadre le droit de dissolution. Ce droit ne peut plus être désormais librement utilisé par le Premier Ministre. Le mandat de la Chambre des Communes est un mandat fixe de cinq ans. La dissolution ne peut intervenir que dans deux cas : soit l'hypothèse d'un vote des deux-tiers des députés en faveur de l'auto-dissolution, soit l'automaticité de la dissolution lorsqu'une majorité de députés a retiré sa confiance au gouvernement et qu'à la suite de ce vote et dans les quatorze jours qui suivent aucun autre gouvernement ne l'a obtenu à nouveau.

Ces transformations institutionnelles renforcent la position de la Chambre des Communes où une majorité disciplinée soutient communément le Premier Ministre leader du parti majoritaire et rationalisent efficacement le fonctionnement du régime parlementaire britannique ou l'exécutif domine.

B – ... et accentuant la place du Premier Ministre dans le régime constitutionnel britannique

Sous la direction de Tony Blair entre 1997 et 2007 on a assisté à une montée en puissance continue du rôle du Premier Ministre, ce qui a conduit les analystes politiques et les constitutionnalistes à parler d'une « présidentialisation du régime parlementaire britannique ». Ils faisaient remarquer qu'en dix ans, la « Constitution » britannique avait été davantage modifiée qu'en huit siècles d'existence en raison de la multiplication des sources écrites du droit et de la « Constitution ».

Les réformes constitutionnelles qu'il a engagées ont eu pour objectif de contrôler l'institution parlementaire voire diminuer son rôle. Le Parlement n'a plus véritablement disposé de réels pouvoirs pour contrer les prérogatives du Chef du Gouvernement. Le Parlement s'est trouvé privé d'une grande partie de ses attributions traditionnelles législatives et de contrôle du gouvernement. La discipline partisane est devenue une règle fondamentale du fonctionnement du régime parlementaire et le parlement s'est trouvé dans une totale situation de subordination face au gouvernement et au Premier Ministre qui en est le chef.

Outre ces réformes constitutionnelles d'importance, Tony Blair au cours de son premier mandat a pratiqué une politique de relation directe avec l'opinion publique en utilisant tous les nouveaux moyens de communication et les médias. Il a cherché à influencer les milieux politiques, économiques, culturels, et à justifier en permanence ses choix politiques. On dit qu'il a fait entrer la Grande-Bretagne dans l'ère de la démocratie médiatisée. Il a cherché sans cesse à stimuler l'attention de l'opinion publique avec de nouveaux thèmes.

Il est devenu le seul et véritable chef de l'exécutif tout entier en provoquant de nombreux remaniements ministériels, en éliminant ses opposants au sein du cabinet, en contrôlant les ministères clefs grâce aux choix de leurs titulaires. Ses choix en matière de politique étrangère sont venus renforcer la présidentialisation de l'exécutif même si des débats et des oppositions se sont manifestés au sein même du parti travailliste. Tony Blair a ainsi exercé pleinement ses fonctions de Chef de l'exécutif, Chef de la majorité parlementaire et Chef du parti, le tout fondé sur une stratégie de communication permanente.

C'est cette stratégie qu'on a appelé « le Blairisme » c'est-à-dire une troisième voie destinée à renforcer la position du Royaume Uni en Europe grâce à une ambitieuse volonté réformiste des institutions politiques et administratives. Cette manière de gouverner a cependant fragilisé son successeur Gordon Brown qui n'a pas réussi à conquérir durablement l'opinion publique et les électeurs du nouveau parti travailliste.

II/ L'évolution politique du régime constitutionnel britannique

Au surplus des réformes constitutionnelles relatives aux institutions de l'État, « les années Blair » ont aussi été marquées par une profonde transformation de l'organisation et du fonctionnement des composantes géographiques constituant le Royaume-Uni en raison du choix d'une politique de décentralisation. Cette politique de

« dévolution » engagée dès 1997 par le nouveau Premier Ministre (A) destinée à transformer en profondeur le Royaume-Uni en venant compléter les réformes constitutionnelles n'a pas été suffisante pour atteindre l'objectif politique et historique que Tony Blair s'était assigné : faire du XXIe siècle celui où le « New Labour » serait placé au centre de l'échiquier politique et le maître d'œuvre d'un réformisme permanent. Or, après 13 ans de pouvoir, le parti travailliste n'a pas gagné ce pari et a perdu les élections législatives anticipées et provoquées du 6 mars 2010 et qui ont été à l'origine de nouvelles mutations politiques (B).

A – Le développement de la Décentralisation

Quelques mois seulement après son élection en mai 1997, Tony Blair lance un programme de « dévolution ». Il concerne d'abord l'Écosse, puis le Pays de Galles, l'Irlande du Nord et l'Angleterre elle-même. L'objectif de ce programme était d'éviter l'éclatement du Royaume-Uni devant les revendications séparatistes ou autonomistes qui pouvaient mettre en péril l'État britannique.

En septembre 1997, des référendums sur la « dévolution » sont organisés en Écosse et au Pays de Galles. Une majorité importante d'Écossais approuve la création d'un Parlement et d'un exécutif écossais. Au Pays de Galles, une majorité plus courte de Gallois approuve simplement la création d'une assemblée.

En 1998, à la suite d'accords conclus avec le gouvernement de Tony Blair une assemblée élue est créée en Irlande du Nord qui dispose d'un pouvoir législatif et la faculté de désigner un exécutif. Trois conseils sont également créés : le Conseil Nord Sud chargé de gérer les dossiers concernant les deux Irlande, le Conseil Irlando-britannique et le Conseil des Îles.

En Angleterre, la capitale obtient un statut spécial à la suite d'un référendum adopté par les Londoniens en mai 1998, ou Londres approuve le projet d'élection d'un maire au suffrage universel direct.

La dévolution britannique modifie par conséquent considérablement l'organisation et le fonctionnement politiques du Royaume-Uni. Elle se traduit par des transferts du pouvoir de décision en matière économique, sociale, culturelle, fiscale du Parlement britannique vers des assemblées régionales élues au suffrage universel et qui sont dotées de moyens politiques et administratifs importants. Cette évolution conduit presque à la création d'un système quasi-fédéral constitué de quatre nations-régions : Angleterre, Écosse, Pays de Galles, Irlande du Nord auxquelles il faut ajouter les îles anglo-normandes et l'île de Man qui transforme substantiellement l'ancien Royaume-Uni.

Ces mutations n'ont pas pour autant totalement annihilé les tendances autonomistes de l'Écosse en particulier où un référendum sur son indépendance est programmé en septembre 2014 et qui se traduirait dans l'hypothèse d'une approbation majoritaire des électeurs écossais par un retrait de ce pays du Royaume-Uni.

À côté de cette évolution générale, il faut ajouter l'influence de la construction européenne sur le fonctionnement politique du Royaume-Uni qui reste un sujet de discorde entre les partis politiques britanniques. Depuis les dernières élections locales de 2013 et plus encore à la suite des élections européennes du printemps 2014, on a vu se développer un parti politique ouvertement anti-européen : le UKIP (United Kingdom Independance Party). Il s'agit d'un parti souverainiste qui prône le retrait de la Grande-Bretagne de l'Union Européenne. L'actuel Premier Ministre David Cameron s'étant lui-même engagé sur l'organisation d'un référendum sur ce sujet avant 2017 ! Si cette décision devait être adoptée le fonctionnement politique du Royaume-Uni s'en trouverait profondément affecté et une nouvelle étape de l'histoire politique et institutionnelle de ce pays serait franchie…

L'ampleur des mutations institutionnelles et politiques conjuguée aux difficultés économiques et sociales consécutives à la crise financière mondialisée de 2008 et aux politiques d'austérité a fait subir aux travaillistes menés par Tony Blair entre 1997 et 2007 auquel a succédé Gordon Brown l'usure du pouvoir et la nécessité de mesurer le soutien de l'opinion publique à l'aide d'élections législatives anticipées.

B – Les mutations politiques consécutives aux élections législatives du 6 mai 2010

Gordon Brown a succédé à Tony Blair à la tête du parti travailliste le 24 juin 2007 et il est devenu le Chef du Gouvernement le 27 juin suivant. Devant l'ampleur de la crise économique et les difficultés à la surmonter, le Premier Ministre confronté par ailleurs aux difficultés politiques a alors demandé à la Reine la dissolution de la Chambre des Communes pour provoquer de nouvelles élections législatives anticipées, fixées au 6 mai 2010.

Ces élections se sont déroulées au scrutin uninominal majoritaire à un tour qui favorise traditionnellement les grands partis et qui est fatal pour les petites formations mais il peut aussi arriver très exceptionnellement qu'en raison de ce mode de scrutin aucun parti n'obtienne une majorité absolue pour gouverner. C'est ce que l'on appelle un « hung parliament » (Parlement suspendu) et c'est précisément la situation politique à laquelle a été confronté le Royaume-Uni à l'issue de ces élections.

Sur les 650 sièges de la Chambre des Communes, le parti conservateur mené par David Cameron a obtenu 306 sièges, un nombre inférieur au chiffre de 326 sièges nécessaires pour obtenir la majorité absolue indispensable pour pouvoir gouverner. Le parti travailliste a de son côté obtenu 258 sièges et le parti libéral-démocrate 57 sièges. Aucun de ces partis n'avait donc obtenu une majorité absolue et ces résultats les obligeaient à conclure des alliances. Deux possibilités s'ouvraient : soit une alliance entre le parti conservateur et les libéraux-démocrates, soit une alliance entre le parti travailliste et les « Lib-Dem », mais seule l'alliance parti conservateur et les « Lib-Dem » était susceptible de déboucher sur un gouvernement majoritaire (306+57 = 363). L'alliance travaillistes/« Lib-Dem » donnait un résultat de 315 sièges en deçà de la majorité absolue sauf à conclure une alliance élargie aux autres petits partis qui avaient obtenu 27 sièges. Après de longues négociations, c'est l'alliance des conservateurs et des « Lib-Dem » qui a été réalisée et un gouvernement de coalition formé.

Cette situation politique est très exceptionnelle au Royaume-Uni ou traditionnellement c'est l'un des deux grands partis politiques qui exerce le pouvoir sans conclure une alliance politique quelconque avec un autre. Le dernier Parlement sans majorité absolue remontait à février 1974 au profit du parti travailliste qui, confronté à d'importantes difficultés pour gouverner avait dû se résoudre à organiser de nouvelles élections législatives en octobre de la même année.

À la suite de cette alliance politique circonstancielle, un gouvernement a été formé sous la direction de David Cameron leader du parti conservateur qui est devenu Premier Ministre associé à

Nick Clegg leader du parti libéral-démocrate qui est devenu Vice Premier-Ministre.

Cette configuration institutionnelle est une nouveauté et reste une exception. Désormais, c'est une coalition qui dirige depuis 2010 le Royaume-Uni. Le Premier Ministre ne dispose plus d'une légitimité absolue et il partage son pouvoir au sein du cabinet avec le Vice Premier-Ministre, leader du second parti de la coalition. Les réunions du cabinet ne peuvent plus être le lieu où le Premier Ministre impose ses choix politiques comme c'était le cas depuis l'époque de Margaret Thatcher. Le Premier Ministre doit aussi rechercher l'appui des députés conservateurs et libéraux démocrates au sein de la Chambre des Communes pour obtenir le vote des projets de lois. Il est tenu de négocier en permanence avec sa majorité parlementaire. Ainsi, ce qui est commun dans de nombreux autres régimes parlementaires en Europe et notamment en Allemagne est exceptionnel en Angleterre.

D'autre part, une censure du cabinet serait éventuellement plus facile désormais si les députés libéraux démocrates s'alliaient aux députés travaillistes aux Communes même si elle reste très improbable lorsqu'on observe que seuls deux gouvernements depuis 1895 ont été censurés ! On peut en conclure que la rationalisation du régime parlementaire britannique est d'une remarquable efficacité !

Paradoxalement, le Premier Ministre est moins lié à son propre parti car il est le leader d'une alliance politique aux Communes. Le Premier Ministre est par conséquent plus libre par rapport à son parti ; ce qui a pour conséquence de réduire le rôle du parti majoritaire dans le fonctionnement du régime constitutionnel britannique. Cette situation a par conséquent profondément modifié la position du Premier Ministre par rapport au Parlement mais aussi à l'intérieur du Cabinet lui-même.

Politiquement, cette coalition gouvernementale et parlementaire qui dirige le Royaume-Uni depuis 2010 s'est vue infliger récemment un revers politique aux élections européennes du printemps 2014 avec la victoire obtenue par l'UKIP : le parti souverainiste et indépendantiste qui a devancé tous les partis traditionnels. Ce succès pourrait laisser présager compte tenu du programme politique de ce parti de nouvelles réformes institutionnelles et politiques susceptibles de transformer radicalement les institutions d'un Royaume-Uni réputé traditionaliste et immuable mais dans lequel les institutions politiques sont en perpétuel mouvement…

Régimes politiques étrangers

Thème principal

Le régime politique britannique

Mots-clefs

Parlement, Grande-Bretagne, Dissolution, Élections législatives, Responsabilité ministérielle, Constitution britannique, Parlementarisme rationalisé

Sujet donné et corrigé établi par

Pauline Türk,
Maître de conférences,
Université Lille 2

Premier semestre 2013-2014

› *Commentaire de texte*

Extraits du « Fixed-Term Parliaments Act » du 15 septembre 2011 :

Sa très Excellente Majesté la Reine donne force de Loi, sur l'avis et le consentement des Lords Spirituels et Temporels et des Communes, réunis dans le présent Parlement, et par l'autorité de ce dernier, à l'Act dont la teneur suit :

1 – Date du scrutin des élections parlementaires générales

(1) – La présente Section vient préciser les dispositions relatives à la procédure des élections reproduites au règlement 1, en Annexe 1 du *Representation of the People Act* 1983, et s'applique sous réserve des dispositions de la section 2.

(2) – Après l'adoption de cet Act, la date du scrutin des prochaines élections parlementaires générales est fixée au 7 mai 2015.

(3) – Dorénavant, la date de scrutin des élections parlementaires générales est fixée au premier jeudi du mois de mai de la cinquième année suivant celle des précédentes élections parlementaires générales.

(4) – Mais s'il advient que la date de scrutin des précédentes élections parlementaires générales

(a) – A été arrêtée suivant la procédure prévue à la Section 2 (7), et,

(b) – que [cette date] est tombée avant le premier jeudi du mois de mai, la sous-section 3 est comprise comme si, à l'expression « dans la cinquième année », avait été substituée l'expression « dans la quatrième année ».

(5) – Le Premier Ministre pourra, par voie de règlement, décider que la date des élections parlementaires générales au cours d'une année précise sera ultérieure à la date fixée par les Sous-sections 2 ou 3, et repoussée dans la limite de deux mois uniquement.

(6) – La décision par voie de règlement visée à la Sous-section 5 ne pourra être prise qu'après le dépôt et l'approbation d'un avant-projet par une résolution de chacune des chambres du Parlement.

(7) – L'avant-projet déposé au Parlement devra être accompagné d'une déclaration du Premier Ministre exposant les raisons justifiant le changement de la date de scrutin des élections.

2 – Élections parlementaires générales anticipées

(1) – Une élection parlementaire générale anticipée sera organisée si :

(a) – La Chambre des Communes adopte une motion conforme aux dispositions prévues à la Sous-section 2 de la présente Section,

Et

(b) – Dans le cas où la motion est adoptée par division, le nombre de membres qui votent en faveur de cette motion sera au moins égal aux deux tiers du nombre de sièges à la Chambre des Communes (y compris les sièges vacants).

(2) – La motion prévue à la Section 1 (a) devra être formulée comme suit :

« La tenue d'une élection parlementaire générale anticipée doit avoir lieu. »

(3) – Une élection parlementaire générale anticipée doit également être organisée si :

(a) – La Chambre des Communes adopte une motion conforme aux dispositions prévues à la Sous-section 4

Et

(b) – Qu'un délai de 14 jours s'écoule sans que la Chambre des Communes ait adopté la motion visée à la Sous-section 5.

(4) – La motion prévue à la Sous-section 3 (a) devra être formulée comme suit :

« La présente Chambre n'accorde pas sa confiance au Gouvernement de Sa Majesté. »

(5) – La motion prévue à la Sous-section 3 (b) devra être formulée comme suit :

« La présente Chambre accorde sa confiance au Gouvernement de Sa Majesté. »

(6) – La Sous-section 7 vient préciser les dispositions relatives à la procédure des élections reproduites au règlement 1, en Annexe 1 du *Representation of the People Act* 1983.

(7) – Dans le cas où une élection générale anticipée est organisée selon les procédures prévues aux Sous-section 1 ou 3, la date de cette élection devra être ordonnée par proclamation de Sa Majesté, après recommandation du Premier Ministre (la date ainsi arrêtée remplace ainsi la date ordinaire des élections suivantes, fixée à la Section 1).

› *Préparation*

Analyse du sujet

Les extraits proposés sont issus d'un texte relativement récent, le *Fixed-Term Parliaments Act* de 2011 (dit FTPA) qui révolutionne la Constitution coutumière britannique sur le plan à la fois formel (un nouvel « Act » écrit, organisant les rapports entre gouvernement et parlement) et substantiel (une réforme tendant à revaloriser le statut du Parlement et à limiter les prérogatives du Premier Ministre, modifiant l'équilibre des pouvoirs). Le sujet présentait une double difficulté : d'abord, il ne s'agissait pas de disserter, mais bien de commenter un texte à la fois long et technique, et rendu complexe par le jeu des renvois entre sous-sections ; ensuite, l'importance de la réforme opérée impliquait d'en mesurer et d'en valoriser les enjeux, sur les plans constitutionnel et politique, au-delà des dispositions mêmes du texte, que l'on ne pouvait se contenter de paraphraser.

La forme, les termes, le contexte politique, les causes, les effets de cette réforme constitutionnelle devaient être analysés, à la lumière du texte et des éléments du cours relatifs au gouvernement parlementaire britannique. Il fallait mettre en évidence l'évolution des rapports de force entre le Parlement et le *Prime Minister*, qui perd le droit de dissoudre la chambre des Communes pour des raisons de convenance politique, sans perdre de vue le principe qui se trouve ici réaffirmé : celui du renouvellement quinquennal de la Chambre des communes. La structure de la démonstration, pour un commentaire de texte, pouvait s'appuyer logiquement sur les deux sections du texte ici reproduites, même si des plans plus originaux pouvaient être proposés. Certains aspects de l'histoire et de la pratique politique britannique devaient être mentionnés, et certains parallèles avec le régime politique allemand pouvaient être tentés, dans la mesure des développements du cours ou des TD sur ce point.

Plan du corrigé

I/ Un principe formellement réaffirmé : les élections législatives quinquennales

A – La durée préfixée du mandat parlementaire, un effort de « rationalisation » de la Constitution britannique

B – La fin de la « dissolution de convenance », limitation des prérogatives du Prime Minister

II/ Une exception désormais encadrée : les élections législatives anticipées

A – Première exception : la « dissolution automatique » de la chambre des Communes

B – Deuxième exception : « l'autodissolution » de la chambre des Communes

› Corrigé

« Halo entouré de mystères », la Constitution britannique est une des rares au monde à n'avoir pas été formalisée, demeurant essentiellement matérielle et coutumière. La souplesse du droit constitutionnel non écrit a été vantée par divers auteurs, tels Dicey, au XIXe siècle, permettant l'installation d'une monarchie libérale et d'un gouvernement parlementaire, où le monarque a d'abord concédé une partie du pouvoir aux deux chambres, celle des Communes et celle des Lords, avant de partager ses prérogatives avec le cabinet et son chef, le *Prime Minister*, leader du parti majoritaire aux Communes. Certains textes écrits, cependant, ont lourdement contribué à la progression vers le libéralisme (*Magna carta* de 1215, *Habeas Corpus* de 1679, *Bill of Rights* de 1689), dans un système juridique fondé sur la *Common law* et le principe du *Rule of Law*, sous la protection des juges. Le régime politique, fondé sur les principes monarchique et représentatif, la souveraineté du Parlement de Westminster et la prédominance du Premier Ministre dans un contexte de parlementarisme majoritaire, a été également adapté grâce à des réformes qui ont pris la forme de lois écrites (« Acts » et autres « Statutes »), tels le *Settlement Act* de 1701, le *First Parliamentary Reform Act* de 1832, ou les *Parliaments Acts* de 1911 et 1949. Cette tendance s'est accélérée cette dernière décennie, avec l'adoption de nombreux textes écrits (*House of lord Act* de 1999, *Dévolutions Acts* de 1998, *Constitutional reform Act* de 2005, *Européen Union Act* de 2011, etc..). Le *Fixed Term Parliaments Act (FTPA)* qui nous est ici proposé est la dernière de ces grandes réformes constitutionnelles.

Daté du 15 septembre 2011, cet Act a été adopté par le Parlement, c'est-à-dire avec le consentement des Lords et des Communes et la sanction de « *la Très excellente Majesté de la reine* », qui lui a donné force de loi. Les extraits qui nous sont proposés concernent, sous la forme de deux sections, chacune composée de 7 sous-sections, la « date du scrutin des élections parlementaires générales » et les « élections générales parlementaires anticipée », c'est-à-dire les règles relatives à l'accès et à l'expiration du mandat des MP's membres de la chambre des Communes. Ce texte a été adopté dans un contexte particulier, résultant des élections du 6 mai 2010, qui ont conduit à la formation d'un gouvernement de coalition associant la majorité conservatrice du parti Tory, emmenée par David

Cameron, au parti Lib Dem de Nick Clegg. Dans la « corbeille de mariage » (de la carpe et du lapin !), figuraient certains engagements : référendum sur le mode de scrutin (organisé sans succès en 2011), revalorisation du rôle du parlement, restriction des prérogatives du *Prime Minister* en matière de dissolution de la Chambre des Communes…

Le FTPA, pour ce qui concerne les deux sections qui nous sont proposées, vient ainsi modifier les conditions de l'expiration du mandat des députés et réaménager les rapports entre gouvernement et parlement, au cœur de la balance des pouvoirs en régime parlementaire. Il est doublement révolutionnaire. D'abord parce qu'il montre l'appropriation progressive par les Britanniques d'une approche de plus en plus formelle du droit constitutionnel. Ensuite et surtout parce qu'il consacre le principe du caractère quinquennal des élections parlementaire générales britanniques, réduisant ainsi l'influence du *Prime Minister* par l'interdiction de la pratique de la « dissolution de convenance » qui constituait l'une de ses prérogatives principales (I). Le texte encadre en effet strictement le recours aux élections législatives anticipées, enfermé dans deux hypothèses, clairement distinguées et bien délimitées (II).

I/ Un principe formellement réaffirmé : les élections législatives quinquennales

Le FTPA réaffirme formellement un principe : les élections législatives sont quinquennales. Cette confirmation porte deux innovations : le parlement fait œuvre constituante, en prévoyant des dispositions écrites très précises qui montrent un effort de rationalisation (A) ; il limite ainsi l'influence du *Prime Minister*, en l'obligeant à respecter la durée normale du mandat des députés des Communes (B).

A – La durée préfixée du mandat parlementaire, un effort de « rationalisation » de la Constitution britannique

La 1re section extraite du FTPA fixe la date du scrutin pour les élections parlementaires générales, réaffirmant ainsi les règles visées dans les précédents Acts de 1911 et 1983. Le point 2) établit la date du prochain scrutin, fixée au 7 mai 2015, tandis que le point 3) fixe un principe clair : « dorénavant, la date du scrutin des élections parlementaires générales est fixée au premier jeudi du mois de mai de la cinquième année suivant celle des précédentes élections parlementaires générales ». Le mandat des 650 membres de la chambre des Communes dure cinq années, ce qui implique un renouvellement quinquennal, organisé on le sait sur la base d'un scrutin majoritaire à 1 tour qui encourage le bipartisme (confirmé par le référendum d'avril 2011). Se trouve ainsi réaffirmée la règle fixée par le *Parliament Act* de 1911, qui avait raccourci à 5 ans la durée du mandat (auparavant fixée à 7 ans par le *Septennial Act* de 1715 !). La durée du mandat des députés est d'ailleurs la même que celle applicable en France ou en Italie (alors que les élus au Bundestag, au Conseil national suisse ou au Congrès espagnol le sont pour 4 ans). On soulignera que ces dispositions, bien que relatives aux « élections parlementaires générales » ne s'appliquent qu'à la chambre des Communes, et non à la chambre des Lords, dont les membres ne sont pas (encore) élus.

Le respect du principe est ensuite protégé par une série de dispositions encadrant étroitement les conditions de fixation de la date des nouvelles élections législatives. Si elles doivent intervenir automatiquement le 1er jeudi du mois de mai de la 5e année, exceptionnellement, la date sera ramenée au mois de mai de la 4e année si les élections antérieures avaient été anticipées (voir point 4 b). Et tout aussi exceptionnellement, à l'inverse, le texte précise les conditions très strictes dans lesquelles la date peut être de façon exceptionnelle reportée, de deux mois maximum, par la voie d'un règlement édicté par le Premier Ministre, à condition d'un accord entre celui-ci (qui doit déposer une demande motivée), et le parlement, dont les deux chambres doivent consentir par voie de résolution (voir section 1 point 6 et 7). Le respect de la durée du mandat parlementaire est une condition de l'équilibre entre les pouvoirs et du respect des principes électif et représentatif. Mais la vie politique nécessite parfois un peu de souplesse, d'où ces aménagements, on le voit strictement encadrés par les parlementaires eux-mêmes.

Le Parlement n'agit ici, à proprement parler, que par la voie législative, faute de distinction entre le pouvoir législatif ordinaire et le pouvoir constituant, en l'absence de Constitution formelle ou normative au Royaume-Uni. Il n'en demeure pas moins qu'il a souhaité encadrer strictement par le droit les effets de la vie politique, en modifiant la constitution matérielle britannique par un texte formel, très précis. Si l'on note une nouvelle preuve de l'incursion, outre-manche, du droit constitutionnel écrit, on peut voir ici une forme de rationalisation du droit constitutionnel britannique (voir l'étude d'Armel Le Divellec), au sens de cet effort décrit par Boris Mirkine-Guetzévitch d'encadrement par le droit des éventuelles dérives de la vie politique, sur le modèle pratiqué en Espagne, en France ou en Allemagne. De quelles dérives s'agit-il ici ? Sans doute de celles qui ont permis au *Prime Minister* de s'imposer au point de laisser place, en Grande-Bretagne, à un « gouvernement de cabinet » dominé par ce quasi « monarque élu », situation à laquelle le FTPA vient réagir.

B – La fin de la « dissolution de convenance », limitation des prérogatives du Prime Minister

À la fin du XVIIIe siècle, Jeremy Bentham écrivait que « le gouvernement britannique est un parlement ». Depuis lors, c'est le *Prime Minister*, leader de la majorité aux Communes, issue des élections parlementaires générales, qui a vu croître son influence sur les institutions. Il bénéficie de prérogatives constitutionnelles progressivement étendues et de l'influence politique résultant du soutien d'une majorité disciplinée, devenant l'institution centrale d'un gouvernement parlementaire caractérisé par une « fusion des pouvoirs » déjà décrite par Walter Bagehot à la fin du XIXe siècle. Cette évolution subit cependant, avec le FTPA du 15 septembre 2011, un coup d'arrêt. C'est bien, en creux, l'un des principaux objectifs du texte que de réduire la marge de manœuvre et l'influence du *Prime Minister*, au profit du parlement, conformément aux revendications du parti du Lib-dem.

Dans les extraits du texte proposés, le terme *Prime Minister* n'apparaît qu'à trois reprises, et chaque fois dans un sens restrictif. Il se voit imposer une date fixe pour l'expiration du mandat des membres de sa majorité (section 1), et si le report exceptionnel, de 2 mois maximum, relève de sa proposition, il est soumis à des conditions et formalités impliquant notamment l'avis conforme du Parlement (voir section 1 6). Il s'agit ici de réagir à une dérive de la vie politique qui a déséquilibré le régime : dans le système britannique, ultra-représentatif et bipartisan, le leader du parti majoritaire est en quelque sorte porté par le suffrage universel à la direction du cabinet, les élections parlementaires générales devenant presque pour lui un plébiscite. En conséquence, son gouvernement peut compter sur une majorité stable et disciplinée durant toute la législature, grâce aux effets du scrutin majoritaire à un tour. En cela, il a été comparé à un « monarque élu », d'autant que le monarque s'efface, se repliant sur sa « prérogative royale » et sur pouvoirs formels et nominaux. Précisément, c'est au *Prime Minister* que revenait, jusqu'en 2011, l'exercice du droit de dissolution : en effet, si le monarque est officiellement chargé de la prononcer, la dissolution des Communes était, par une « convention de la Constitution », décidée par le *Prime Minister*, la Reine ne pouvant la lui refuser qu'à des conditions très strictes, jamais réunies en pratique. En conséquence, le Premier Ministre, en plus de ses nombreuses autres prérogatives, s'était arrogé celle de décider librement de l'opportunité d'organiser des élections législatives anticipées : la dissolution était devenue un moyen d'écourter la durée de la législature, à sa discrétion.

Apparu en 1784, lorsque W. Pitt le jeune demanda au Roi d'y recourir pour trancher un conflit politique avec la chambre des Communes, le droit de dissolution permet au pouvoir exécutif de décider l'expiration prématurée du mandat parlementaire, en renvoyant les députés devant les électeurs. Il s'exerce, en Grande-Bretagne, seulement à l'encontre de la chambre basse (comme en France, en Espagne ou en Allemagne, mais contrairement à l'Italie, par exemple), et s'inscrit dans un schéma institutionnel de type parlementaire moniste, fondé sur le couple parlement – chef de gouvernement. Alors que la dissolution, en régime parlementaire, est prévue pour faire arbitrer par les électeurs un conflit institutionnel (exemple de la dissolution prononcée car Callaghan en 1979 à la suite de la censure de son gouvernement), elle est devenue, dans la pratique politique britannique, un procédé habituel permettant d'anticiper l'expiration du mandat des députés. La dissolution de la chambre des Communes est souvent prononcée au cours de la dernière année du mandat sans autre motif que des considérations d'opportunité politique. La dissolution fut ainsi instrumentalisée par le *Prime Minister* pour choisir la date des élections et affirmer son pouvoir sur la majorité aux Communes. Ainsi permit-elle de vérifier le soutien populaire à un cabinet (dissolution décidée par Edward Heath en février 1974 dans un contexte de conflit social, dissolution de H. Wilson en décembre 1974), de prévenir un rétrécissement de majorité, ou de choisir le moment opportun pour organiser les élections dans un contexte favorable (dissolution décidée en mai 2005 par Tony Blair, un an avant l'échéance normale, à la suite de M. Thatcher en 1983, ou de leurs prédécesseurs en 1951, 1955, 1959 ou 1966 par exemple), pratique dont s'inspira d'ailleurs Jacques Chirac en France, en 1997, avec le succès que l'on connaît…

Rares sont donc les élections parlementaires générales qui se sont tenues aux échéances normales, lesquelles sont bien moins avantageuses pour le *Prime Minister* (défaite de G. Brown en 2010). Le principe des élections quinquennales étant ainsi devenu l'exception, il n'est donc pas anodin que le FTPA soit venu le réaffirmer, mettant fin à la pratique politique dite de la « dissolution de convenance ». Le Premier Ministre, contraint de justifier le moindre écart par rapport à la date fixée (section 1, point 3 FTPA), est privé de son principal instrument de pilotage de la vie politique et de pression sur les Communes. Le statut du Parlement s'en trouve ainsi théoriquement renforcé, la dissolution anticipée devenant désormais exceptionnelle, et soumise à des conditions qui ne dépendent plus principalement – en tout cas première vue – de la volonté du *Prime Minister*.

II/ Une exception désormais encadrée : les élections législatives anticipées

Dans des termes sans doute inutilement complexes, la 2e section du FTPA encadre strictement ce qui devient une exception : le recours aux élections législatives anticipées. Seules deux hypothèses sont désormais prévues : celle d'une « dissolution automatique » de la chambre des communes (point 3 à 7), conséquence de l'impossibilité de constituer une majorité de gouvernement, sur le modèle allemand (A), et celle d'une « autodissolution » de la chambre des Communes (points 1 et 2) qui pourrait, en pratique, se retrouver instrumentalisée par le *Prime Minister* (B).

A – Première exception : la « dissolution automatique » de la chambre des Communes

Prévue par les points 3 à 7 de la section 2, cette exception permet d'anticiper les élections législatives dans le cas d'un éclatement de la majorité parlementaire qui la rendrait incapable de s'accorder sur un projet de gouvernement. En effet, le système parlementaire impose au gouvernement de s'appuyer sur la confiance de la majorité parlementaire dont il tire sa légitimité, manifestée par l'investiture, le vote de la confiance, ou l'absence de vote d'une motion de défiance (*non confidence*).

Ces mécanismes coutumiers sont désormais partiellement formalisés. Lorsqu'un gouvernement est censuré par le vote d'une motion selon laquelle la chambre des Communes « n'accorde pas sa confiance au Gouvernement de Sa Majesté », par un vote à la majorité des exprimés (par convention de la Constitution, et à défaut de dispositions particulières sur ce point), il revient à la majorité parlementaire d'investir un nouveau gouvernement, par une motion indiquant que « la chambre accorde sa confiance au Gouvernement de sa Majesté ». Précisément, dans le cas où aucune majorité de substitution ne se dessinerait après un délai de 14 jours, le FTPA prévoit la dissolution de la chambre des Communes. Il s'agit là de l'une des deux exceptions au « terme fixe » du mandat parlementaire, permettant de mettre fin prématurément au mandat des députés. On note que, dans cette hypothèse, « une élection parlementaire générale anticipée doit être organisée », ce qui montre le caractère obligatoire et automatique de la dissolution, le monarque se retrouvant alors en situation de compétence liée. Il lui revient, après recommandation du Premier Ministre, d'ordonner par proclamation la date de l'élection anticipée, qui se substitue à la date normalement prévue. On peut aussi souligner l'importance du « ET » qui montre que les deux conditions fixées par le a) et le b) du point 3 sont bien cumulatives (vote de la motion de censure et expiration du délai de 14 jours pour l'adoption d'une motion d'investiture). Elles permettent de conclure à l'incapacité de la majorité, qui doit donc être renouvelée par les électeurs. On remarque également que le FTPA ne se réfère qu'implicitement au Premier Ministre, qui n'est pas mentionné : seule la confiance octroyée ou refusée collégialement au « Gouvernement de sa Majesté » et ses conséquences sont envisagées. L'accent est mis, on le voit, sur la chambre et sur ses responsabilités quant à la mise en jeu des mécanismes de responsabilité ministérielle, signe d'une aspiration à rééquilibrer le système.

Cette réforme de 2011 constitue sans doute, dans le contexte britannique, une innovation. Mais elle n'est pas sans rappeler certains mécanismes prévus par la Loi fondamentale allemande de 1949. En effet, l'article 63 LF ouvre le recours à la dissolution dans le cas où le Bundestag ne parvient pas à élire un chancelier à la majorité absolue requise. Le président fédéral dispose cependant ici d'une marge d'appréciation, exclue par les dispositions impératives du FTPA dans le cas de la Grande-Bretagne. Quant à l'article 68 LF, il correspond au cas où le Bundestag refuse de voter la confiance au Chancelier : ce dernier peut alors proposer au président fédéral, sous 21 jours, de prononcer la dissolution, une course de vitesse débutant alors avec le Bundestag qui, lui, peut tenter d'élire un chancelier de substitution. La dissolution est donc également encadrée en Allemagne, où elle est conçue comme la sanction d'une incapacité de la majorité parlementaire à s'accorder sur le soutien à un gouvernement. Cette comparaison conduit à constater un rapprochement entre les régimes parlementaires monistes britannique et allemand, le premier s'inspirant, malgré la tradition de souplesse et de pragmatisme qui le caractérise, des mécanismes rationalisés propres au second, s'agissant de l'organisation des rapports entre gouvernement et parlement. On peut ensuite remarquer que cette nouvelle réglementation du droit de dissolution outre-Manche, en ce qu'elle prive le pouvoir exécutif de toute marge d'appréciation, éloigne le modèle britannique des systèmes italien (art 88 C) ou français (le droit de dissolution y est un pouvoir non contresigné du chef de l'État, soumis seulement à certaines conditions et formalités, *cf.* article 12 Const.).

À noter enfin que cette première exception dite « dissolution automatique » risque de rester théorique : elle implique le renversement du gouvernement par une motion de défiance, alors que l'on sait que la mise en jeu de la responsabilité ministérielle du gouvernement, en Grande-Bretagne, est devenue essentiellement théorique, dans un contexte de parlementarisme majoritaire. Rappelons que le seul gouvernement renversé depuis 50 ans, celui de J. Callaghan en mars 1979, l'a été d'une seule voix à raison d'un concours exceptionnel de circonstances ! À l'avenir, les crises politiques (hors « crises sèches » internes au parti majoritaire, qui n'entrent pas en ligne de compte dans le cadre du FTPA) devraient rester exceptionnelles, d'autant que le mode de scrutin, sur lequel se fonde le système politique, a été confirmé par référendum en 2011…

B – Deuxième exception : « l'autodissolution » de la chambre des Communes

Cette exception se présente, comme la précédente, sous la forme de deux alinéas reliés par une conjonction de coordination « ET », montrant leur caractère cumulatif. Elle consiste dans la possibilité pour la chambre des Communes de décider elle-même de sa dissolution. Ceci à condition d'adopter une motion en ce sens, formulée de la façon précise, à la majorité qualifiée des 2/3 du nombre de sièges de la chambre des Communes. En effet, les sous-sections 1 et 2 de la Section 2 disposent qu'« une élection parlementaire générale anticipée sera organisée si la chambre des Communes adopte une motion » prévoyant que « la tenue d'une élection parlementaire générale anticipée doit avoir lieu », à la majorité des « deux tiers du nombre de sièges à la Chambre des Communes (y compris les sièges vacants) ». La majorité qualifiée exigée, comme la formulation exacte imposée pour la motion, montre une fois de plus le souci d'une rationalisation du mécanisme, protégé des manœuvres, de détournements et des pressions inhérentes à la vie politique. La chambre des Communes peut ainsi s'auto-dissoudre volontairement, afin de redonner la parole aux électeurs invités à constituer une nouvelle majorité de gouvernement. Elle récupère ainsi, théoriquement, un moyen de pression face au Cabinet, qu'elle peut renvoyer devant les électeurs de la même façon qu'elle pouvait déjà lui refuser la confiance. Pourtant, les réalités de la pratique politique britannique ne doivent pas être ignorées, qui pourraient bien modifier cette lecture du mécanisme. De la même façon que la majorité parlementaire n'est pas encline à voter la censure contre un gouvernement qu'elle soutient (rares exemples de la censure des gouvernements MacDonald en 1924 ou Callaghan en 1979), elle devrait être assez réticente à l'idée de priver ses membres de l'exercice de la totalité de leur mandat, tout en offrant à l'opposition une occasion de reprendre la main. L'autodissolution devrait correspondre à des hypothèses exceptionnelles de crise ou de délitement de la majorité.

Reste un risque inhérent à la structure du gouvernement parlementaire britannique, sans doute contraire à l'esprit du mécanisme : la majorité peut décider de s'auto-dissoudre sur demande ou sous la pression du Premier Ministre, dans la mesure où celui-ci conserve une large influence sur sa majorité, dans un contexte de bipartisme qui encourage les *backbenchers*, sous la surveillance des « *whips* » du parti, à rester disciplinés au service de la majorité. L'hypothèse d'une instrumentalisation par le *Prime Minister* du mécanisme d'auto-dissolution n'est pas que fictive, si l'on considère les précédents allemands en la matière. Le Chancelier a déjà eu l'occasion de demander à sa majorité de lui refuser la confiance, de façon à ouvrir le droit de recours à la dissolution (voir la manœuvre en ce sens d'Helmut Kohl en 1982), manipulation dénoncée qui conduisit d'ailleurs à un recours auprès de la Cour constitutionnelle en 1983. Elle ne fut cependant pas interdite, si bien qu'en 2005 également, les élections législatives ont fait suite à une dissolution prononcée par le Président fédéral rendue possible par le refus d'une motion de confiance au chancelier Schröder (art. 68 de la LF). Or la manœuvre avait été orchestrée par le Chancelier lui-même, qui avait sollicité ce refus auprès de sa majorité ! Si le *Prime Minister*, en Grande-Bretagne, venait à être inspiré par ces précédents, aucun tribunal constitutionnel ne pourrait lui opposer résistance, pas plus que la Reine, limitée à « un rôle de consultation, d'avertissement et d'encouragement », selon la formule de Bagehot en 1867… On peut donc constater que le texte du FTPA, s'il encadre strictement les exceptions permettant le recours aux élections législatives anticipées, n'a pas éliminé tout risque de manipulation de la majorité par le *Prime Minister*. À moins qu'il ne s'agisse ici d'une marge de manœuvre résiduelle préservant pour les institutions politiques une forme de souplesse qui, à travers les siècles, a plutôt, jusqu'à présent, réussi au régime britannique…

Ve République : les pouvoirs

Thème principal

Le régime politique de la Ve République

Mots-clés

Responsabilité du président de la République, Candidat à l'élection présidentielle, Conseil constitutionnel, Dissolution, Cohabitation, Session parlementaire, Référendum, Révision constitutionnelle, Pouvoirs de crise

Sujet donné et corrigé établi par

Pierre Mouzet, Maître de conférences, Université de Tours

Second semestre 2014-2015

› *Cas pratique*

1. Nous sommes mi-octobre 2022 : vous entamez votre quatrième année de doctorat, votre thèse portant sur « La non-révision de la Constitution de 1958 depuis 2008. Essai d'analyse stratégico-normative ». Mais l'actualité vous accapare : un journal d'investigation en ligne vient de publier les preuves que la toute nouvelle Présidente de la République, Mme Poissonnier, a dépensé pour se faire élire à l'Élysée plus du double du plafond autorisé et que ces fonds provenaient pour leur plus grande partie du gouvernement et d'entreprises d'un État étranger dont la France s'est rapprochée, depuis son élection, sur la scène géopolitique et économique internationale. C'est justement votre deuxième séance de travaux dirigés de l'année en droit constitutionnel et il vous faut mettre un peu d'ordre dans le débat qui a spontanément embrasé la salle (à un étudiant qui souffle : « *on peut rien faire, d't'façon, elle est au pouvoir, t'sais* », un autre réplique : « *ça va pas, on va la guillotiner, ouais !* ») car le pays ne parle plus que de cela. **Vous leur expliquez ce qui va probablement se passer dans les prochaines semaines.**

2. Fin janvier, alors que la campagne électorale bat son plein, le ministre de l'Intérieur Martial Coiffeur, l'ancien bras droit de Marie Poissonnier, qui brigue sa succession, s'écroule sur l'estrade, en plein meeting, victime d'une attaque cérébrale foudroyante. Il venait d'annoncer sous les ovations des militants qu'il allait déposer le lendemain, date limite de dépôt des présentations de candidatures, plus de 5 000 parrainages ! Les chaînes de télévision d'information continue basculent immédiatement en édition spéciale, d'autant plus aisément que nombre de journalistes étaient sur place. Toute la nuit, les réseaux sociaux relaient spéculations et rumeurs, y compris les habituels délires complotistes. Le lendemain, vous, vous avez justement une séance de TD à 8 heures : certains étudiants ne sont pas encore au courant et aucun n'a pour l'heure entendu d'analyse juridique de la situation ; voici un excellent cas pratique à leur soumettre, vous dites-vous ! Mais ils sèchent... **Heureusement, il y a là Agnan Lespoire, votre meilleur étudiant, qui explique point par point les règles à ses camarades.**

3. Le 21 avril, le Président de la République, Paul Paysant, annonce qu'il a décidé de dissoudre l'Assemblée nationale. Au Palais Bourbon, le Président Kevin Le Boucher s'offusque de n'avoir été reçu qu'un quart d'heure et crie au coup d'État, relayant ainsi la ligne éditoriale de certains journaux. Il affirme qu'il va saisir le Conseil constitutionnel. **Vous publiez sur votre blog une petite note à ce sujet.** Le second tour des législatives, première mise en œuvre du nouveau mode de scrutin consacré par la loi du 13 mai 2020, a lieu le dimanche 21 mai : à la surprise générale, la Coalition Jaune et son leader, Agathe Tisserand, emportent la majorité absolue, contre le camp présidentiel. Le jeudi 1er juin, le Président Paysant adresse un message aux Chambres, disant en substance : nous n'avions pas connu de cohabitation depuis vingt ans mais le peuple souverain l'a voulue et il appartiendra au Gouvernement d'en respecter les règles. Le 4, au déjeuner chez Tante Berthe, quand son petit-neveu de cinq ans demande ce que cela veut dire, « caobibitation », **vous en profitez pour l'expliquer à Léopoldine, sa grande sœur qui révise son bac.**

4. La Coalition Jaune veut agir vite. Une loi d'habilitation a été promulguée, déjà, pour réformer dans les six mois certaines dispositions du Code du travail et les ordonnances sont en cours de rédaction. Le Parlement discute de la future loi de finances rectificative. Un projet de loi supprimant le collège unique créé en 1975 est adopté en procédure accélérée, qui prévoit d'une part d'instituer des Collèges de Formation aux Études Longues (CFEL) et des Collèges de Formation Par l'Apprentissage (CFPA) et, d'autre part, d'en confier la responsabilité non plus aux Conseils départementaux mais aux Régions ou, sur leur territoire, aux Métropoles, la même répartition des compétences s'appliquant à la gestion des lycées. Le dernier mot a été accordé aux députés sur cette « Loi Tourneur », du nom de la ministre de l'Éducation nationale, et soixante-huit sénateurs saisissent le Conseil constitutionnel. Or, le soir du 30 juin, ce dernier annonce avoir censuré l'article 3 de la « Loi Tourneur » : le lundi 3 juillet, **vous assurez justement des oraux de rattrapage et demandez à Eudes Lefort de vous expliquer ce que le Gouvernement peut faire.**

5. Parallèlement, le Premier ministre avait officiellement annoncé courant juin, lors d'une conférence de presse, son intention de voir soumise au référendum la suppression des départements : elle serait effective à compter de 2027, à l'issue du mandat des conseillers départementaux élus en mars 2021. La Coalition Jaune y est évidemment favorable : la mesure figurait en assez bonne place dans son programme électoral. Si aucun parlementaire ne préside plus de Conseil départemental depuis la mise en œuvre de la loi du 14 février 2014, quelques-uns cumulent encore, notamment des sénateurs. Au Palais du Luxembourg, la perspective d'une telle disparition passe mal. Toutefois, le Président du Sénat et la majorité sénatoriale elle-même se sont dit favorables au fait de voir le peuple trancher, persuadés que le corps électoral répondra « non ». Voici un excellent cas pratique pour vos épreuves orales ! Ainsi, **vous demandez à Marie-Edwige Voisine si la Constitution de 1958 autorise un tel référendum et si le Conseil constitutionnel peut être saisi, par**

exemple *via* une QPC soulevée par un Président de Conseil départemental.

6. L'été a passé, votre thèse a bien avancé et vous devriez la soutenir avant la fin de l'année. Mais les travaux dirigés ont repris, tandis que les événements politiques dispensent leur lot de cas pratiques constitutionnels... L'actualité internationale est justement dramatique : le 1er novembre à l'aube, les troupes armées d'un État d'Amérique latine qui a sombré dans la dictature avec le coup d'État militaire perpétré fin 2016 s'emparent de plusieurs îles des Caraïbes, dont Saint-Barthélemy et Saint-Martin, et menacent la Guadeloupe. Bien sûr, le Conseil de Sécurité de l'Organisation des Nations unies est saisi, mais l'on peut craindre les tergiversations liées à la complexité des relations internationales. Au demeurant, l'intervention d'une coalition armée constituée par plusieurs États est difficile à organiser à court terme. Le vendredi 3 novembre, vous interrogez vos étudiants sur le rôle de la France : **à Geoffroy Leriche, vous demandez d'expliquer à ses camarades si le Président Paysant peut utiliser l'article 16 ; à Maixent Lepingre, si l'exécutif français dispose d'une autre voie pour libérer ces territoires...**

Durée de l'épreuve : 3 heures.

Aucun document autorisé.

› Préparation

Analyse du sujet

Ce cas pratique, aux multiples questions, permet de passer en revue les principales difficultés de la Vᵉ République. Partant d'une situation de crise (démission ou destitution du président de la République), le sujet permet d'en étudier certains effets : élection présidentielle, dissolution, cohabitation, etc. Par ailleurs diverses questions annexes sont étudiées : le contrôle de constitutionnalité des lois, les pouvoirs de crise...

› Corrigé

1 • La perte de mandat d'une éphémère Présidente de la République (4 points)

Il est probable que Mᵐᵉ Poissonnier doive quitter l'Élysée dans les prochaines semaines, en raison soit de sa démission, soit de sa destitution. Plus tard, car le Conseil constitutionnel ne se prononcera pas aussi vite, elle devrait rembourser à l'État l'avance sur ses frais de campagne et lui verser en punition une somme égale au dépassement du plafond légal ***(1 point bonus)***. Rappelons au besoin que l'art. 66-1 Const. inséré en 2007 dispose : « Nul ne peut être condamné à la peine de mort » ***(0,5 point bonus)*** !

Depuis la révision du 23 février 2007, l'art. 67 Const. précise certes que « le Président de la République n'est pas responsable des actes accomplis en cette qualité », sous réserve d'une saisine de la Cour pénale internationale hors de propos ici (art. 53-2 Const.) **(0,5 point)** ; mais l'art. 68, applicable depuis l'entrée en vigueur de la LO du 24 novembre 2014, prévoit qu'il peut être destitué « par le Parlement constitué en Haute Cour », qui statue « dans un délai d'un mois », chaque assemblée devant se prononcer dans les quinze jours : il faut que les trois assemblées votent favorablement à la majorité renforcée des deux tiers de leurs membres respectifs (soit 385 députés, 232 sénateurs et 617 parlementaires), mais il aura suffi d'une proposition de résolution motivée et signée par 58 députés ou par 35 sénateurs (art. 1ᵉʳ LO) et, donc, au total d'environ huit à dix semaines **(0,5 point)**.

Avant 2007, la Constitution exigeait une « haute trahison » pour que la Haute Cour de justice condamne le chef de l'État. Aujourd'hui, il ne peut être privé de son mandat (et éventuellement renvoyé devant les juridictions ordinaires pour les actes commis avant ou après son élection) « qu'en cas de manquement à ses devoirs manifestement incompatible avec l'exercice de son mandat » (art. 68, al. 1). Tout le problème est de savoir si les faits, prouvés, commis par Mme Poissonnier sont ainsi qualifiables. Juridiquement, elle a violé la loi sur le financement de la vie politique, d'une manière manifeste et importante, et, surtout, cet argent provient d'un État étranger ensuite favorisé. Le premier de ses devoirs étant de veiller au respect de la Constitution et à l'indépendance nationale (art. 5), le manquement requis paraît caractérisé **(0,5 point)** ; de toute façon, les assemblées en sont les seuls juges **(0,5 point)**. Politiquement, certes, il n'est pas sûr que les majorités requises soient atteintes mais, si le pays ne parle plus que de cela, il est vraisemblable que, pour les parlementaires, même de son camp, la destitution soit la meilleure manière de couper court au scandale. Il est pratiquement certain qu'une proposition de réunion de la Haute Cour soit déposée dans l'une ou l'autre assemblée, voire les deux ; il est possible qu'elle soit adoptée et, puisque les majorités sont les mêmes, le chef de l'État destitué dans les prochaines semaines **(0,5 point)** ; et il est vraisemblable que Mme Poissonnier remette tout simplement sa démission, à n'importe quel stade de la procédure **(1 point)**.

« Dès lors, la présidence sera déclarée vacante par le Conseil constitutionnel et le Président du Sénat assurera l'intérim jusqu'à la prochaine élection présidentielle » (art. 7) **(0,5 point)**.

2 • La disparition d'un important candidat à l'élection présidentielle (2 points)

Agnan Lespoire : « Les règles de droit sont claires. Depuis la révision constitutionnelle du 18 juin 1976, l'article 7 régit l'hypothèse de la disparition d'un "candidat", qu'il soit décédé ou se trouve empêché. S'il s'agit d'un candidat au sens juridique du terme, c'est-à-dire après que la liste officielle en a été arrêtée par le Conseil constitutionnel (avant le premier tour comme avant le second), ce dernier doit reporter le scrutin, de trente-cinq jours au plus. S'il s'agit d'un candidat au sens politique du terme, c'est-à-dire une personne ayant "annoncé publiquement sa décision d'être candidate" dans le mois précédant la fin des parrainages et, seconde condition, que sa disparition a lieu "dans les sept jours précédant la date limite" de leur dépôt, alors le Conseil constitutionnel "peut décider de reporter l'élection".

Ici, outre la "disparition" de Martial Coiffeur, ces deux conditions sont réunies : d'une part, on n'annonce pas que l'on a réuni autant de signatures, à plus forte raison dans un meeting électoral, si l'on n'est pas candidat ; d'autre part, c'est justement aujourd'hui vendredi la date limite du dépôt des présentations de candidature et, hier, on était bien dans les sept jours précédents. Donc le Conseil constitutionnel va devoir choisir **(1 point)**.

À mon avis, il va décider de reporter l'élection. D'abord, c'est un candidat important, ministre en exercice, nouveau leader du parti de la Présidente sortante, et empêcher un tel camp de trouver un candidat de substitution pourrait être considéré comme une atteinte au pluralisme. Ensuite, trente-cinq jours au plus, ce n'est pas très long. Enfin, s'il reporte, on ne peut pas lui reprocher d'assimiler en pratique les deux sens de "candidat", tandis que, s'il ne reporte pas, on va lui reprocher d'entraver un parti et de favoriser tel ou tel autre... **(1 point)**. »

3 • La dissolution de l'Assemblée nationale (3 points) et la quatrième cohabitation (3 points)

Post du 22 avril 2023 sur le blog : « Le Président Le Boucher fait mine d'ignorer la Constitution en criant au coup d'État ! Qu'il saisisse le Conseil : il n'aura pas gain de cause !

Les règles relatives au droit de dissolution sous la Ve République sont extrêmement simples. L'art. 12 en fait un pouvoir discrétionnaire du Président de la République, le décret de dissolution n'ayant même pas à être contresigné par les membres du gouvernement (art. 19) : l'al. 1 n'exige qu'une simple "consultation" préalable (un avis obligatoire mais non un avis "conforme", qui devrait être suivi) du Premier ministre et des présidents des assemblées parlementaires ; il n'y a pas, notamment, à consulter le Conseil constitutionnel comme c'est le cas pour l'art. 16. La seule limite à ce droit ainsi étendu par la Constitution de 1958 et plusieurs fois exercé sous la Ve République est prévue par l'art. 12, al. 4 : pas de nouvelle dissolution dans l'année qui suit les élections consécutives à une première dissolution. Cette règle est si connue et sa violation serait si flagrante qu'il est inimaginable qu'un Président de la République commette ainsi ce qui serait un réel coup d'État **(1 point)**.

Le Conseil constitutionnel, juge d'attribution, n'est en principe pas compétent pour connaître d'un décret et nul ne peut le saisir ici d'une demande d'avis. Il est vrai qu'en vertu de l'art. 59 il "statue, en cas de contestation, sur la régularité de l'élection des députés", mais il ne peut normalement être saisi, par n'importe quel électeur, qu'*après* le scrutin, justement **(1 point)**. Il existe une exception, la jurisprudence *Hauchemaille* : s'il estime que l'irrecevabilité d'un recours *a priori* nuirait à l'efficacité de son contrôle et au "fonctionnement normal des institutions", il peut accepter de se prononcer *avant* le scrutin ; si l'inconcevable se produisait et qu'un Président prenne un décret violant la règle "dissolution sur dissolution ne vaut", il est vraisemblable que des électeurs et des acteurs institutionnels en saisiraient le Conseil et que celui-ci oserait annuler un tel décret, manifestement inconstitutionnel ***(1 point bonus)***.

Dans notre affaire, le Président de l'Assemblée nationale a beau jeu de crier au "coup d'État" sous prétexte qu'il ne souhaite pas voir la Chambre dissoute et qu'il n'a été reçu par le chef de l'État qu'un quart d'heure : il doit savoir qu'une décision politiquement déplaisante n'est pas en soi un acte juridiquement irrégulier. Nulle prescription n'exige de durée minimale. Sa formule, partisane et excessive, ne correspond pas à la qualification juridique des faits. Si jamais il saisit effectivement le Conseil constitutionnel, que ce soit d'un recours contentieux ou d'une demande d'avis, en tant que citoyen ou en tant que parlementaire, le juge constatera l'irrecevabilité de sa demande **(1 point)**. »

À Léopoldine : « La cohabitation est le mot banalisé par le futur Premier ministre de 1993, Edouard Balladur, il y a quarante ans, et consacré par la pratique après qu'elle est réellement advenue, en 1986, pour caractériser la situation institutionnelle dans laquelle le Président de la République et le Gouvernement ne sont pas de la même couleur politique : en résumé, le chef de l'État peut être aussi, en fait, le chef de l'opposition. C'est un système politique très différent du présidentialisme, pensé et pratiqué par le général de Gaulle et ses premiers successeurs : la cohabitation repose d'une part sur le fait que le Président de la République n'est pas tenu de démissionner même après que les électeurs lui ont manifesté leur défiance lors des élections législatives et, d'autre part, sur le caractère parlementaire de la Ve République, qui exige que le Gouvernement jouisse de la confiance de la majorité des députés et donc qu'il soit politiquement à son image. Elle a eu lieu, à l'époque où le Président était élu pour sept ans, c'est-à-dire deux de plus que l'Assemblée, deux fois à la fin des mandats de F. Mitterrand, entre 1986 et 1988 puis entre 1993 et 1995, et une fois sous la présidence de J. Chirac (alors même que lui avait, déjà un 21 avr., dissous l'Assemblée) et pour cinq ans, entre 1997 et 2002, à fronts politiques renversés **(1 point)**.

La première règle de la cohabitation est que le Gouvernement Tisserand "détermine et conduit la politique de la Nation", conformément à l'art. 20, al. 1, Const., et sans avoir à suivre comme dans le système présidentialiste les orientations politiques voulues par le Président de la République ; le Premier ministre et le Gouvernement disposent pleinement de toutes leurs attributions **(0,5 point)**. La deuxième est que différents pouvoirs présidentiels, étendus par l'interprétation présidentialiste, sont neutralisés : par exemple, l'arme du référendum lui est politiquement interdite puisque le texte exige une proposition du Gouvernement ou des deux assemblées **(0,5 point)**. La troisième règle est que le Président de la République conserve cependant plusieurs pouvoirs importants en pratique, sur la scène internationale ou en politique intérieure, comme refuser des nominations (art. 13), de signer des ordonnances (art. 38), une révision de la Constitution (art. 89), etc. **(0,5 point)**. La dernière règle est que la durée de la cohabitation est en principe de cinq ans au plus, mais qu'elle peut en théorie être à tout moment interrompue par le Président Paysant, s'il s'aventurait à dissoudre à nouveau l'Assemblée nationale, une arme dont il ne disposera cependant que l'année prochaine, à partir du 22 mai 2024 **(0,5 point)**. »

4 • La censure partielle d'une loi à la clôture de la session ordinaire (2 points)

Eudes Lefort : « L'art. 28, al. 1, Const. dispose que le Parlement se réunit en une session ordinaire du premier jour ouvrable d'octobre au "dernier jour ouvrable de juin". Depuis vendredi dernier, 30 juin, elle est donc close. Par ailleurs, l'art. 62, al. 1, interdit de promulguer une disposition déclarée inconstitutionnelle sur le fondement de l'art. 61, comme c'est le cas d'une loi ordinaire déférée par plus de 60 députés ou plus de 60 sénateurs. Mais la pratique et la jurisprudence, en particulier la décision du Conseil constitutionnel du 23 août 1985, ont prouvé que le Président de la République disposait d'un choix en cas de censure partielle : soit promulguer la loi amputée de la ou des parties inconstitutionnelles (par hypothèse détachables du reste de la loi, sinon il y aurait eu censure totale), ce qui est généralement le cas ; soit demander au Parlement une nouvelle délibération de la loi, laquelle "ne peut lui être refusée" dit l'art. 10. Dans ce dernier cas, il faut ouvrir une session extraordinaire et l'art. 30 exige pour cela un décret présidentiel **(1 point)**.

S'agissant de la loi Tourneur, le Gouvernement est donc largement dépendant du chef de l'État, alors que nous sommes en cohabitation : le Président Paysant n'a aucune raison de faciliter la tâche de Mme Tisserand... De deux choses l'une : ou bien le Gouvernement considère que la disposition censurée n'était pas très importante, en tout cas tellement qu'elle vaille le risque d'un conflit politique, et il n'a rien d'autre à faire que d'attendre que le Président promulgue, sous quinze jours, la loi amputée ; ou bien le Gouvernement tient l'article 3 pour crucial et souhaite voir le Parlement en discuter à nouveau pour le réécrire d'une manière conforme à la Constitution, mais alors il est doublement dépendant du Président Paysant : le Premier ministre Tisserand devra lui demander, en application de l'art. 29 Const., de réunir le Parlement en session extraordinaire, puis le Président devra accepter une nouvelle délibération soit de la loi Tourneur, soit de son article 3, en application de l'art. 10 Const. **(1 point)**. La seule solution constitutionnelle pour échapper à ce double *veto* présidentiel serait d'attendre l'ouverture de la session ordinaire début d'octobre et de soumettre aux parlementaires un nouveau projet reprenant le texte censuré une fois corrigé ; encore le Président de la République pourrait-il s'opposer à son inscription à l'ordre du jour du Conseil des ministres, comme Jacques Chirac l'avait fait en 2001 ***(1 point bonus)***. »

5 • Le référendum de suppression des départements (4 points)

Marie-Edwige Voisine : « Puisque l'intention du Premier ministre c'est la suppression "des" départements, la catégorie elle-même (et pas seulement par exemple les départements urbains), mentionnée à l'art. 72, al. 1 ***(0,5 point bonus)***, il faut une révision de la Constitution : ce n'est pas interdit, on ne touche pas à la "forme républicaine du gouvernement" protégée par le dernier alinéa. Normalement, il faut passer par l'article 89, que les deux assemblées adoptent un texte en termes identiques ; après, il peut y avoir un référendum **(0,5 point)**. Par contre, le Conseil constitutionnel est incompétent pour juger une révision constitutionnelle, il l'a décidé le 26 mars 2003 (469 DC) **(0,5 point)**.

Mais l'initiative de la révision, l'art. 89 al. 1 l'accorde au Président de la République et il n'est pas sûr que M. Paysant accepte. C'est vrai qu'en pratique presque un tiers des révisions ont eu lieu en période de cohabitation ***(0,5 point bonus)***. Par contre, si le Sénat vote un projet de révision, il prend le risque de voir le Président Paysant opter finalement pour le Congrès prévu à l'al. 3, même s'il lui faudrait le contreseing de Mme Tisserand, et, du coup, s'il y a Congrès, le peuple serait empêché de dire "non", alors que c'est le but de la majorité sénatoriale… ***(0,5 point bonus)***. D'un autre côté l'initiative de la révision peut être prise par un parlementaire de la Coalition Jaune et, avec une "proposition", le Congrès est interdit et le référendum obligé ***(0,5 point bonus)***.

De toute façon, il est possible que le Sénat, qui est contre, au fond, oppose un *veto* à un projet ou une proposition de révision de l'art. 72. Si, politiquement, la voie de l'art. 89 est "bouchée", comme disait le général de Gaulle, il reste le référendum direct de l'art. 11 : c'est une procédure contestée mais, formellement, on est bien dans "l'organisation des pouvoirs publics" visée à l'al. 1 et il y a des précédents de 1962 et 1969. D'ailleurs, si majorité et opposition sont d'accord pour qu'on consulte le peuple, on ne voit pas comment la suppression des départements ne serait pas soumise au référendum. En fait, l'important c'est surtout le Président de la République, parce que c'est lui qui, par son interprétation, "autorisera" ou non ce scrutin **(1 point)** !

Quant au contrôle de constitutionnalité, le Conseil d'État considère que l'article 11 est réservé au référendum législatif (ainsi l'arrêt *Sarran* de 1998), tout comme l'est le référendum d'initiative minoritaire (ou partagée) inventé en 2008, mais il n'est pas compétent ***(1 point bonus)***. Le Conseil constitutionnel peut l'être : pas sur le fondement de l'art. 61, c'est-à-dire entre l'adoption et la promulgation, sur saisine parlementaire, il a jugé le 6 novembre 1962 (20 DC) que sa compétence est limitée aux textes votés par le Parlement et il l'a répété en 1992 **(0,5 point)** ; mais il peut être saisi, avant que le peuple n'ait voté, des principaux actes de préparation du scrutin (notamment le décret présidentiel qui aura décidé le référendum) par n'importe quel électeur, donc évidemment un conseiller départemental, en application de la jurisprudence *Hauchemaille* lancée le 25 juillet 2000, sur le fondement de l'art. 60 Const. **(0,5 point)**. Une question prioritaire de constitutionnalité (QPC), sur le fondement de l'art. 61-1, n'est pas recevable : une loi référendaire, "expression directe de la souveraineté nationale", ne peut pas non plus être mise en cause par un justiciable, dans le cadre d'un procès ; la doctrine l'a dit dès l'origine, en 2010, en s'appuyant sur la jurisprudence constante dans le contrôle *a priori*, puis le Conseil constitutionnel (QPC 392) l'a confirmé le 25 avril 2014 **(1 point)**. »

6 • L'invasion de territoires français outre-mer (2 points)

Geoffroy Leriche : « L'article 16 de la Constitution de 1958 est très connu : "Lorsque les institutions de la République, l'indépendance de la nation, l'intégrité de son territoire ou l'exécution de ses engagements internationaux sont menacées d'une manière grave et immédiate et que le fonctionnement régulier des pouvoirs publics constitutionnels est interrompu, le Président de la République prend les mesures exigées par ces circonstances, après consultation officielle du Premier ministre, des présidents des assemblées ainsi que du Conseil constitutionnel" ; les alinéas suivants, complétés en 2008, prévoient un message à la nation et les contrôles du Conseil et du Parlement. Le texte pose deux conditions. La première est clairement remplie puisque Saint-Barthélemy et Saint-Martin sont des îles françaises, d'ailleurs l'article 72-3 y fait expressément référence ***(0,5 point bonus)***, le territoire de la République est donc déjà envahi ; la Guadeloupe, "menacée", entre elle-même dans le cadre prescrit, sans même invoquer les autres cas ; et une invasion armée est évidemment grave et immédiate **(0,5 point)** ! La seconde condition est plus délicate à apprécier : bien sûr, ce ne sont pas les pouvoirs publics parisiens, donc "constitutionnels" *stricto sensu*, dont le fonctionnement régulier est interrompu, ce qui explique qu'à l'Élysée on n'ait encore rien annoncé ; mais quand de Gaulle a mis en œuvre l'article 16, deux jours après le putsch des généraux en avril 1961, ce n'était pas non plus Paris qui était en cause, mais l'Algérie, alors on peut juger la seconde condition remplie aussi… **(0,5 point)**. »

Maixent Lepingre : « Il y a une série de dispositifs qui permettent d'accroître les pouvoirs de police, y compris avec des moyens militaires comme dans "l'état de siège" prévu à l'art. 36 Const., ou encore la loi de 1955 sur l'état d'urgence, voire le Plan Vigipirate ***(0,5 point bonus)***. Mais, là, c'est clairement un problème de conflit armé, alors on pense à l'article 35. L'art. 35, al. 2, Const., introduit en 2008, ne vise que l'intervention des forces armées françaises "à l'étranger" ; évidemment, on peut prétexter une intervention dans les îles non françaises des Caraïbes et en profiter pour protéger la Guadeloupe et libérer Saint-Barthélemy et Saint-Martin, mais il me semble que cette voie-ci n'est pas juridiquement adaptée et que l'exécutif (l'art. 35 parle du "Gouvernement") ne peut pas en disposer dans le cas présent **(0,5 point)**. L'autre voie qui s'impose est "la déclaration de guerre" visée au premier alinéa. En revanche, l'exécutif ne peut pas en disposer seul puisque l'art. 35 exige qu'elle soit "autorisée par le Parlement". Mais cela ne devrait poser de problème ni politiquement, ni juridiquement : c'est bien un État qui a envahi le territoire français et déployer nos forces armées aux Antilles serait de la légitime défense **(0,5 point)**... »

Ve République : les pouvoirs

› *Dissertation*

La présidentialisation des institutions sous la Ve République française.

Thème principal

Le président de la République

Mots-clés

Constitution, Régime parlementaire, Présidentialisme, Chef de l'État, Majorité parlementaire

Sujet donné et corrigé établi par

Raphaël Porteilla, Maître de conférences, avec le concours de l'équipe pédagogique, Université de Bourgogne

Second semestre 2014-2015

› *Préparation*

Analyse du sujet

Le sujet proposé aux étudiant(e)s les invite à réfléchir sur un thème assez général qui traverse l'ensemble de la Ve République. Il s'agit donc ici d'avoir une vision assez large des évolutions politiques françaises ainsi qu'une bonne maîtrise du texte constitutionnel et de ses modifications.
Un tel sujet ne présente donc pas de difficulté majeure dans son énoncé à condition de bien définir/délimiter ses contours et de toujours garder à l'esprit le nécessaire lien entre connaissances et sujet ; le risque étant ici de « déborder » le sujet ou au contraire de n'en percevoir que certaines dimensions.
Sans doute de manière un peu spécifique un tel sujet ne semblait pas devoir ouvrir sur de nombreux plans ; au contraire, deux idées maîtresses pouvaient apparaître rapidement : la présidentialisation prévue dans le texte de 1958 et ses évolutions et les pratiques institutionnelles qui ont renforcé cette tendance tout en nuançant quelque peu selon les contextes.
En outre, comme tout sujet sur la Ve République, celui-ci doit s'inscrire dans son cadre général, soit le régime parlementaire qui incontestablement a été amené à subir les conséquences de cette présidentialisation.
C'est ici d'ailleurs une des questions importantes que ce sujet appelle à traiter : comment la présidentialisation des institutions infléchit ou non le régime parlementaire français ? Cela nécessite donc de définir la notion de présidentialisation des institutions et de ne pas la confondre avec la notion de régime présidentiel.
Une fois ce premier travail de réflexions mené, les connaissances triées et posées au brouillon (passage indispensable bien que variable dans le temps), reste à organiser dans le plan, les sous-parties qui ici se révèlent être très importantes pour la démonstration. De la sorte, la problématique pourra être construite en tentant de démontrer comment la présidentialisation des institutions est tout à la fois la marque de la cinquième République, celle des Présidents en fonction (en particulier le premier d'entre eux) et de l'ensemble des pratiques institutionnelles.
Ainsi, les dimensions juridiques comme les évolutions politiques doivent-elles être prises en compte afin d'organiser la problématique générale, soit la manière dont les étudiant(e)s ont compris le sujet et envisagent de le traiter. L'énonciation de la problématique est ici essentielle afin de montrer quelle perspective est envisagée ; la clarté de la progression et la cohérence sont donc primordiales.

Trois conseils peuvent être formulés pour traiter ce sujet dans les conditions d'un examen de trois heures en première année de droit.

- Le premier conseil vise à définir/cerner le sujet à partir des définitions, principalement les notions de présidentialisation des institutions et du régime parlementaire. Les deux concepts doivent être confrontés pour démontrer que la Ve République se voulant parlementaire s'est toutefois accommodée d'un Chef d'État restauré et en capacité d'agir et comment les pratiques et les évolutions politiques ont contribué à en renforcer la tendance, tout en observant quelques nuances à la faveur des cohabitations. L'essentiel dans une dissertation est de justifier le plan retenu en l'appuyant sur une problématique répondant au sujet.
- Le second conseil porte sur le choix du plan qui ne semble pas ici constituer une réelle difficulté *a priori* ; les deux idées principales étant finalement assez apparentes. Le problème réside plutôt dans l'articulation des sous-idées/sous-parties afin de proposer une progression cohérente. Il sera donc question de bien répartir les connaissances pour éviter les répétitions potentielles, voire les oublis et ne pas nécessairement utiliser toutes les connaissances, seulement celles qui aident à l'analyse, ce que peu d'étudiant(e)s font au final.
- Enfin, troisième conseil, en lien avec ce qui précède, il faut apporter un soin particulier à l'organisation et à l'énonciation des connaissances avant de passer à la rédaction. Ce temps de réflexion doit permettre de lier les deux champs de connaissances, juridiques et politiques.

Il conviendra bien entendu de ne pas négliger la relecture finale tant sur la forme que sur le fond, ultime étape que l'étudiant(e) omet (trop) souvent.

Plan du corrigé

I/ Le Président de la République, « clef de voûte des institutions »

A – Le statut spécifique de chef de l'État

B – Le Président de la République : un acteur politique

II/ La présidentialisation en actes

A – La marque initiale du Général De Gaulle

B – Le fait majoritaire : source de renforcement du Président de la République

› *Corrigé*

Si le Chef d'État a pendant longtemps été considéré en France comme une simple autorité morale, il en est différemment avec la consécration de la Constitution de 1958. Sous la forte influence du

Général De Gaulle qui depuis le discours de Bayeux en 1946 a clairement précisé sa position au regard du Président de la République, la nouvelle constitution, tout en conservant le caractère parlementaire des République précédentes, a opéré un réhaussement de la fonction présidentielle au point de considérer que le chef de l'État est en mesure d'irriguer/irradier l'ensemble des institutions. Pourtant le régime politique de la Ve République demeure bien parlementaire à travers la séparation souple des fonctions, matérialisée par une faculté de révocation mutuelle, par une spécialisation fonctionnelle mais non exclusive, d'où une nécessaire collaboration entre les pouvoirs (notamment lors de la procédure législative) et enfin par un exécutif bicéphale.

Toutefois en son sein, si le constituant de 1958 a entendu faire du Président un arbitre (art. 5), il l'a aussi doté de capacités d'action (art. 19) qui selon les contextes politiques et les personnalités en charge de la fonction peuvent tendre vers une réelle présidentialisation des institutions françaises, qui se caractérise par l'importance grandissante du Président dans le régime politique français, et pourrait venir heurter le cadre parlementaire classique.

Aussi, si la présidentialisation des institutions puise ses racines dans le texte constitutionnel de 1958 lui-même (I), la pratique institutionnelle en renforcera également la tendance, en dépit de quelques atténuations circonstanciées (II).

I/ Le Président de la République, « clef de voûte des institutions »

En suivant le discours de M. Debré prononcé à l'été 1958 devant le Conseil d'État, le Président de la République est considéré comme la clef de voûte des institutions. Cette notion se matérialisera alors dans le texte constitutionnel de 1958 à travers le statut spécifique du Président et le rôle d'acteur politique, quelque peu novateur.

A – Le statut spécifique de chef de l'État

Rompant avec les Républiques précédentes, le statut du Président, prévu en 1958, s'articule autour de son nouveau mode d'élection et de la redéfinition de la fonction présidentielle.

L'article 6 de la Constitution prévoit que le Président est dorénavant élu au suffrage universel indirect par un collège électoral permettant ainsi de rompre avec la figure de Président captif connue sous les Républiques précédentes, pour en faire un Président plus légitime. Marquant sa nouvelle importance, l'article 7 encadre strictement les conditions de son élection et de ses vacances potentielles. Joint à son irresponsabilité politique classique en régime parlementaire, traduite juridiquement par le contreseing (art. 19), le Président est donc devenu un organe indépendant du Parlement.

Cette indépendance est aussi portée par la fonction présidentielle restaurée. Si l'article 5 renvoie aux tâches classiques d'un Chef d'État en régime parlementaire (garant de l'indépendance nationale, de l'intégrité du territoire et du respect des traités), il le charge également de veiller au respect de la Constitution et lui confère la tâche d'assurer par son arbitrage, le fonctionnement régulier des pouvoirs publics ainsi que la continuité de l'État. Cette nouvelle perspective attribue incontestablement au Président une place importante en le situant en principe au-dessus des contingences partisanes, confirmant de la sorte une indépendance politique.

Ainsi, dès 1958 le Président acquiert un espace de légitimité et de respectabilité qui sera complété par un ensemble de compétences lui permettant d'agir politiquement.

B – Le Président de la République : un acteur politique

En 1958, l'article 19 prévoit, comme dans tout régime parlementaire, le maintien de pouvoirs partagés entre le Président et le Premier ministre, lesquels sont ensuite déclinés dans les nombreuses dispositions du texte constitutionnel.

Toutefois, ce même article 19 innove en créant des pouvoirs dispensés du contreseing, c'est-à-dire pouvant être exercés sans le concours du Premier ministre. De la sorte, le Président devient un acteur politique en capacité de solliciter les autres pouvoirs. Seul, il peut en effet nommer le Premier ministre, sans investiture dorénavant (art. 8), dissoudre l'Assemblée nationale (art. 12), communiquer avec le Parlement (art. 18), nommer trois membres du Conseil constitutionnel et saisir ce même Conseil (art. 56 et 61), engager un référendum législatif (art. 11), voire si les conditions sont réunies, obtenir les pleins pouvoirs (art. 16). Certes, de telles compétences ne constituent pas des moyens de gouverner au quotidien mais sont suffisamment importantes pour peser sur le jeu politique en cas de besoin et permettre au chef de l'État d'être un acteur politique de premier ordre.

Loin de la fonction présidentielle réduite depuis 1879, la Constitution de 1958 a fait de la présidence, sous l'influence du Général De Gaulle, une fonction cardinale de la Ve République qui sera majorée par la pratique institutionnelle.

II/ La présidentialisation en actes

La présidentialisation des institutions s'affirme en France dès sa mise en œuvre sous l'effet conjugué de la personnalité de De Gaulle (et d'autres Présidents par la suite) et du contexte politique le plus souvent observable, le fait majoritaire ; certaines périodes pouvant cependant en atténuer les effets mais sans les remettre en cause.

A – La marque initiale du Général De Gaulle

Très rapidement, le premier Président français n'a eu de cesse de renforcer sa fonction et d'installer une certaine présidentialisation. La crise politique et constitutionnelle de l'été-automne 1962 marque en effet un tournant à cet égard.

En usant de tout son charisme et de toute sa légitimité, le Général De Gaulle réussit à modifier le mode d'élection du Président (dorénavant au suffrage universel direct) en en faisant un représentant du peuple français comme les députés. Bien que la procédure retenue ait été contestable et contestée (art. 11 et non l'article 89 pour réviser la constitution), la crise constitutionnelle qui s'en est suivie (censure du gouvernement et dissolution de l'Assemblée nationale) s'est soldée en faveur du Président, qui de surcroît à renommer le même Premier ministre, G. Pompidou, témoignant de sa supériorité institutionnelle.

En outre, afin de réduire la crise politique en Algérie au printemps 1961, le Général de Gaulle eut recours pour la première (et seule) fois à l'article 16, installant durablement l'idée et la pratique d'un Président capable d'agir en cas de crise et, par extension, disposant d'un domaine réservé pour toutes affaires touchant aux relations internationales.

Ces changements constitutionnels et cette pratique ont profondément marqué les institutions françaises au sein desquelles le Président a acquis une place centrale et que tous les autres Présidents poursuivront.

B – Le fait majoritaire : source de renforcement du Président de la République

Le fait majoritaire, qui aligne les majorités parlementaire, gouvernementale et présidentielle, apparu en 1965, confère au Président une prédominance certaine tant sur le gouvernement que sur le Parlement.

Chef de la majorité parlementaire, le Président peut dès lors jouer un rôle actif dans la procédure législative, via son gouvernement (y compris en demandant une seconde lecture – article 10 – ou en saisissant le Conseil constitutionnel, le cas échéant) mais aussi en cas de besoin, le contourner en recourant à l'article 11. La pratique gaullienne de cet article en a fixé les potentialités mais aussi les limites, ce que d'ailleurs les autres Présidents ont surtout retenu. Au-delà, et bien que d'un usage très mesuré, l'article 12 procure au Président une autre arme non négligeable en cas de tensions avec l'Assemblée nationale, lui assurant un ascendant certain.

Le fait majoritaire engendre également une hiérarchisation assez nette au sein de l'Exécutif ; le Premier ministre étant considéré comme le « second » du Président. Cette situation constante depuis 1958 a parfois connu des ruptures comme en 1976 entre Valéry Giscard d'Estaing et J. Chirac, mais aussi plus nettement avec l'apparition des cohabitations.

Les trois séquences de cohabitations (1986-1988 ; 1993-1995 et 1997-2002) ont nuancé la tendance à la présidentialisation des institutions en opérant un relatif rééquilibrage au sein de l'Exécutif. Cependant, ces ruptures furent reconsidérées à travers un accord entre L. Jospin et J. Chirac lors de la dernière cohabitation afin, d'une part, de réduire le mandat présidentiel de 7 à 5 ans et surtout inverser le calendrier électoral de sorte que les élections présidentielles se situent avant les législatives, plaçant à nouveau le Président dans une position privilégiée.

La persistance de cette présidentialisation des institutions en France consacre bien l'idée d'un « monarque républicain » ou d'un « hyper-président » selon les personnalités en charge de la fonction, ce que la révision de 2008 a bien tenté d'encadrer… mais sans réellement y parvenir. Est-ce là, la vraie/seule destinée du régime politique français ?

Ve République : les pouvoirs

› *Dissertation*

L'ambiguïté du rôle du chef de l'État sous la Ve République.

Thème principal

Le président de la République

Mots-clés

Régime parlementaire, Pouvoir exécutif, Bicéphalisme, Arbitre, Gouvernement

Sujet donné et corrigé établi par

Bertrand Faure, Professeur, Université de Nantes

Second semestre 2014-2015

› Préparation

Analyse du sujet

Ce sujet appelle une réflexion renouvelée sur le président de la République sous la Ve République vu au travers de ses pouvoirs minimaux mais aussi dans la pratique des institutions. Les étudiants auront à exposer et expliquer comment on est passé d'un Président arbitre à un Président exerçant l'essentiel du pouvoir exécutif : le bicéphalisme qui caractérise le régime parlementaire se transforme en bicéphalisme des fonctions gouvernementales.

Plan du corrigé

I/ Un rôle effacé par ses pouvoirs constitutionnels
A – Le bicéphalisme de l'exécutif sous la Ve République
B – La théorie du « président-arbitre »
II/ Un rôle écrasant par ses prérogatives institutionnelles
A – L'abandon de la théorie du « président-arbitre »
B – Du bicéphalisme de l'exécutif au bicéphalisme gouvernemental

› Corrigé

Ce sujet vise à questionner la Ve République dans sa pratique. Cette pratique fait voir le rôle écrasant du chef de l'État qui tout à la fois détermine les grandes orientations politiques du pays et commande leur mise en œuvre quotidienne. Sans doute les constituants de 1958 avaient voulu un président jouant un rôle décisif à la tête de l'État. Taillées pour permettre l'exercice du pouvoir personnel du Général de Gaulle, les institutions allaient installer un président plus actif que ses prédécesseurs des quatrième et troisième Républiques. Mais le général de Gaulle devait également faire accepter ces institutions par les hommes de la quatrième République encore influents au moment d'élaborer et de faire adopter le texte de 1958, et ceux-ci n'étaient pas près à tous les sacrifices notamment celui du régime parlementaire et de la responsabilité du gouvernement devant l'Assemblée nationale. Ce sont les circonstances politiques et institutionnelles qui auront permis au général de Gaulle d'accroître son rôle. Son implication personnelle dans la crise algérienne dès le début du nouveau régime mais aussi l'élection du président au suffrage universel direct, le passage au quinquennat, le phénomène de soudure institutionnelle créée entre sa personne et le parti politique majoritaire à l'Assemblée nationale sont autant d'éléments qui se sont additionnés pour en faveur du chef de l'État. Après le général de Gaulle, tous les présidents qui se succéderont, sans doute avec des variantes selon les cas, confirmeront la pratique gaullienne de la présidence. Ils exerceront leur pouvoir avec la même emprise sur les institutions – excepté en période de cohabitation –. Il faut dire que le texte de la Constitution de 1958 qui ne brillait pas par sa clarté, plaçait le chef de l'État dans une position ambiguë. Ses pouvoirs correspondant à sa capacité à prendre des décisions dans un certain nombre de domaines de la vie publique sont assez limités. Au contraire, ses armes lui permettant d'intervenir dans la vie institutionnelle de l'État sont considérables. Cette contradiction portait en elle-même la possibilité d'un chef d'État tout puissant loin du « président-arbitre » imaginé en 1958. C'est sur cette contradiction de rôles que nous construirons notre devoir.

I/ Un rôle effacé par ses pouvoirs constitutionnels

On entend par ses pouvoirs constitutionnels ses titres à prendre des décisions dans la vie publique. Ceux-ci sont assez peu nombreux et leur exercice nécessite l'accord du Premier ministre qui contresigne ses décisions. Ce qui montre que si le chef de l'État est à la tête de l'exécutif, il n'est pas tout l'exécutif.

A – Le bicéphalisme de l'exécutif sous la Ve République

1°) La Constitution de 1958 organise une concurrence à la tête de l'exécutif entre le président et son Premier ministre. Qu'il s'agisse ne nommer des fonctionnaires, le pouvoir est partagé entre eux selon les cas. Qu'il s'agisse de prendre des décrets dans les différents domaines de la vie publique, le président s'en chargera s'ils doivent être délibérés en Conseil des ministres (Const., art. 19) et le Premier ministre dans les autres cas (Const., art. 21). Et, entre les décisions des deux autorités, aucune n'est hiérarchiquement supérieure à l'autre.

2°) On pourrait même aller jusqu'à affirmer le rôle résiduel du chef de l'État en raison du fait que le Premier ministre semble bien disposer de la plus grande partie de l'exécutif appelé à « déterminer et conduire la politique de la Nation » (art. 20) et à contresigner les décrets du président (art. 19). On recense également un beaucoup plus grand nombre de décrets pris en dehors du conseil des ministres par le chef du gouvernement.

B – La théorie du « président-arbitre »

Cette théorie se manifeste par le système de nomination du chef de l'État et par la conception de sa fonction.

1°) Le président-arbitre par sa désignation. Tel qu'établit par la Constitution de 1958, le président n'est ni l'élu du peuple ni celui du parlement. Il est désigné par un collège électoral qui n'est autre que l'addition des collèges sénatoriaux de chaque département, comme s'il s'agissait de 90 collèges sénatoriaux soudés les uns aux autres. Les constituants avaient ainsi manifesté leur attachement au suffrage universel indirect et à la pratique modérée du pouvoir qu'il favorise, ce qui se retrouve par ailleurs avec le rôle renforcé du Sénat. En cela le président ressemble à un grand sénateur élu par 80 000 grands électeurs.

2°) Le président-arbitre par sa fonction. Dans l'esprit des constituants, le président doit endosser un rôle complémentaire de celui du Premier ministre. Il doit se situer, contrairement à lui, au-dessus de la politique quotidienne pour intervenir seulement dans les moments décisifs de la vie publique en tant qu'il incarne la Nation, ses grands intérêts permanents (affaires étrangères, défense, Europe…). Le président doit donc demeurer distant par rapport au jeu politique, aux luttes de partis, aux tâches quotidiennes d'intendance… Le chef de l'État doit donc incarner un pouvoir transcendant, savoir se montrer apolitique au nom des intérêts supérieurs de l'État (voir le discours de Bayeux de De Gaulle en 1946 qui préfigurait le rôle qui devait être celui du président de la Ve République). Il est donc censé intervenir peu dans la vie institutionnelle, seulement dans des moments importants où il décidera en dernier ressort. Ainsi en 1960, le général de Gaulle refusera de convoquer l'Assemblée nationale contrairement à la demande qui lui est faite d'une majorité de députés interpellés par les problèmes agricoles du pays. Mais son refus se trouvait motivé par les intérêts supérieurs de l'État à ne pas légiférer en urgence et sur une demande d'origine corporatiste. Cette théorie du « président-arbitre » trouve sa traduction positive dans l'article 5 de la Constitution : « Le président… assure par son arbitrage le fonctionnement régulier des pouvoirs publics ainsi que la continuité de l'État ».

La manière dont le texte de 1958 établit le chef de l'État n'aura pas résisté à l'expérience et aux premières années de présidence du général de Gaulle qui se sera emparé de tous les leviers du pouvoir pour installer une pratique présidentielle jamais démentie par ses successeurs.

II/ Un rôle écrasant par ses prérogatives institutionnelles

A – L'abandon de la théorie du « président-arbitre »

Cette théorie aura eu une grande influence dans la vie politique. Elle aura séduit les acteurs mais, sans doute, sur un malentendu qu'aura dissipé l'expérience du régime de 1958.

1°) L'abandon de la théorie du « président-arbitre » par l'expérience des faits. Les quatre premières années d'exercice du pouvoir par de Gaulle auront dessiné un régime très différent. La crise algérienne (l'Algérie est, à l'époque, un département français) ne se résout pas et le président prendra sur lui d'accélérer le cours de l'Histoire pour parvenir à sa résolution. Le 16 septembre 1959, lors d'une conférence de presse, de Gaulle passe par-dessus la tête des députés pour proposer l'auto-détermination de l'Algérie. Il prendra en mains toute l'affaire algérienne jusqu'à sa résolution définitive en 1962. Mais, du coup, il aura mis le doigt dans l'engrenage politique, abandonné la réserve qui convient à un président arbitre, pour imprimer une direction stratégique et exercer le commandement au sommet de l'État. La guerre d'Algérie terminée, le général de Gaulle mènera un nouveau combat cette fois pour le régime qui lui permettra d'asseoir son autorité : le passage à l'élection du président de la république au suffrage universel direct. Les raisons de cette réforme restent encore aujourd'hui relativement obscures, mais il parvient à la faire aboutir en dépit de l'opposition des deux assemblées parlementaires après référendum par la loi du 6 novembre 1962 (62 % de votes positifs). L'élection directe du président est une mutation constitutionnelle fondamentale : le chef de l'État n'est plus le représentant direct de la Nation désigné pour arbitrer le jeu des partis politiques puisque désormais il détiendra ses pouvoirs d'une majorité qu'il enrôlera à l'exécution de sa propre politique. La coïncidence, obtenue hors périodes de cohabitation, entre la couleur politique du président et celle de la majorité des députés, souvent qualifiée de « fait majoritaire », fera du président le véritable chef de l'exécutif et de l'État avec une opposition politique en face de lui (« présidentialisme majoritaire »). Le passage au quinquennat à partir de 2000, renforcera cette soudure entre le président et sa majorité parlementaire et, de fait, le rôle du président sur les institutions.

2°) L'abandon de la théorie du « président-arbitre » par l'expérience du texte de 1958. Confronté à sa pratique, le texte constitutionnel de 1958 aura révélé toutes ses potentialités. Alors que le président dispose de peu de pouvoir normatif pour intervenir dans les différents domaines de la vie publique (voir I A.), en revanche, il possède des prérogatives institutionnelles considérables, c'est-à-dire des armes qui lui permettent d'intervenir, et de manière décisive, à l'égard des autres organes constitutionnels. Il s'en servira pour prendre une position ascendante sur ces autres organes. C'est essentiellement le cas du référendum de l'article 11 lui permettant d'interroger les Français par-dessus la tête des députés, de l'article 16 lui accordant des pouvoirs exceptionnels en période de crise institutionnelle majeure, du pouvoir de dissoudre l'Assemblée nationale sans cause politique déterminée (art. 12), de nommer le Premier ministre (art. 8), de promulguer les lois (art. 10), de désigner le président du Conseil constitutionnel et de le saisir art. 56 et 61). Ces différentes prérogatives sont, dans la plupart des présentations qui en sont faites, recensées sous l'idée de « pouvoirs propres » correspondant à un ensemble de décisions prises par lui et dispensées du contreseing de Premier ministre.

B – Du bicéphalisme de l'exécutif au bicéphalisme gouvernemental

On a vu que l'exécutif sous la Ve République était bicéphale puisque, à la différence des deux républiques précédentes, la fonction est partagée entre le Premier ministre, chef du gouvernement, et le président, chef de l'État. Mais dans la mesure où le président n'est plus seulement arbitre mais partage la direction des affaires publiques avec le gouvernement, on en vient assez logiquement à l'idée plus exacte d'un bicéphalisme gouvernemental. Ce partage peut être analysé de la manière suivante :

1°) On voit apparaître la théorie du « domaine réservé » au profit du chef de l'État. En effet, dans un certain nombre d'affaires, les plus considérables pour la vie de la Nation, celui-ci peut agir seul. C'est le cas de la défense, de la politique extérieure, des relations avec l'outre-mer.

2°) À l'opposé, se manifeste un « domaine délaissé » constitué des affaires dont il ne souhaite pas s'occuper directement, correspondant plutôt à des tâches d'intendance, et qu'il laisse au gouvernement.

3°) Entre ces deux domaines, il existe la place pour un « domaine surveillé ». S'y trouve un certain nombre d'affaires publiques courantes mais que l'actualité rend particulièrement importantes pour le président. Ces affaires sont variables selon les moments. Il a pu s'agir de la politique agricole par exemple. De Gaulle a sans doute pu regretter de ne pas y avoir inclus l'Université avant la crise de 1958.

En conclusion, il faut voir que la distinction que voulait instituer le texte de la Constitution de 1958 entre une fonction politique du Premier ministre et une fonction arbitrale du chef de l'État était une distinction irréelle. Le bicéphalisme de l'exécutif sous la Ve République est nécessairement artificiel. La présidence de De Gaulle aura donné sa pleine efficacité à cette Ve République par sa politique personnelle (guerre d'Algérie) et sa réforme de l'élection présidentielle par tous les citoyens français. L'évolution du régime par la suite confirmera cette orientation avec le « fait majoritaire » profitant à la fonction présidentielle et le passage au quinquennat à partir de l'élection de 2002. Au final, la situation de la démocratie française est très différente de celle du régime des États-Unis, mais plus proche de celle de la Grande-Bretagne, de l'Allemagne ou de l'Espagne où le pouvoir est confié à un leader, un patron appuyé par une majorité parlementaire pour cinq ans.

Ve République : les pouvoirs

Thème principal

Le Premier ministre

Mots-clefs

Régime parlementaire, Assemblée nationale, Chambre des communes, Gouvernement, Contrôle du pouvoir exécutif, Responsabilité politique

› *Dissertation*

Le Premier ministre en France et en Grande-Bretagne.

Sujet donné et corrigé établi par

André Dauteribes,
Maître de conférences,
Université de Bourgogne Franche-Comté
Second semestre 2014-2015

› Préparation

Analyse du sujet

L'institution du Premier ministre occupe une place centrale dans le régime parlementaire, chef de l'Exécutif, il est en même temps chef de la majorité parlementaire. Il existe cependant des différences majeures entre le « Prime minister » britannique et le Premier ministre français qui s'expliquent principalement par l'étendue des pouvoirs du Président de la République en France.

Plan du corrigé

I/ La place centrale du Premier ministre dans les régimes constitutionnels français et britannique

A – Le statut constitutionnel propre du Premier ministre en France et en Grande-Bretagne

B – Les pouvoirs spécifiques du Premier ministre en France et en Grande Bretagne

II/ Le contrôle de l'action du Premier ministre en France et en Grande Bretagne

A – Le contrôle du pouvoir gouvernant de l'exécutif par le Parlement en France et en Grande Bretagne

B – Le contrôle du pouvoir gouvernant de l'exécutif par des organes spécifiques en France

› Corrigé

En dépit des différences notables qui opposent le régime politique français de celui de la Grande-Bretagne, l'institution primo-ministérielle est celle qui aujourd'hui les rapproche sans doute le plus en raison notamment du fait que le Premier ministre occupe dans chacun de ces régimes une place particulièrement importante !

En France, la fonction de Premier ministre n'a véritablement été constitutionnalisée qu'avec l'adoption de la Constitution du 4 octobre 1958 à l'origine de la Ve République, alors qu'en Grande-Bretagne, cette fonction née au XVIIIe siècle est d'origine empirique et coutumière.

Beaucoup d'autres traits distinctifs opposent la France à la Grande-Bretagne ! La France a choisi après de multiples vicissitudes politiques une forme républicaine de régime constitutionnel alors que la Grande-Bretagne est restée fidèle au système monarchique importé de France par Guillaume le Conquérant en 1066 ! Le système britannique est par conséquent multi-séculaire alors que le régime républicain français est de création beaucoup plus récente. Ces caractéristiques du régime britannique étaient célébrées au XVIIIe siècle par le Baron de la Brède qui voyait dans l'organisation et le fonctionnement des pouvoirs publics britanniques un modèle pour réformer et moderniser le système monarchique français (*De l'esprit des Lois*, Livre XI, Chapitre 6 : « De la Constitution d'Angleterre »).

Dans ce régime parlementaire britannique, le Premier ministre avait dès le XVIIIe siècle conquis une place importante alors qu'en France au même moment le monarque conservait un pouvoir absolu. Malgré l'introduction en France au XIXe siècle du régime parlementaire sous la Restauration, le Premier ministre restait étroitement subordonné aux Monarques successifs Louis XVIII et Charles X. Ce n'est finalement que sous le règne de Louis-Philippe que le chef du Gouvernement François Guizot a exercé un rôle politique de premier plan en accord avec le Roi. Le titre de Premier ministre bien que porté sous l'Ancien Régime par d'illustres titulaires (Sully, Colbert…) ne sera finalement réintroduit en France que sous l'influence directe du Général de Gaulle avec l'avènement de la Ve République.

Il s'agit par conséquent de réaliser une comparaison de cette fonction entre la France et la Grande Bretagne à compter de son institutionnalisation du côté français. Les récentes élections législatives de mai 2015 en Grande Bretagne ont placé sous les feux de l'actualité la situation du Premier ministre britannique candidat au renouvellement de son mandat. Le résultat de ces élections favorables au Premier ministre conservateur David Cameron lui donne ainsi un rôle fondamental qu'il peut être intéressant de comparer avec la situation du Premier ministre français Manuel Valls.

Quel est le statut respectif de ces autorités ? Quels sont leurs pouvoirs constitutionnels et réels ? Quelle place est la leur ? Qu'est-ce qui rapproche ou éloigne le Premier ministre Français du Premier ministre britannique ?

Globalement, on observe que dans les régimes constitutionnels français et britannique, le Premier ministre occupe une place politique centrale (I) mais qui, conformément à la tradition parlementaire, représentative et libérale reste cependant conditionnée par l'existence et l'action d'autres pouvoirs politiques duquel il dépend étroitement et qui contrôlent son action (II).

I/ La place centrale du Premier ministre dans les régimes constitutionnels français et britannique

Traditionnellement, l'institution primo-ministérielle qui peut prendre diverses dénominations est au cœur de l'organisation et du fonctionnement des régimes parlementaires. Cette forme de régime née en Grande-Bretagne dont le succès est incontestable s'est propagée partout en Europe et dans le monde. En 1958, Michel Debré a œuvré sous l'autorité du Général de Gaulle au choix de cette institution née dans ce type de régime. Comme en Grande-Bretagne, ils ont choisi de placer au cœur du dispositif constitutionnel la fonction de Premier ministre en lui donnant un statut propre (A) et des pouvoirs spécifiques (B) mais si le dispositif est comparable, des différences s'observent.

A – Le statut constitutionnel propre du Premier ministre en France et en Grande-Bretagne

Si, du côté français, c'est la Constitution du 4 octobre 1958 qui règle les conditions de nomination (1) et la position du Premier ministre (2), du côté de la Grande-Bretagne, c'est la coutume qui prévaut.

1 • La désignation du Premier ministre

Entre la France et la Grande-Bretagne les différences relatives au mode de désignation du Premier ministre sont notables. Le système britannique semble beaucoup plus démocratique que le système français !

En Grande Bretagne, la coutume constitutionnelle veut que le Monarque qui a perdu au cours du XVIIIe siècle le pouvoir discrétionnaire de nomination du Premier ministre désigne à ce poste, le leader du parti vainqueur des élections législatives. C'est ainsi que lorsque ces élections sont organisées, on connaît généralement par avance sauf dans l'hypothèse d'un « hung parliament » qui laisse un pouvoir d'appréciation de la situation plus large au Monarque, celui qui exercera la fonction de Premier ministre ! Cette situation vient d'être confirmée par les dernières élections législatives de mai 2015 gagnées par le parti de David Cameron qui a créé la surprise. Ce dernier ayant été récemment reconduit dans son poste de Premier ministre par la Reine. C'est donc quasiment une élection au suffrage universel direct dont bénéficie le Premier ministre anglais qui jouit ainsi d'une légitimité politique importante à la différence de son homologue français.

En France, la Constitution du 4 octobre 1958 précise dans son article 8 que c'est « le Président de la République qui nomme le Premier ministre… ». Il s'agit par conséquent ici d'une prérogative personnelle du Président de la République Française, qui n'est pas lié *stricto sensu*, d'après ces dispositions à des contraintes politiques ou juridiques quelconques. Le choix de la personnalité chargé d'exercer les fonctions de Premier ministre apparaît totalement discrétionnaire mais il reste cependant lié à des contraintes politiques. Ce dispositif est par conséquent beaucoup moins démocratique que le système britannique. En réalité, le président de la République Française est lié à des contraintes politiques et cela s'est vérifié tout particulièrement en période de cohabitation (Mitterrand-Chirac, 1986-1988 ; Mitterrand-Balladur, 1993-1995 ; Chirac-Jospin, 1997-2002). Le choix du Premier ministre dépend inévitablement de la majorité parlementaire issue des élections législatives mais le choix de la personnalité chargée d'exercer la fonction reste un pouvoir totalement discrétionnaire du Président. Le Premier ministre doit cependant pouvoir compter sur une majorité parlementaire pour soutenir ses choix politiques.

Les différences s'observent également en ce qui concerne le départ du Premier ministre. La cessation des fonctions du Premier ministre anglais ne peut intervenir qu'à l'issue de la législature sauf dissolution anticipée alors que du côté français, le Président de la République peut provoquer la démission du Premier ministre avant la fin de la législature sans que ce dernier soit spécialement consentant et alors même que la Constitution ne prévoit pas cette hypothèse. L'article 8 disposant que : « Il (le Président de la République) met fin à ses fonctions sur la présentation par celui-ci (le Premier ministre) de la démission du gouvernement ». On peut donc opposer au caractère démocratique anglais le caractère autoritaire français et à la Monarchie démocratique anglaise, la République monarchique française !

Si les règles statutaires relatives à la désignation du Premier ministre sont finalement assez dissemblables, en revanche la position du Premier ministre français ou britannique est plus proche.

2 • La position du Premier ministre

Que ce soit du côté français ou du côté anglais le Premier ministre est l'une des deux autorités qui représente l'exécutif avec la Reine en Grande-Bretagne ou le Président de la République pour la France. Il est un relais entre le Parlement et le chef de l'État et à ce titre, il contresigne les actes de ce dernier et il endosse la responsabilité politique de l'exécutif devant les parlementaires. En France comme en Grande Bretagne, lorsque les Premiers ministres engagent leur responsabilité et qu'une motion de censure est adoptée par une majorité de députés, ils doivent démissionner de leurs fonctions avec l'ensemble du gouvernement qu'ils dirigent. Cette situation est cependant devenue rare en pratique dans les deux pays.

Le Premier ministre français ou britannique est également celui qui symbolise le gouvernement dont il est le chef. Il existe toute une hiérarchie au sein des gouvernements français ou britannique. Dans les deux cas, ils choisissent assez librement les membres de leurs gouvernements même si du côté français, le Président de la République intervient plus ou moins directement en fonction des circonstances. Dans les deux pays, le Premier ministre reste chargé de diriger le gouvernement qui est un organe collégial, solidaire et hiérarchisé.

En France, le Premier ministre dispose de services administratifs propres et d'organismes importants placés sous son autorité comme par exemple le Secrétariat général du Gouvernement qui est un rouage essentiel pour le fonctionnement du gouvernement et pour assurer la mise en œuvre de ses décisions. On trouve l'équivalent en Grande Bretagne avec le Secrétariat Général du Cabinet qui regroupe plusieurs centaines de personnes et qui est chargé de diverses tâches administratives telles que les préparations de réunions, ou l'exécution des décisions…

Ce qui rapproche plus encore tout autant le Premier ministre français que britannique et lui donne une position centrale et politiquement stratégique dans les deux régimes, ce sont les pouvoirs dont ils disposent…

B – Les pouvoirs spécifiques du Premier ministre en France et en Grande Bretagne

Ce qui différencie tout particulièrement le régime français du système britannique au niveau des pouvoirs du Premier ministre, c'est qu'en Grande Bretagne le Premier ministre dispose en réalité de la totalité du pouvoir exécutif même si la Reine en est nominalement le chef, alors qu'en France le Premier ministre partage de nombreux pouvoirs avec le Président de la République. Il convient donc de distinguer les compétences semblables des Premiers ministres français et anglais (1) de la situation spécifique du Premier ministre français (2).

1 • Les pouvoirs semblables des Premiers ministres français et britannique

On peut observer des similitudes de leurs pouvoirs respectifs tant dans leurs rapports avec leurs gouvernements (a) qu'avec les parlementaires (b).

a) Les pouvoirs des Premiers ministres dans leurs rapports avec leurs gouvernements

Chaque Premier ministre respectif a la qualité de Chef du Gouvernement dont il dirige l'action. À ce titre, le Premier ministre français ou britannique exerce un pouvoir hiérarchique sur les ministres de leurs gouvernements. Les ministres sont placés dans une position de subordination et sont également tenus par un devoir de loyauté politique vis-à-vis de leur chef et de la ligne politique fixée collégialement au sein de conseils.

Ils décident de l'organisation, de la répartition et de la coordination du travail gouvernemental. Ils président les conseils restreints ou les réunions interministérielles si nécessaire.

Pour mener à bien leur action, ils disposent de l'Administration qui est placée sous leur autorité. Ils disposent d'un pouvoir de nomination de certains hauts fonctionnaires qui sont chargés de mettre en œuvre la politique des gouvernements.

Ils disposent d'un pouvoir réglementaire pour assurer l'exécution de leurs décisions politiques, économiques ou sociales…

Ils contrôlent la communication des informations gouvernementales…

À tous ces pouvoirs s'ajoutent ceux dont ils bénéficient dans leurs rapports avec les Parlements.

b) Les pouvoirs des Premiers ministres dans leurs rapports avec les parlementaires

Dans le cadre de ces rapports, les Premiers ministres sont les chefs de la majorité parlementaire dont ils sont politiquement issus et qui est chargée de les soutenir au sein du Parlement.

Face aux parlementaires, ils défendent une ligne et des orientations politiques. Ils répondent également à leurs questions au cours des discussions législatives ou politiques d'actualité.

Les Premiers ministres français et britannique disposent d'un pouvoir d'initiative législative et financière. Ils contrôlent l'essentiel de l'ordre du jour des travaux législatifs des parlementaires. Ils maîtrisent également en grande partie le déroulement de la procédure législative et sont souvent en mesure d'imposer leurs vues ou de fixer des objectifs aux parlementaires.

Ils peuvent décider en cas de nécessité, d'engager la responsabilité politique de leurs gouvernements, devant soit l'Assemblée nationale du côté français ou la Chambre des Communes du côté anglais. Il s'agit généralement d'un dispositif stratégique technique utile politiquement pour imposer des mesures législatives qu'ils estiment indispensables à la conduite de leurs politiques. Ils mettent alors les parlementaires face à un choix qui peut être irréversible pour la survie des gouvernements. Cette technique est devenue d'une efficacité réelle et redoutable.

L'inventaire de tous ces pouvoirs révèle que les Premiers ministres sont devenus dans les régimes parlementaires traditionnels des personnages puissants où le centre du pouvoir a évolué à leur profit. Ce qui leur permet d'exercer un véritable « leadership ». On a pu ainsi parler à ce propos plus spécialement de la présidentialisation du régime parlementaire britannique. Certains commentateurs qualifient désormais parfois ce régime de régime primo-ministériel. Cette qualification sert à désigner la présidentialisation de la fonction de chef du gouvernement. Or, cette situation ne se vérifie pas en France où le Président de la République est un personnage puissant partageant des pouvoirs avec le Premier ministre et où on ne retrouve pas une concentration des pouvoirs à son avantage.

2 • La situation spécifique du Premier ministre français

Dans le système français, la constitution de 1958 opère un partage des compétences entre les deux autorités de l'exécutif d'après les dispositions de l'article 19 suivant lesquelles : « Les actes du Président de la République autres que ceux prévus aux articles 8 al. 1, 11, 12, 16, 18, 54, 56, et 61 sont contresignés par le Premier ministre et le cas échéant les ministres responsables… ».

Le Président de la République exerce par conséquent des pouvoirs propres dans les domaines recensés par ces articles (nomination du Premier ministre et des ministres sur proposition de ce dernier, Référendum, Dissolution, Pouvoirs exceptionnels, Droit de message, Saisine du Conseil constitutionnel pour l'examen d'un traité international, Nomination de membres du Conseil et de son Président, Saisine du Conseil pour vérifier la constitutionnalité d'une loi) en dehors de tout contrôle parlementaire alors que le Premier ministre au contraire ne peut agir que sous ce contrôle.

Juridiquement, le Premier ministre dispose également de pouvoirs propres. C'est lui seul qui dirige et assure la conduite de l'action du gouvernement. Il assure l'exécution des lois et dispose du pouvoir réglementaire sous réserve des dispositions de l'article 13. Il a aussi le pouvoir de saisir le Conseil constitutionnel dans différentes hypothèses… Il peut présenter la démission de son gouvernement, et proposer la nomination ou la révocation de ministres (art. 8). Il peut suppléer le Président de la République (art. 21). Il peut demander la réunion du Parlement en session extraordinaire (art. 29, al. 3). Il a l'initiative des lois (art. 39). Il peut engager la responsabilité du gouvernement (art. 49). Par ailleurs certaines prérogatives sont attribuées par la Constitution au gouvernement mais sont exercées par lui (art. 7, 20, 38, 40, 41,44, 45, 48).

Le Premier ministre se trouve par conséquent subordonné au Président de la République qui est un personnage puissant dans le fonctionnement des institutions politiques françaises. Cette situation prive le Premier ministre français de la puissance de son homologue anglais.

Si dans le régime britannique la puissance gouvernante est concentrée au profit du Premier ministre, dans le régime français, cette même puissance est diluée entre les deux autorités qui forment l'exécutif. Mais dans les règles fondamentales des régimes parlementaires démocratiques et libéraux on trouve le principe selon lequel l'activité de tout pouvoir gouvernant est soumise au contrôle des autres pouvoirs.

II/ Le contrôle de l'action du Premier ministre en France et en Grande Bretagne

L'analyse du fonctionnement des pouvoirs constitutionnels en France et en Grande Bretagne montre clairement que le centre du pouvoir politique a basculé du côté de l'exécutif. Qu'il s'agisse du Premier ministre seul en Grande Bretagne ou du Président de la République et de son Premier ministre du côté français. Cette domination de l'exécutif dans nos régimes parlementaires laisse cependant subsister un certain nombre de principes : la nécessité de l'existence d'une majorité au sein du Parlement destinée à soutenir la ligne politique fixée par l'exécutif, et le principe de la responsabilité politique des gouvernants. Le pouvoir gouvernant y reste traditionnellement contrôlé d'une part par les parlementaires en France comme en Grande Bretagne (A) mais aussi par d'autres organes constitutionnels plus spécifiques en France (B).

A – Le contrôle du pouvoir gouvernant de l'exécutif par le Parlement en France et en Grande Bretagne

En Grande Bretagne et en France, le pouvoir gouvernant de l'exécutif est placé sous la surveillance respective de la Chambre des Communes (1) et de l'Assemblée nationale (2). La seconde chambre (la Chambre des Lords ou le Sénat français) ne disposant plus en Grande Bretagne ou pas en France de ce pouvoir !

1 • Le contrôle de l'exécutif par la Chambre des Communes

L'origine de la Chambre des Communes remonte au XIVe siècle et forme avec la Chambre des Lords le Parlement britannique. Les Communes, composées désormais de députés élus au suffrage universel direct et au scrutin uninominal majoritaire à un tour, a pris le pas au fil d'une évolution historique sur la Chambre des Lords. C'est cette Chambre qui assume véritablement aujourd'hui l'un des trois pouvoirs principaux de tout organe parlementaire outre le pouvoir législatif et le pouvoir budgétaire : le pouvoir de contrôle politique de l'exécutif.

La Chambre des Communes est la seule qui aujourd'hui en Grande Bretagne dispose du pouvoir de renverser le gouvernement à la suite du vote à la majorité des députés d'une motion de censure. Il s'agit de l'un des moyens traditionnels d'origine coutumière de contrôle de la puissance de l'exécutif, mais l'observation de la vie politique en Grande Bretagne depuis le début du XXe siècle montre que ce moyen est quasiment devenu virtuel car seuls deux gouvernements ont dû démissionner depuis plus d'un siècle en 1924 et 1979. Le pouvoir de censure des députés est devenu très théorique aujourd'hui et le contrôle de la puissance gouvernante s'exerce surtout par le biais des commissions parlementaires et des questions.

Les questions au gouvernement occupent aujourd'hui une place importante dans la vie parlementaire britannique. Qu'il s'agisse des questions écrites, des questions orales, des questions adressées au Premier ministre lui-même auxquels il répond personnellement deux fois par semaine. Ces questions ne sont pas formulées uniquement par les députés ou le leader de l'opposition mais également par les députés de la majorité. Ces dispositifs ont été exportés en France.

2 • Le contrôle de l'exécutif par l'Assemblée nationale

La Constitution du 4 octobre 1958 contient des règles spécifiques qui attribuent le contrôle du gouvernement à l'Assemblée nationale composée de députés élus pour cinq ans au suffrage universel direct et au scrutin uninominal majoritaire à deux tours. Il s'agit des dispositions de l'article 49 al. 2 : « ... L'Assemblée nationale met en cause la responsabilité politique du gouvernement par le vote d'une motion de censure... ». Ce vote est soumis à des conditions rigoureuses en ce qui concerne ses conditions de recevabilité, les règles de vote ainsi que le moment du vote. « ... une telle motion n'est recevable que si elle est signée par un dixième des membres de l'Assemblée nationale. Le vote ne peut avoir lieu que 48 h après son dépôt. Seuls sont recensés les votes favorables à la motion de censure qui ne peut être adoptée qu'à la majorité des membres composant l'Assemblée... ».

Comme en Grande Bretagne on observe que ce dispositif généralement utilisé par l'opposition parlementaire ne menace pas vraiment le gouvernement puisque depuis 1958 une seule censure a obligé un gouvernement à démissionner : celui de Georges Pompidou en 1962 !

Le contrôle du gouvernement s'exerce surtout au moyen des questions et des commissions parlementaires de contrôle ou d'enquête dont l'existence et les conditions de création sont fixées également par des dispositions constitutionnelles. Ces possibilités ont été par ailleurs renforcées à la suite de la dernière réforme constitutionnelle d'importance de 2008 (art. 51-1, 51-2).

D'autres dispositifs constitutionnels permettent le contrôle du gouvernement et sont spécifiques à la France.

B – Le contrôle du pouvoir gouvernant de l'exécutif par des organes spécifiques en France

La Constitution du 4 octobre 1958 attribue à la Cour des comptes le contrôle de l'action du gouvernement (1) et indirectement au Conseil constitutionnel (2).

1 • Le contrôle de l'action du gouvernement par la Cour des comptes

Depuis la réforme constitutionnelle de juillet 2008, et l'adjonction dans la Constitution de l'article 47-2 : « La Cour des comptes assiste le Parlement dans le contrôle de l'action du gouvernement. Elle assiste le Parlement et le Gouvernement dans le contrôle de l'exécution des lois de finances et de financement de la sécurité sociale ainsi que dans l'évaluation des politiques publiques… ».

Cette mission confiée à la Cour des comptes composée de magistrats indépendants est devenue décisive. Elle se traduit par la publication de rapports qui, en raison de la publicité qui en est donnée s'imposent au gouvernement. Celui-ci est désormais tenu de prendre en compte les observations de la Cour dans ses choix budgétaires qui encadrent avec le droit européen son action politique. La puissance gouvernante de l'exécutif est par conséquent encadrée et limitée par les décisions de cette haute juridiction.

Le Conseil constitutionnel est devenu une juridiction à part entière et son rôle n'a cessé de se renforcer progressivement depuis 1958 et à avoir une influence sur le fonctionnement de l'institution gouvernementale.

2 • Le contrôle indirect de l'action du gouvernement par le Conseil constitutionnel

Le Conseil constitutionnel est une institution qui avait été créée en 1958 dans un objectif politique. Elle était destinée à l'origine à limiter la puissance du Parlement grâce notamment à l'introduction du contrôle de la constitutionnalité des lois à la suite d'une possibilité de saisine par quatre personnalités : le Président de la République, le Premier ministre, et les Présidents des assemblées.

À la suite de la réforme constitutionnelle de 1974, soixante députés et soixante sénateurs ont obtenu également cette prérogative. Les parlementaires généralement de l'opposition se sont emparés de cette possibilité pour demander le contrôle des lois initiées par le gouvernement et adoptées par la majorité parlementaire. Désormais, un moyen nouveau d'ordre juridictionnel s'est développé et il est venu compléter le contrôle parlementaire traditionnel. Il permet d'obtenir la censure de tout ou partie d'une loi adoptée par une majorité parlementaire. Avec le développement de sa jurisprudence, le Conseil constitutionnel s'est transformé en une juridiction à part entière et son rôle s'est considérablement renforcé. Cette évolution s'est accélérée avec l'introduction du contrôle des lois *a posteriori*, désormais consacré à la suite de la réforme constitutionnelle de 2008 et le développement d'une nouvelle procédure juridictionnelle : la Question prioritaire de Constitutionnalité. Cette nouvelle forme de saisine permet maintenant d'obtenir du Conseil un contrôle de toutes les lois en vigueur depuis et avant 1958 !

La puissance gouvernante de l'exécutif atteint ainsi ses limites grâce à ces contre-pouvoirs. Seul le Président de la République reste protégé alors que son rôle est éminent dans la vie politique. Il n'a en rendre compte qu'à la fin de son mandat directement devant les électeurs à l'occasion d'une élection présidentielle s'il demande le renouvellement de son mandat : ce qu'il ne peut faire qu'une seule fois désormais depuis que la révision constitutionnelle de 2008 a limité à 2 le nombre de ses mandats.

L'analyse constitutionnelle et politique comparée permet d'observer que la puissance gouvernante du Premier ministre anglais qui conduit à parler à propos du régime parlementaire britannique de « régime primo-ministériel » apparaît moins problématique que dans le système français où la puissance gouvernante de l'exécutif est certes partagée entre le Premier ministre et le Président de la République mais où ce dernier reste à l'abri de tout contrôle réel pendant toute la durée de ses fonctions ! Le pouvoir gouvernant du Premier ministre anglais semble par conséquent moins concentré qu'en France et l'équilibre des pouvoirs mieux respecté.

Ve République : les pouvoirs

Thème principal

Le Parlement

Mots-clés

Régime parlementaire, Contrôle du pouvoir exécutif, Gouvernement, Procédure législative, Conseil constitutionnel

› *Argumentation*

Vous développerez une argumentation *pro* et *contra* sur le sujet suivant :

Faut-il renforcer les pouvoirs du Parlement français ?

NB : chaque argumentation sera structurée successivement autour d'arguments de texte, de nature et d'opportunité.

Sujet donné et corrigé établi par

Xavier Magnon, Professeur, Université Toulouse 1 Capitole, Institut Maurice Hauriou

Second semestre 2014-2015

› Préparation

Analyse du sujet

Ce sujet permet d'examiner, sous la forme d'un débat, l'étendue des pouvoirs du Parlement. Outre une bonne connaissance des attributions de ce dernier sous la Ve République, ce sujet exige d'analyser chaque argument sous un angle positif et négatif afin de développer une réflexion contradictoire.

› Corrigé

La place du Parlement au sein des institutions de la Ve République est-elle si faible qu'il faille constamment envisager de renforcer ses pouvoirs ? Telle est la question que l'on peut se poser alors que deux révisions constitutionnelles déjà ont eu pour objet de renforcer ses pouvoirs. Tel a été le cas, en premier lieu, de la révision constitutionnelle du 4 août 1995, même si l'étendue de la révision sur ce point est demeurée modeste. Avec beaucoup plus d'ambition, la révision constitutionnelle du 23 juillet 2008, en second lieu, faisait du renforcement des pouvoirs du Parlement l'une des trois orientations essentielles de la réforme.

Supposée pouvoir être lue sous un angle parlementaire, la Constitution du 4 octobre 1958 ne permettrait pas au Parlement de pleinement assumer cette lecture et de constituer un contre-pouvoir face au pouvoir exécutif. Les pouvoirs qui lui sont attribués ne l'autoriseraient pas à s'affirmer comme l'égal de ce dernier. Avec la révision constitutionnelle du 23 juillet 2008, les missions du Parlement sont explicitées par l'article 24 de la Constitution : « Le Parlement vote la loi. Il contrôle l'action du Gouvernement. Il évalue les politiques publiques ». La réforme constitutionnelle a permis de concrétiser le renforcement des pouvoirs du Parlement dans l'exercice de ces trois missions. Aussi, s'interroger aujourd'hui sur la question de savoir s'il faut renforcer les pouvoirs du Parlement, conduit-il à s'interroger sur l'efficacité de la révision de 2008 en particulier. Cette dernière a-t-elle permis au Parlement de renforcer son rôle et sa place au sein des institutions françaises ou, au contraire, n'a-t-elle que peu changé les choses, faute pour elle d'être intervenue sur les véritables difficultés qui empêchent le Parlement d'exercer pleinement ses missions ? Selon la lecture qui sera proposée, il pourra être défendu qu'il faut renforcer les pouvoirs du Parlement, ce qui constituera la thèse *pro*, ou, au contraire, qu'il ne faut pas renforcer les pouvoirs du Parlement, ce qui sera défendu dans une thèse *contra*.

Thèse *pro* : il faut renforcer les pouvoirs du Parlement

Arguments de texte : il ne suffit pas de proclamer de manière explicite dans la Constitution quelles sont les missions du Parlement pour que celui-ci les exerce pleinement. L'article 24 de la Constitution ne saurait se voir reconnaître une portée performative.

En effet, les différentes modifications constitutionnelles censées renforcer les trois missions du Parlement nouvellement explicitées sont soit insuffisantes, soit anecdotiques.

Dans l'exercice de la fonction législative, si, par exemple, ce qui peut apparaître à première vue décisif, les assemblées disposent désormais de la maîtrise de l'ordre du jour en vertu de l'article 48 alinéa 1er de la Constitution, ce principe souffre en réalité de trop nombreuses exceptions pour pouvoir être significatif. Face à cette affirmation de principe, l'alinéa 2 du même article précise en effet que « deux semaines sur quatre sont réservées par priorité, et dans l'ordre que le Gouvernement a fixé, à l'examen des textes et aux débats dont il demande l'inscription à l'ordre du jour ». Dans le même sens, les projets de loi de finances et des projets de loi de financement de la sécurité sociale sont inscrits à l'ordre du jour par priorité. Les groupes minoritaires et les groupes d'opposition ont encore un jour de séance par mois qui leur est réservé. Le renversement du principe de la maîtrise de l'ordre du jour au profit des assemblées n'est que relatif.

La possibilité ouverte par l'article 34-1 de la Constitution pour les assemblées d'adopter des résolutions, consécutive à la censure par le Conseil constitutionnel des dispositions législatives qui n'énoncent pas des règles (décis. du 29 juill. 2004, *Loi organique relative à l'autonomie financière des collectivités territoriales*), n'a qu'une portée symbolique. Elle ne renforce aucune des missions assignées par l'article 24 de la Constitution au Parlement. Elle ne fait que permettre l'adoption de « neutrons législatifs » ou le prononcé de déclaration d'intention politique, ce qui ne saurait être considéré comme un renforcement des pouvoirs du Parlement.

Dans l'exercice du contrôle de l'action du gouvernement, la création d'une procédure de déclaration du Gouvernement, de sa propre initiative ou à la demande d'un groupe parlementaire, devant l'une ou l'autre des assemblées par l'article 50-1 de la Constitution s'avère anecdotique. Certes, la déclaration peut donner à un débat et même à un vote, mais elle ne saurait aller jusqu'à la mise en cause de la responsabilité politique du gouvernement. Dans le prolongement, l'information du Parlement sur l'intervention de forces armées à l'étranger et son autorisation au-delà d'un délai de quatre mois, prévues par l'article 35 de la Constitution est, il est vrai, une avancée, mais elle ne concerne qu'un élément relativement périphérique et exceptionnel de l'action du gouvernement.

Dans les missions d'évaluation des politiques publiques, les éléments précis sur la mise en œuvre de ces missions sont trop rares dans la Constitution, l'assistance de la Cour des comptes (Const., art. 47-2) et la création de commissions d'enquête (Const., art. 51-2). Ils sont également trop indéterminés pour pouvoir donner lieu à une application pratique significative.

Autrement dit, le renforcement des pouvoirs du Parlement consécutif à la révision de 2008 demeure insuffisant. Il faut aller plus loin pour le faire de manière satisfaisante.

Arguments de nature : l'existence du Parlement en tant que pouvoir face et en contrepoids du pouvoir exécutif ne saurait se concevoir que si celui-ci exerce pleinement les fonctions de production des normes et de contrôle de l'action du gouvernement. À cet égard, le renforcement des pouvoirs du Parlement est nécessaire à l'équilibre des pouvoirs, au système des poids et contrepoids. Plus largement, c'est la démocratie représentative qui sort renforcée de l'accroissement des pouvoirs du Parlement. Renforcer les pouvoirs du Parlement permet un meilleur fonctionnement du régime politique et renforce la démocratie.

Arguments d'opportunité : peut-on parler de contrôle de l'activité du gouvernement alors que l'engagement de la responsabilité du gouvernement n'a abouti depuis 1958 qu'une seule fois à la démission de celui-ci ? En outre, cette démission du gouvernement le 6 octobre 1962, après l'adoption d'une motion de censure par l'Assemblée nationale le 4 octobre, ne visait pas le gouvernement mais le chef de l'État. Peut-on considérer que le Parlement exerce pleinement sa fonction législative alors qu'en 2014, sur les 58 lois adoptées, seules 22 d'entre elles sont issues d'une proposition de loi ?

De plus, il n'est pas certain que le renforcement des pouvoirs du Parlement passe par un accroissement de ses compétences ou par la modification de procédures existantes. Peut-être serait-il opportun de prévoir des mesures permettant de briser ou, du moins, d'atténuer le lien de dépendance existant entre la majorité parlementaire et le gouvernement et, plus précisément, entre la majorité parlementaire et le parti politique dont elle est issue. La fonction de parlementaire pourrait être exercée de manière plus indépendante. Plusieurs voies sont empruntables en ce sens : une interdiction générale de tout cumul de mandats, un dispositif de parité plus efficace et le non-renouvellement généralisé des mandats. Autant de réformes qui conduiraient à une plus grande ouverture des fonctions politiques au-delà des systèmes partisans, vers la société civile, et qui pourrait contribuer à ce que les pouvoirs du Parlement soient mieux exercés plutôt que renforcés.

Thèse *contra* : il ne faut pas renforcer les pouvoirs du Parlement

Arguments de texte : la révision constitutionnelle du 23 juillet 2008 a rempli son office. Elle a permis de renforcer les pouvoirs du Parlement de manière significative.

Déjà, elle a explicité les trois missions qui incombent au Parlement : le vote de la loi, le contrôle de l'action du gouvernement et l'évaluation des politiques publiques. Cette dernière mission s'avère en l'occurrence originale et témoigne du renouvellement des missions du Parlement.

La révision est venue ensuite concrétiser et renforcer chacune de ces missions par des procédures nouvelles ou par l'adaptation de procédures existantes.

Dans la mission de vote de la loi, la maîtrise de l'ordre du jour par les assemblées s'avère décisive (art. 48 al. 1er de la Constitution), même s'il demeure une maîtrise de l'ordre du jour au profit du Gouvernement. Le renversement du principe est plus que symbolique. Il offre au Parlement la possibilité de se prononcer sur les propositions de loi et donc sur les textes déposés à l'initiative des parlementaires. De plus, ce qui renvoie en l'occurrence aux deux autres fonctions assignées par l'article 24 de la Constitution au Parlement, la Constitution impose qu'une semaine de séance sur quatre soit consacrée au contrôle du gouvernement et à l'évaluation de politiques publiques. L'obligation pour les projets de loi d'être accompagnés d'une étude d'impact, en vertu de l'application combinée de l'article 39 de la Constitution et de la loi organique qui en garantit l'application, offre une meilleure information au Parlement au moment de voter la loi. Le fait de discuter du texte tel qu'il est adopté par la Commission parlementaire saisie au fond (Const., art. 42) rend le travail de ces commissions, et donc le travail des assemblées plus largement, beaucoup plus décisif au moment de la discussion des textes.

Dans le contrôle du gouvernement, les droits conférés à la minorité politique renforcent les possibilités de contrôle au profit de l'opposition. L'intervention du Parlement dans la nomination par le chef de l'État des emplois qui ont une importance pour la garantie des droits et libertés ou la vie économique de la Nation (art. 13 al. 5 de la Constitution) et également pour la nomination de tous les membres du Conseil constitutionnel (Const., art. 56 al. 1er) lui permet d'avoir un droit de regard sur une activité de nomination dont il était jusqu'à présent totalement exclu. Le Parlement a encore été associé au choix de l'envoi par le gouvernement de troupes militaires à l'étranger d'abord par un droit d'information puis par l'exigence d'une autorisation au-delà d'un certain délai (Const., art. 35).

L'évaluation des politiques publiques, telle qu'elle est envisagée par la Constitution, est d'autant plus crédible que les moyens de l'assurer sont explicités : l'assistance de la Cour des comptes et la création de commissions d'enquête, l'existence de ces dernières ayant été en l'occurrence constitutionnalisée.

Arguments de nature : la révision constitutionnelle du 23 juillet 2008 a permis d'établir un équilibre entre le pouvoir exécutif et le pouvoir législatif, celui-ci constituant un contrepoids crédible face à celui-là. Il n'est pas nécessaire d'aller au-delà sous peine de créer un déséquilibre au profit du Parlement et de faire dériver le régime vers un régime d'assemblée. L'équilibre dans la séparation souple des pouvoirs instituée par la Constitution du 4 octobre 1958 est désormais acquis.

Arguments d'opportunité : la part des textes législatifs adoptés ayant été à l'origine des propositions de loi est très significative de la place renforcée du Parlement dans l'exercice de la fonction législative. En 2014, sur 58 lois adoptées par le Parlement, 22 sont issues de proposition de loi, soit près de 38 %. Le travail en commission, plus décisif encore depuis la révision de 2008, a consolidé et responsabilisé les parlementaires dans leur fonction législative. La limitation de l'usage du « 49-3 », c'est-à-dire de la procédure permettant au Premier ministre d'engager la responsabilité du gouvernement sur le vote d'un texte, renforce l'importance du travail législatif. L'obligation de consacrer du temps parlementaire au contrôle de l'action du gouvernement et à l'évaluation des politiques publiques contraint le Parlement à exercer ces dernières missions.

Vᵉ République : les pouvoirs

› *Dissertation*

L'équilibre des pouvoirs sous la Vᵉ République.

Durée de l'épreuve : 3 heures.

Thème principal

L'équilibre des pouvoirs

Mots-clés

Constitution, Régime parlementaire, Pouvoir exécutif, Pouvoir législatif, Présidentialisation, Cohabitation, Mandat, Fait majoritaire

Sujet donné et corrigé établi par

Christophe Geslot,
Maître de conférences,
Université de Franche-Comté

Second semestre
2014-2015

› Préparation

Analyse du sujet

L'une des spécificités de la Ve République tient à ce qu'elle ne respecte que très imparfaitement l'une des caractéristiques essentielles du régime parlementaire, l'équilibre des pouvoirs. Cela tient principalement à la présidentialisation croissante de la Ve République. Ce déséquilibre demeure en dépit des efforts déployés depuis 2008.

› Corrigé

L'équilibre des pouvoirs apparaît à certains égards comme un mythe, un horizon de l'organisation et du fonctionnement des systèmes politiques que les faits ne corroborent jamais. Le déséquilibre règne.

La IVe République – comme la précédente – s'était caractérisée par une hégémonie du Parlement accompagnée d'une instabilité gouvernementale chronique résultant de l'absence d'une majorité durable au sein de la chambre basse. En 1958, la nouvelle Constitution s'emploie à rééquilibrer les rapports institutionnels en vue de donner à la France un exécutif capable de gouverner. Cela s'est concrétisé par la rationalisation du régime parlementaire visant à restaurer l'autorité gouvernementale et à abaisser le Parlement. Le Parlement législateur voit ses domaines de compétence limités par l'article 34 de la Constitution tandis que le gouvernement est doté d'un ensemble de moyens de direction et de contrainte tout au long du processus d'élaboration des lois. La limitation de l'efficacité du contrôle parlementaire sur le gouvernement se traduit par la réduction du temps de session et du nombre de commissions parlementaires, et par un effort de rationalisation des mécanismes de la responsabilité gouvernementale.

L'objectif a été atteint au-delà même de toute espérance, à la faveur du fait majoritaire qui est venu apporter aux gouvernements successifs le soutien de majorités parlementaires relativement dociles et durables. Sous la Ve République, c'est un nouveau déséquilibre qui est apparu au profit de l'exécutif, et plus particulièrement du chef de l'État, le Parlement se contentant le plus souvent d'entériner les volontés gouvernementales. Le comité Balladur – et avant lui le comité Vedel en 1992 – est alors chargé en 2007 de faire des propositions de rééquilibrage et de modernisation des institutions, ce qui débouchera sur la révision constitutionnelle de 2008. Il convient de relever qu'à chaque fois qu'un déséquilibre important est constaté et qu'il s'agit d'y remédier, il n'est jamais question de définir un quelconque équilibre à atteindre, ce qui serait particulièrement difficile et vain de toute façon.

Il faut dire que la notion d'équilibre des pouvoirs, liée à la théorie de la séparation des pouvoirs, est particulièrement ambiguë. Chez Montesquieu, elle correspond à l'objectif de limitation du pouvoir. Il s'agit de séparer les trois fonctions du pouvoir, qui deviennent trois pouvoirs distincts, exécutif, législatif et juridictionnel, et d'organiser leurs rapports de manière équilibrée. Or, l'organisation du pouvoir en démocratie ne se réduit pas à l'objectif de limitation du pouvoir mais poursuit des objectifs contradictoires qui appellent une conciliation : d'un côté, la stabilité et l'efficacité du pouvoir politique qui doit être en mesure de gouverner et, d'un autre côté, la limitation du pouvoir politique qui porte en lui un risque d'arbitraire, qui est de surcroît potentiellement dangereux pour la minorité politique et pour les droits et libertés des individus. Ainsi, l'équilibre des pouvoirs ne saurait être compris comme un partage égal du pouvoir entre l'exécutif et le législatif qu'il serait d'ailleurs impossible de définir. Il ne s'agit pas non plus d'organiser la possibilité pour les différents pouvoirs de se neutraliser, ce qui générerait un risque de paralysie et serait pour le moins nuisible à l'efficacité du système politique. C'est en ce sens qu'on peut se demander si l'équilibre des pouvoirs n'est pas en soi un mythe ; s'il ne s'agit pas toujours de modérer la domination de l'un des pouvoirs, de limiter le déséquilibre des pouvoirs qui est toutefois inhérent au système politique.

À cet égard, la Vᵉ République est caractérisée par un déséquilibre institutionnel au profit du président de la République (I), un déséquilibre cependant tempéré ou partiellement corrigé (II).

I/ Un déséquilibre au profit du chef de l'État : la primauté présidentielle

Le déséquilibre des pouvoirs au profit du chef de l'État résulte de ce qu'il est convenu d'appeler la présidentialisation du régime (A) qui s'incarne en un mode particulier de fonctionnement de la Ve République. Si la cohabitation introduit un nouveau mode de gouvernement et conduit à une forme particulière de rééquilibrage des pouvoirs, elle a cependant été marginalisée (B).

A – La présidentialisation du régime

Dès les débuts de la Ve République, le président a gouverné : ce qu'on a appelé la suprématie ou primauté présidentielle. De Gaulle, dans sa conférence de presse du 31 janvier 1964, le reconnaîtra sans détour : « *il est vrai que, concurremment avec l'esprit et avec le texte, il y a eu la pratique* ». Ce mode de fonctionnement ne correspond pas à ce que prévoyait la Constitution. Une chose est claire, selon l'article 20 de la Constitution, c'est le Gouvernement qui détermine et conduit la politique de la nation, l'article 21 indiquant que le Premier ministre dirige l'action du gouvernement. Un rôle nouveau, plus important que celui de ses prédécesseurs, est attribué au président de la République en 1958 mais la Constitution ne lui confie pas la tâche de gouverner. Il est chargé, pour l'essentiel, de veiller au respect de la Constitution, de garantir l'indépendance nationale et d'assurer par son arbitrage le fonctionnement régulier des pouvoirs publics (Const., art. 5). Le tout est de comprendre comment la primauté présidentielle a pu se produire, puis d'expliquer en quoi elle consiste.

La primauté présidentielle s'explique d'abord, entre 1959 et 1962, par le contexte tout particulier de la guerre d'Algérie. De Gaulle est rappelé au pouvoir pour faire face à l'urgence et pour résoudre la crise algérienne. On attend de lui qu'il prenne les choses en mains, ce qu'il fait. Personne d'autre n'est d'ailleurs en mesure de le faire. Il est « l'homme providentiel » disposant de la légitimité historique pour régler la crise (le résistant de 1940, le libérateur de 1945). Il bénéficie en outre d'un soutien populaire très large. Le peuple lui témoigne sa confiance à différentes occasions : avec l'adoption de la Constitution en 1958, lors du référendum de 1961 sur l'autodétermination des populations algériennes et celui de 1962 portant autorisation de ratifier les accords d'Évian relatifs à l'indépendance de l'Algérie. Il faut ajouter à ce contexte particulier, la forte personnalité de Charles de Gaulle, (son « équation personnelle », conférence de presse de 1964) qui le pousse naturellement à l'exercice du pouvoir.

Ce mode de gouvernement sera consolidé à partir de 1962 par la survenance de deux mutations importantes. La première est le référendum du 28 octobre par lequel la Constitution est modifiée pour permettre l'élection du président au suffrage universel direct. Ce mode de désignation justifiera désormais, pour de Gaulle en 1965 comme pour ses successeurs, l'exercice d'un pouvoir étendu par un chef de l'État élu sur un programme pour le mettre en œuvre. La seconde mutation permettra au président de disposer des moyens institutionnels et politiques pour gouverner. En effet, les élections législatives de novembre 1962 ont fait apparaître le fait majoritaire, c'est-à-dire une majorité parlementaire directement issue du scrutin (et non « bricolée » après), unie, solide et qui va fidèlement soutenir le gouvernement. Il accentue les effets de la rationalisation du régime parlementaire et annihile l'intérêt des mécanismes traditionnels de l'équilibre des pouvoirs que sont la dissolution de l'Assemblée nationale et la responsabilité du Gouvernement devant le Parlement. Le contrôle parlementaire tombe en sommeil et plus aucun gouvernement ne sera contraint à la démission, faute de volonté politique des députés.

Le Premier ministre et le Gouvernement nommés par un président élu de la nation se mettent alors naturellement au service de la politique présidentielle qu'ils sont chargés de mettre en œuvre. Le Premier ministre recourt notamment pour ce faire à l'ensemble des moyens que la Constitution met à sa disposition pour orienter et maîtriser le processus d'adoption de la loi, assisté dans cette tâche par une majorité parlementaire docile.

Cependant, le déséquilibre des pouvoirs n'opère au profit du président qu'aussi longtemps qu'il peut compter sur l'appui d'une majorité parlementaire.

B – La marginalisation de la cohabitation

La situation de cohabitation survient précisément en cas de rupture de la majorité présidentielle et de la majorité parlementaire, à la suite d'élections législatives perdues par le camp présidentiel. Le président se trouve alors face à une majorité de députés politiquement hostiles et se doit de cohabiter avec un Premier ministre issu de ses rangs. Cette configuration s'est produite à trois reprises, de 1986 à 1988, de 1993 à 1995 et de 1997 à 2002.

Elle donne à voir un certain rééquilibrage institutionnel inédit qu'impose une application plus fidèle de la Constitution. Président et Premier ministre vont se retrancher derrière la Constitution et faire valoir leurs prérogatives, telles qu'elles sont prévues par le texte. Le chef de l'État n'est plus en mesure de maîtriser la composition du gouvernement. Il retrouve *a priori* les rôles de gardien, d'arbitre et de garant que lui assigne l'article 5. Il conserve une prééminence en matière d'affaires étrangères et de défense, à la faveur d'une certaine conception de la pratique antérieure, mais il n'est plus maître de la politique économique et sociale qui relève du Premier ministre.

Pour autant, s'il ne dispose plus des moyens de sa politique, le président demeure l'homme d'un camp. Il est naturellement porté à critiquer l'action du gouvernement, à la décrier, et à user à l'occasion de ses prérogatives constitutionnelles pour gêner l'action du gouvernement, spécialement lorsque se profile l'élection présidentielle. C'est essentiellement pour cette raison qu'il a choisi de « rester dans la place ». Certains pouvoirs respectifs du président et du Premier ministre sont imbriqués, ce qui favorise les possibilités de se gêner mutuellement, mais spécialement pour le président de gêner le Premier ministre, même s'il se doit d'observer une grande retenue au regard du verdict des urnes. Ainsi, les différentes cohabitations furent l'occasion de certains conflits, par exemple à propos de l'ordre du jour du conseil des ministres que le président doit « abandonner » au Premier mais qu'il signe, ce qui lui permet de s'opposer ponctuellement, ou encore lorsque F. Mitterrand refuse en 1986-1987 de signer certaines ordonnances voulues par le chef du Gouvernement.

Si elle réintroduit un certain équilibre des pouvoirs, cette situation qui s'est renouvelée à intervalles rapprochés, a été considérée comme nuisible en raison des difficultés qu'elle génère pour le gouvernement de la France. Des réformes ont été entreprises pour tenter de la rendre peu probable. L'instauration du quinquennat par la révision constitutionnelle de 2000 et l'inversion du calendrier électoral par la loi organique du 15 mai 2001 ont permis de faire coïncider la durée du mandat présidentiel avec celle des députés et d'organiser l'élection présidentielle un mois avant les législatives. Ces élections organisées de manière rapprochée sont ainsi censées assurer l'homogénéité politique de l'exécutif, par un vote politiquement cohérent des citoyens en faveur d'un président et d'une majorité concordante.

Sans avoir été totalement écartées, les hypothèses de cohabitation ont ainsi été marginalisées. Le rééquilibrage du système politique, s'est opéré sous d'autres formes.

II/ Un déséquilibre tempéré : le rééquilibrage du système politique

Le déséquilibre entre les pouvoirs demeure sous la Ve République mais il est tempéré par la revalorisation du Parlement (B) et le développement du troisième pouvoir de la triade exposée par Montesquieu, le pouvoir juridictionnel (A).

A – L'émergence d'un contre-pouvoir juridictionnel

Le développement du contrôle de constitutionnalité des lois a permis de poser des limites à l'action du pouvoir exécutif. En effet, la Constitution deviendra un moyen juridique opposable à la volonté politique de l'exécutif dont les lois sont la traduction. Ce n'est pas dans cette intention que le Conseil constitutionnel a été mis en place en 1958. Il est alors créé dans un but précis et limité. Il s'agit d'assurer le respect des mesures de rationalisation du régime parlementaire qui visent à abaisser le Parlement dans un souci de rééquilibrage de ses rapports avec l'exécutif. Le contrôle de constitutionnalité se limite alors à la vérification du respect des règles d'élaboration de la loi et de la répartition des domaines de la loi et du règlement. Il n'est pas question d'un contrôle au fond du respect par la loi des droits et libertés.

Le rôle du Conseil constitutionnel a depuis lors considérablement évolué. Le Conseil a su se faire accepter et trouver sa place dans le paysage politico-institutionnel français pour devenir le gardien des droits et libertés. Trois évolutions majeures ont marqué le développement d'un pouvoir juridictionnel incarné par le Conseil constitutionnel (1971-1974-2008).

À partir de sa grande décision du 16 juillet 1971 (*Liberté d'association*), le Conseil constitutionnel considère que le Préambule fait partie intégrante de la Constitution, et contrôle les lois par rapport aux textes auxquels renvoie ce Préambule, à savoir la Déclaration des droits de 1789 et le Préambule de la Constitution de 1946. Ces textes relatifs aux droits et libertés deviennent des normes de référence du contrôle de constitutionnalité que le Conseil enrichit également par son travail d'interprétation.

Si au départ seuls le président de la République, le Premier ministre et les présidents des assemblées parlementaires étaient habilités à saisir le Conseil constitutionnel d'une loi ordinaire, une révision constitutionnelle ouvre en 1974 cette faculté à 60 députés ou 60 sénateurs et, en fait, à l'opposition parlementaire. Cette réforme libérale voulue par Valéry Giscard d'Estaing est d'une importance majeure. L'opposition parlementaire trouve le moyen de continuer le combat politique sur le terrain juridique de manière potentiellement plus efficace. Elle fut à l'origine d'un développement considérable du nombre de saisines du Conseil par l'opposition et donc de la jurisprudence constitutionnelle.

Enfin, l'instauration en 2008 d'un contrôle de la loi après sa promulgation est venue renforcer la protection des droits et libertés. Les justiciables peuvent depuis le 1er mars 2010 soulever une question prioritaire de constitutionnalité pour obtenir l'abrogation d'une disposition législative contraire aux droits et libertés garantis par la Constitution, même si ces derniers étaient en partie déjà protégés par la Convention de sauvegarde des droits de l'homme et des libertés fondamentales et la jurisprudence de la Cour de Strasbourg auxquelles le juge ordinaire français pouvait donner effet en droit interne par le biais du contrôle de conventionnalité.

L'émergence d'un contre-pouvoir juridictionnel a ainsi précédé la « renaissance » d'un contre-pouvoir politique.

B – Le timide renouveau d'un contre-pouvoir politique : la revalorisation du Parlement

Les mesures d'abaissement du Parlement, combiné au fait majoritaire, ont produit leurs effets au point que la représentation nationale soit souvent présentée comme une chambre d'enregistrement des volontés de l'exécutif. Pour y remédier, la revalorisation du Parlement entreprise à partir des années 1990 a fait l'objet d'une révision constitutionnelle d'envergure en 2008. Le comité Balladur mis en place en 2007 par N. Sarkozy au lendemain de son élection avait précisément pour mandat de proposer des mesures de modernisation et de rééquilibrage des institutions.

Un ensemble de disposition tend ainsi à revaloriser le Parlement dans l'exercice de sa fonction législative. Pour l'essentiel, les assemblées retrouvent une certaine maîtrise de leur ordre du jour alors qu'il était déterminé par le gouvernement, à l'exception d'une séance par mois depuis 1995. L'article 42 opère désormais un partage plus égalitaire, deux semaines étant réservées au gouvernement et deux semaines aux parlementaires. Le partage n'est, il est vrai, qu'en apparence égalitaire dans la mesure où l'article 48 al. 3 confère au gouvernement des possibilités d'empiétement sur les semaines normalement maîtrisées par les parlementaires, notamment pour l'examen de la loi de finances. Par ailleurs, les commissions parlementaires bénéficient en principe d'un temps d'examen des textes de six semaines en première lecture avant leur discussion en séance plénière (art. 42, al. 3). Leurs prérogatives ont été étendues à l'égard des lois déposées par le gouvernement. À l'instar des propositions, la discussion en assemblée des projets de loi s'engage en principe sur le texte établi par la commission, ce qu'il leur permet de les modifier directement. Il reste néanmoins que le gouvernement demeure pourvu des moyens de faire aboutir ses textes de manière à pouvoir gouverner. Par ailleurs, on ne saurait perdre de vue que les mesures de revalorisation en matière législative profitent principalement à la majorité parlementaire pour la simple raison qu'elle est seule en mesure d'adopter la loi. De ce point de vue, son soutien au gouvernement et la discipline qu'elle observe tendent à relativiser la revalorisation du Parlement législateur.

Depuis les années 1990, l'activité de contrôle du gouvernement a eu tendance à se développer, notamment de la part des commissions parlementaires. Cela s'est par exemple traduit par la création de missions d'information temporaires et de missions d'évaluation et de contrôle auprès de la Commission des finances et de la Commission des affaires sociales de l'Assemblée nationale. Le contrôle s'est notablement intensifié en matière d'application des lois, d'évaluation des politiques publiques, de politique européenne, etc. Parallèlement, différentes initiatives ont permis de mieux associer l'opposition aux travaux des assemblées, comme la cession de la présidence de la Commission des finances de l'Assemblée nationale à un député de l'opposition. La réforme de juillet 2008 a permis de conforter cette évolution en faveur de l'opposition qui doit davantage s'affirmer comme un contre-pouvoir indispensable en démocratie. L'article 51-1 dispose en ce sens que le règlement de chaque assemblée « reconnaît des droits spécifiques aux groupes d'opposition de l'assemblée intéressée ainsi qu'aux groupes minoritaires ». Parmi les nouvelles prérogatives reconnues au Parlement, un certain nombre bénéficie de manière spécifique aux groupes parlementaires minoritaires ou d'opposition. Certaines évolutions antérieures et des moyens nouveaux qui ébauchent une sorte de statut de l'opposition ont été insérés dans les règlements des assemblées en 2009. Il appartient en définitive aux parlementaires, de l'opposition comme de la majorité, de s'investir pleinement dans leurs fonctions de contrôle de l'action du Gouvernement et d'évaluation des politiques publiques.

Ve République : les pouvoirs

Thème principal

Les relations entre les pouvoirs

Mots-clés

Procédure législative, Projet de loi, Motion de censure, Partis politiques, Question de confiance, Session parlementaire, Ordonnance

Sujet donné et corrigé établi par

Gilles Toulemonde, Maître de conférences, Université Lille Nord de France (Lille 2)

Second semestre 2014-2015

› *Cas pratique*

• **Mai 2024** – Bruno Villalva a été élu à la présidence de la République.

• **Juin 2024** – Le BVFE, parti politique dont Bruno Villalva était le premier secrétaire jusqu'à son élection à la présidence de la République, emporte 277 sièges à l'Assemblée nationale lors des élections législatives. L'Assemblée nationale est désormais ainsi composée des groupes parlementaires suivants :

- BVFE (groupe de la majorité présidentielle) : 277 sièges
- VMFE (groupe d'opposition) : 200 sièges
- HKP (groupe d'opposition) : 50 sièges
- FWAP (groupe minoritaire associé à la majorité) : 18 sièges
- DGPP (groupe d'opposition) : 32 sièges

Guillaume Cholet, membre influent du BVFE, a été nommé Premier ministre. Un accord de coalition entre le BVFE et le FWAP a permis de former un Gouvernement dans lequel François Wilinski, leader du FWAP, occupe les fonctions de ministre de la Jeunesse et des Sports.

Le 27 juin 2024, Lilya Aït Menguellet, Présidente de l'Assemblée nationale, et Marina Bénigni, Présidente du Sénat, annoncent la clôture de la session ordinaire du Parlement. Cependant, le Premier ministre estime qu'il faut agir vite afin de profiter de l'état de grâce de l'élection présidentielle. Il souhaite donc saisir le Parlement au plus vite de deux projets de loi :

- un projet de loi abaissant l'âge de la majorité à 16 ans ;
- et un projet de loi modifiant les règles de financement des partis politiques afin qu'elles tiennent compte également du résultat de l'élection présidentielle.

Le Premier ministre souhaite que l'Assemblée nationale ait achevé la première lecture de ces deux projets de lois au plus tard à la fin de la session extraordinaire, c'est-à-dire le 31 juillet à 19 h 45.

Le Premier ministre vous demande :

1) Dans quelles conditions est-il possible de réunir le Parlement en session extraordinaire durant le mois de juillet ?

2) Quelles sont aujourd'hui les règles applicables en matière de financement des partis politiques ?

3) Comment faire pour que les commissions de l'Assemblée nationale se dessaisissent des projets de lois suffisamment vite afin que l'Assemblée puisse achever sa première lecture sur ces deux projets de lois au plus tard le 31 juillet ?

4) Le recours aux ordonnances de l'article 38 de la Constitution est-il possible ? Quelle procédure faudrait-il suivre alors ?

• **31 juillet 2024** – L'opposition est furieuse tant en raison du contenu de ces textes que des conditions de leur examen. Il se murmure que certains membres du FWAP pourraient ne pas voter ces projets de lois.

Le Premier ministre projette d'utiliser l'article 49 alinéa 3 sur ces textes et compte sur la clôture de la session extraordinaire pour priver les parlementaires de la possibilité de déposer une motion de censure.

Le Premier ministre vous demande :

5) S'il peut employer l'article 49 alinéa 3 sur ces deux projets de lois ?

6) Les députés pourraient-ils alors déposer une motion de censure et celle-ci aurait-elle des chances d'être adoptée ?

• **23 octobre 2024** – Le front de libération de Rysie, un pays en guerre, a pris en otages plusieurs Français implantés dans ce pays. Le Conseil de sécurité de l'ONU a été réuni en urgence à la demande de la France et a autorisé l'envoi de troupes dans ce pays. Le Président de la République annonce le jour même lors d'un point presse qu'il a décidé l'envoi immédiat de la Légion étrangère dans ce pays afin d'écraser le front de libération de Rysie et de libérer les otages.

Le Premier ministre vous demande :

7) Le Président de la République pouvait-il ainsi décider d'envoyer la Légion étrangère en Rysie ? Et que se passerait-il si la situation en Rysie devait durer ?

Durée de l'épreuve : 3 heures.

Aucun document autorisé.

› Préparation

Analyse du sujet

Le cas pratique proposé réunit différentes situations, clairement séparées, y compris d'un point de vue temporel. Il est recommandé aux étudiants de dresser dans un premier temps, au brouillon, un panorama de la situation politique correspondant aux différents moments du sujet car elle n'est pas sans influence sur les situations rapportées.

En l'occurrence, le parti présidentiel (BVFE) dispose d'une majorité seulement relative de députés puisqu'il est annoncé 277 députés en sa faveur. Mais avec un parti allié (FWAP), ils forment une coalition bénéficiant d'une majorité absolue de députés : 295 députés contre 282 à l'opposition.

Nous nous trouvons donc dans une situation de concordance des majorités, mais avec le risque d'une majorité potentiellement fragile. La composition du Sénat, n'est, en revanche, pas connue.

Une fois dressé ce panorama, la difficulté consiste à envisager chacune des sous-questions engendrées par la question posée par le sujet. Toute l'attention des étudiants doit alors se concentrer sur cet aspect. Ensuite, seulement, il s'agira de répondre à ces questions. Il faudra alors mobiliser ses connaissances issues, soit du texte constitutionnel (document non autorisé lors de l'examen), soit de la législation, soit de la pratique politique, soit de la jurisprudence pour forger les réponses les plus adaptées aux circonstances.

Le correcteur s'attachera essentiellement à la logique de la démarche suivie, à la démonstration, bien plus qu'au seul résultat obtenu. Il convient donc d'expliquer la progression intellectuelle de la réponse fournie.

Du point de vue formel, il s'agit de se glisser dans la peau du personnage que l'on est censé incarner et au moment où la situation est censée se produire. Dès lors, il faut répondre au Premier ministre. Vous pouvez souhaiter lui répondre par courrier, courrier électronique ou en imaginant une conversation imaginaire avec lui. Nous faisons le choix, dans ce corrigé, de deux réponses par courrier électronique et une par voie téléphonique. Peu importe finalement, mais il faut prendre garde à bien réaliser trois échanges différents avec le Premier ministre dans la mesure où ils se produisent à des époques différentes (fin juin, fin juillet et fin oct. 2024).

› *Corrigé*

Questions 1), 2), 3) et 4)

De : conseiller@premier-ministre.gouv.fr

A : guillaume.cholet@premier-ministre.gouv.fr

Objet : Questions de droit constitutionnel

Monsieur le Premier ministre,

Je vous prie de trouver dans ce courriel les réponses aux questions qui m'ont été transmises lors de l'appel téléphonique de votre secrétariat. Je me suis permis de numéroter mes réponses en fonction de l'ordre dans lequel les questions m'ont été posées afin que vous vous y repériez plus facilement.

1) Dans quelles conditions est-il possible de réunir le Parlement en session extraordinaire durant le mois de juillet ?

Dans la conjoncture dans laquelle nous nous trouvons, il est assez aisé de réunir le Parlement en session extraordinaire. En effet, en vertu des articles 29 et 30 Const., il suffit soit que vous le demandiez au Président de la République soit que cette demande lui soit adressée par la majorité absolue des membres composant l'Assemblée nationale (et vous disposez bien d'une telle majorité grâce à l'appui du FWAP). Certes, il est déjà arrivé que le Président de la République refuse une telle demande, mais dans la mesure où il partage ici votre point de vue, cela a peu de chances de se produire ici.

Permettez-moi de vous signaler qu'il est sans doute plus pertinent que vous adressiez vous-même cette demande au Président. Outre que la procédure est plus simple puisque les députés n'ont pas à signer un document en ce sens, cela va permettre de prolonger la session extraordinaire jusqu'à la fin du mois de juillet comme vous le souhaitez. En revanche, si ce sont les députés qui formulent cette demande d'ouverture d'une session extraordinaire, cette dernière prendra nécessairement fin au plus tard 12 jours après son ouverture.

2) Quelles sont aujourd'hui les règles applicables en matière de financement des partis politiques ?

Le financement des partis politiques a fait l'objet de plusieurs textes législatifs depuis 1988. Dans l'état actuel, les personnes physiques peuvent financer des partis politiques à hauteur de 7 500 euros par an (pour un seul parti ou à répartir entre plusieurs partis). Les personnes morales, privées ou publiques (à l'exception de l'État), n'ont aucun droit à financer les partis politiques.

L'État finance les partis politiques par une aide publique reposant sur deux fractions :

- la première fraction est attribuée aux partis politiques dont les candidats en métropole ont obtenu un score supérieur ou égal à 1 % des suffrages exprimés dans au moins 50 circonscriptions ou dont les candidats outre-mer ont obtenu ce score dans toutes les circonscriptions dans lesquelles ce parti présentait des candidats. Cette première fraction de l'aide publique prend en compte la quantité de suffrages reçus. En 2015, chaque suffrage permettait ainsi aux partis remplissant cette condition de toucher environ 1,42 euros d'aide publique et je ne pense pas que cela ait considérablement varié depuis. Toutefois, le montant de cette première fraction de l'aide publique peut être diminué si le parti en question ne respecte pas l'objectif de parité inscrit dans les articles 1er et 4 de la Constitution : si l'écart entre le nombre de candidats de chaque sexe est supérieur à 2 %, le montant de la première fraction sera diminué de 150 % de cet écart.
- La deuxième fraction de l'aide publique tient compte du nombre de parlementaires déclarant se rattacher aux différents partis. En 2015, et, là encore, cela n'a pas dû considérablement varier depuis, chaque parlementaire rattaché permettait ainsi à un parti politique de toucher 37 524,96 € annuellement. Toutefois, pour avoir droit à cette seconde fraction de l'aide publique, il est nécessaire de remplir les conditions pour pouvoir toucher également la première fraction de l'aide publique.

Vous avez donc raison de déposer un projet de loi sur le bureau de l'Assemblée nationale afin de modifier les modalités de financement public des partis politiques si vous désirez que le montant de cette aide publique tienne compte également des résultats de l'élection présidentielle.

3) Comment faire pour que les commissions de l'Assemblée nationale se dessaisissent des projets de lois suffisamment vite afin que l'Assemblée puisse achever sa première lecture sur ces deux projets de lois au plus tard le 31 juillet ?

Pour ce faire, il n'y a qu'un moyen, c'est que le Gouvernement engage la « procédure accélérée ». En effet, à défaut les commissions permanentes ou spéciales de l'Assemblée nationale compétentes pour examiner ces projets de lois doivent bénéficier d'un temps d'examen des textes de 6 semaines selon les termes de l'article 42 Const., ce qui aurait pour effet de reporter le débat en séance publique au-delà du 31 juillet. L'engagement de la procédure accélérée permet d'écarter l'application de ce délai ; ainsi, vos projets de lois pourront être examinés en séance publique plus vite. Mais prenez garde à en informer le président de l'Assemblée nationale dès le dépôt des projets de lois en question.

4) Le recours aux ordonnances de l'article 38 de la Constitution est-il possible ? Quelle procédure faudrait-il suivre alors ?

Dès lors que ces matières font bien l'objet de lois, il est effectivement possible de recourir aux ordonnances de l'article 38 Const. Vous devez alors déposer sur le bureau d'une des assemblées un projet de loi d'habilitation précisant tant l'objet ou les objets sur lesquels le Gouvernement souhaite agir par voie d'ordonnances et la durée de l'habilitation. Ce projet de loi doit être accompagné d'une étude d'impact, comme d'ailleurs les deux projets de lois que vous envisagez de déposer si vous préférez suivre la procédure législative ordinaire. Ensuite, l'examen de ce projet de loi d'habilitation suivra la procédure législative ordinaire.

Une fois habilité, le Gouvernement que vous dirigez pourra prendre par ordonnances les mesures souhaitées. Mais vous devrez les soumettre à la signature du Président de la République, ce qui ne devrait poser aucun problème ici. Enfin, avant l'expiration d'un délai précisé dans la loi d'habilitation, vous devrez déposer sur le bureau d'une des assemblées un projet de loi de ratification des ordonnances car à défaut celles-ci deviendront caduques.

Le recours aux ordonnances me paraît être le plus pertinent pour arriver à vos fins et changer la législation. Mais il est vrai que les parlementaires ressentent parfois un sentiment de dépossession lorsque le Gouvernement agit par voie d'ordonnance. Il s'agit là d'un arbitrage que vous devez opérer.

En espérant que ces réponses vous seront utiles pour prendre les bonnes décisions, je vous prie d'agréer, Monsieur le Premier ministre, l'assurance de mon sincère dévouement.

Votre conseiller

Questions 5) et 6)

Compte rendu de l'échange téléphonique entre le Premier ministre et son conseiller :

Conseiller – « Ce que vous me dites là ne me surprend qu'à moitié. Les députés du FWAP essaient depuis plusieurs jours d'obtenir des infléchissements à votre politique. Ils me rappellent les "fondeurs" socialistes de 2014… »

Premier ministre – « Au fait ! Au fait ! Je n'ai que peu de temps devant moi. Puis-je recourir à l'article 49 alinéa 3 Const. sur ces deux projets de lois ? »

Conseiller – « Je regrette de ne pas avoir envisagé cette hypothèse d'un recours à l'article 49 alinéa 3 Const. le mois dernier quand vous me demandiez si vous pouviez réunir une session extraordinaire du Parlement… »

Premier ministre – « Pourquoi cela ? »

Conseiller – « Parce que, depuis la révision constitutionnelle du 23 juillet 2008, vous ne pouvez plus engager la responsabilité du Gouvernement, après délibération du conseil des ministres que sur le vote des lois de finances, des lois de financement de la sécurité sociale et sur un autre texte par session. Or ces projets de lois ne sont ni des projets de lois de finances, ni des projets de loi de financement de la sécurité sociale ; vous ne pouvez donc engager la responsabilité de votre Gouvernement que sur le vote d'un seul de ces deux projets de lois ».

Premier ministre – « Mais en quoi le fait d'anticiper un possible usage de ce dispositif il y a un mois aurait-il changé les choses ? »

Conseiller – « Parce que le texte de la Constitution mentionne bien le recours possible au 49 alinéa 3 Const. sur un autre texte "*par session*". Si j'avais pu imaginer que les députés du FWAP se révolteraient, je vous aurais conseillé de demander au Président de la République d'ouvrir non pas une mais deux sessions extraordinaires distinctes et successives. Ainsi, vous auriez pu engager la responsabilité de votre Gouvernement sur les deux projets de lois… ».

Premier ministre – « Ah m… ! ! ! Je ne vous félicite pas. (Silence). Bon. Quoi qu'il en soit, l'article 49 alinéa 3 est bien une procédure par laquelle j'engage la responsabilité de mon Gouvernement. Les députés vont-ils pouvoir déposer une motion de censure et celle-ci a-t-elle des chances d'être adoptée ? »

Conseiller – « J'aimerais pouvoir vous répondre négativement, mais ce serait vous cacher la vérité. En réponse à l'utilisation de l'article 49 al. 3, les députés peuvent effectivement déposer une motion de censure. Ils sont suffisamment nombreux pour pouvoir la déposer puisqu'elle doit être signée par un dixième des députés, soit 58. Au moins, ce ne seront pas seulement des députés du FWAP qui pourront la signer ».

Premier ministre – « Mais enfin, c'est la fin de la session… »

Conseiller – « C'est vrai, nous sommes le 31 juillet date à laquelle la session extraordinaire prend fin. Mais, en vertu de l'article 51 Const., la session sera prolongée pour permettre l'application des dispositions de l'article 49 Const. Les députés auront bien 24 h pour déposer une motion de censure et celle-ci pourra donc être soumise au vote au moins 48h après son dépôt. Quant aux chances de succès de cette motion de censure, j'ai le regret de vous dire qu'elles dépendent de l'attitude des membres du FWAP. En effet, pour être adoptée, la motion de censure doit recueillir la majorité absolue des membres composant l'Assemblée nationale, soit 289 voix, et ceci en ne comptabilisant que les votes favorables à la motion. L'opposition n'est forte que de 282 députés. Il faudrait donc qu'au moins 7 membres du FWAP votent la motion pour qu'elle soit adoptée ».

Premier ministre – « Bon, je sais ce qu'il me reste à faire. Merci pour votre franchise. Mais à l'avenir songez à anticiper sur les problèmes, sinon ce sera la porte ».

Question 7)

De : conseiller@premier-ministre.gouv.fr

A : guillaume.cholet@premier-ministre.gouv.fr

Objet : Questions de droit constitutionnel

Monsieur le Premier ministre,

Dans votre courriel, vous me demandez si le Président de la République peut ainsi décider d'envoyer la Légion étrangère en Rysie et que se passerait-il si la situation en Rysie devait durer ?

Sur le premier point, sachez qu'en sa qualité de chef des armées (aux termes de l'article 15 Const.), le Président de la République peut effectivement envoyer des troupes en Rysie. Mais, cette décision a une conséquence pour vous, c'est que le Gouvernement que vous dirigez doit, afin de vous conformer aux exigences de l'article 35 Const., faire devant les assemblées une déclaration suivie d'un débat ne donnant pas lieu à un vote et ceci dans les 3 jours qui suivent cet envoi de troupes. Cette déclaration doit préciser les objectifs poursuivis par l'opération militaire.

Sur le second point, sachez que si la situation devait durer au-delà de quatre mois, alors le Gouvernement que vous dirigez devrait demander au Parlement l'autorisation de poursuite de cette opération militaire à l'étranger. Afin d'anticiper sur un éventuel problème à ce stade, sachez d'ores et déjà que vous aurez la possibilité, en cas de désaccord entre l'Assemblée et le Sénat, de donner le dernier mot à l'Assemblée nationale.

Veuillez agréer, Monsieur le Premier ministre, l'assurance de mon sincère dévouement.

Votre conseiller.

Ve République : les pouvoirs

› *Cas pratique*

Thème principal

Le vote de la loi

Mots-clés

Procédure législative, Projet de loi, Référendum, Conseil d'État, Conseil constitutionnel, Cumul des mandats, Parlementarisme rationalisé

Conseiller parlementaire au cabinet du ministre de l'Intérieur, le directeur de cabinet vous consulte sur un projet de loi contesté relatif au renforcement de la lutte contre le terrorisme. Il vous est demandé de livrer une expertise *juridique* tant sur des questions de procédure parlementaire que sur le fond du texte de loi en préparation. En marge de cette consultation principale, certaines questions sans rapport avec la loi vous sont soumises afin de recueillir votre avis.

Vous répondrez à chacune des questions dans l'ordre dans une note de 6 pages au plus.

1) Le tour de table de la majorité législative laisse penser que la majorité sera difficilement atteinte pour adopter le projet de loi dont de nombreuses dispositions sont considérées comme liberticides. Quelles sont les procédures qui permettraient au projet de loi d'être rapidement adopté à l'Assemblée nationale sans être dénaturé dans ses principales dispositions ? (*5 points*)

2) Loin d'être consensuel, le texte soulève à l'évidence des questions de constitutionnalité sur lesquels le Conseil d'État, saisi pour avis, ne s'est pas encore prononcé. Pouvez-vous récapituler les procédures parlementaires et juridictionnelles qui permettent aux élus de la nation ou aux justiciables de dénoncer la constitutionnalité d'une ou de plusieurs dispositions du texte (*3 points*).

Sujet donné et corrigé établi par

Pascal Jan, Professeur, Institut de science politique de Bordeaux

Second semestre 2014-2015

3) Certains députés de la majorité, convaincus que la lutte contre le terrorisme passe aussi par une plus grande implication des étrangers dans la vie politique, ont prévenu le Premier ministre et le ministre de l'Intérieur du dépôt d'un amendement consacrant le droit de vote des étrangers aux élections locales. Le gouvernement se refuse à discuter de cette question. Quels sont les arguments constitutionnels que le ministre de l'Intérieur doit mobiliser pour justifier la position gouvernementale ? (*4 points*).

4) En marge de ce texte, le ministre de l'Intérieur sensible aux arguments d'une partie des membres de sa majorité s'interroge sur la modification du code électoral en vue de consacrer le vote obligatoire aux différentes consultations électorales. Vous exposerez brièvement, et en nombre égal, les motifs qui militent en faveur ou au contraire s'opposent à une telle modification de la législation électorale (*3 points*).

5) Enfin, anciennement chargé des questions électorales au sein de son parti avant d'être appelé au Gouvernement, le ministre de l'Intérieur qui se présente comme un « républicain engagé » et un « démocrate » s'interroge sur le mode du scrutin législatif actuel. Il souhaiterait que vous lui indiquiez les modifications législatives qui, selon vous, assureraient une quasi-parité à l'Assemblée nationale et une plus grande représentativité des principales forces politiques tout en évitant l'émiettement politique de la représentation nationale (*5 points*).

Durée de l'épreuve : 1 h 30.
Aucun document n'est autorisé.

› Préparation

Analyse du sujet

Le cas proposé permet, concernant la discussion d'un texte législatif controversé car touchant aux libertés publiques, d'analyser certaines questions relatives au vote de la loi dans toutes ses dimensions et au travers de ses différentes étapes : procédure accélérée, droit d'amendement, contrôle de constitutionnalité. Le sujet permet en outre d'aborder l'organisation des élections et du suffrage.

› Corrigé

1) La Constitution de 1958 met en place des mécanismes de parlementarisme rationalisé qui permettent au gouvernement de mener une politique législative conformément à son article 20 qui dispose : « Le gouvernement détermine et conduit la politique de la Nation ». Ces mécanismes sont nombreux et sont utiles pour un gouvernement qui ne peut compter que sur une majorité relative, qui affronte une majorité législative indisciplinée ou, ponctuellement, doit gérer une opposition franche au sein de sa majorité sur l'un de ses textes. Parmi la panoplie des mesures à la disposition du gouvernement, il y a celles qui agissent sur le temps parlementaire et celles qui contraignent le vote.

Depuis la révision du 23 juillet 2008, la Constitution prévoit un délai minimal de six semaines entre le dépôt d'un texte et sa discussion en séance (quatre semaines pour les textes transmis par l'autre assemblée). Ces délais ne s'appliquent pas pour les projets de loi de finances, de financement de la sécurité sociale ou les projets de loi relatifs aux états de crise. Afin de se libérer de cette contrainte temporelle, le gouvernement peut décider de recourir à la **procédure accélérée** (art. 42, al. 3 et 4 : « La discussion en séance, en première lecture, d'un projet ou d'une proposition de loi ne peut intervenir, devant la première assemblée saisie, qu'à l'expiration d'un délai de six semaines après son dépôt. Elle ne peut intervenir, devant la seconde assemblée saisie, qu'à l'expiration d'un délai de quatre semaines à compter de sa transmission. / L'alinéa précédent ne s'applique pas si la procédure accélérée a été engagée dans les conditions prévues à l'article 45. Il ne s'applique pas non plus aux projets de loi de finances, aux projets de loi de financement de la sécurité sociale et aux projets relatifs aux états de crise »). Même si la condition d'urgence est appréciée librement par le gouvernement, la lutte contre le terrorisme entre par définition dans l'urgence de légiférer, la sécurité des citoyens incitant à agir vite cas de menace réelle ou potentielle.

Quoi qu'il en soit, en déclenchant la procédure accélérée, le gouvernement se met en situation de réunir une commission mixte paritaire au terme de la première lecture du texte dans chaque chambre (Const., art. 45 : « Lorsque, par suite d'un désaccord entre les deux assemblées, un projet ou une proposition de loi n'a pu être adopté après deux lectures par chaque assemblée ou, si le Gouvernement a décidé d'engager la procédure accélérée sans que les Conférences des présidents s'y soient conjointement opposées, après une seule lecture par chacune d'entre elles, le Premier ministre ou, pour une proposition de loi, les présidents des deux assemblées agissant conjointement, ont la faculté de provoquer la réunion d'une commission mixte paritaire chargée de proposer un texte sur les dispositions restant en discussion »). De cette façon, l'exécutif précipite l'examen du texte afin d'aboutir à une rapide adoption, quitte à ce que l'Assemblée nationale l'adopte en dernier ressort. Il n'a normalement pas à craindre une opposition conjointe des Conférences des présidents des assemblées parlementaires, celle de l'Assemblée lui étant favorable.

La procédure accélérée peut être combinée avec le **temps législatif programmé** sous certaines conditions. On rappellera que le temps législatif programmé (TLP) propre à l'Assemblée nationale (au Sénat, le temps législatif est dit concerté et s'organise différemment) est destiné à mieux organiser le débat parlementaire et à le recentrer sur les enjeux essentiels en évitant que les débats s'éternisent en raison d'un nombre important d'amendements déposés notamment par l'opposition (« obstruction parlementaire »). Ce dispositif qui n'est pas applicable aux lois de finances et de financement de la Sécurité sociale, ainsi qu'aux révisions constitutionnelles trouve son fondement dans l'article 44 de la Constitution, la loi organique du 15 avril 2009 et les articles 49 et 55 du Règlement de l'Assemblée nationale. Il permet la maîtrise de la première lecture et de la seconde lecture puisqu'une convention fixe la durée de cette dernière à la moitié de la première. Il revient à la Conférence des présidents de décider du TLP. Dans la mesure où le gouvernement dispose du soutien d'une majorité de députés, la conférence des Présidents lui est acquise. Le gouvernement a donc tout intérêt par le biais notamment du président du groupe parlementaire majoritaire et des présidents de commissions qui lui sont favorables (sauf pour la commission des finances remise par convention à un député de l'opposition) de solliciter un TLP afin d'éviter un enlisement du débat parlementaire (temps minimum de 30 ou de 50 heures) tout en garantissant à l'opposition un temps minimal de discussion (60 % du temps de parole est attribué aux groupes d'opposition). Toutefois, la combinaison avec la procédure accélérée n'est possible que si un délai de six semaines sépare l'adoption du texte en Conseil des ministres et son dépôt sur le bureau de l'Assemblée nationale. En effet, si tel n'est pas le cas, un président de groupe (de l'opposition ici) peut s'opposer à l'application du TLP. On conseillera, comme pour le projet de loi sur la croissance et l'activité qui a cumulé la procédure accélérée et le TLP (dite loi Macron), d'attendre six semaines et un jour entre ces deux moments en dépit du fait que la procédure accélérée libère le gouvernement des délais de l'article 42 de la Constitution.

Dès la discussion ouverte, le gouvernement peut annoncer recourir à la procédure du **vote bloqué** prévu par l'article 44, alinéa 3 de la Constitution. Le vote bloqué, on le rappelle, permet au Gouvernement d'obtenir, par une procédure ne mettant pas en jeu sa responsabilité politique, un résultat analogue à celui qui ne pouvait être atteint, sous le régime de la Constitution de 1946 et en vertu de la coutume parlementaire que par la pratique de la question de confiance. De cette façon, le gouvernement accélère le débat parlementaire en obligeant l'Assemblée à se prononcer par un seul vote sur tout ou partie du texte en discussion, en ne retenant que les amendements proposés ou acceptés par lui. Dans la mesure où les articles/amendements réservés à un vote final sont discutés (Cons. const. 15 janv. 1960, n° 59-5 DC), le gouvernement se préserve des critiques dénonçant une parodie de discussion législative. Le Conseil constitutionnel s'assurera, le cas échéant s'il est saisi de la loi, que l'usage du vote bloqué ne porte pas atteinte au principe de clarté et de sincérité du débat parlementaire (Cons. const. 11 févr. 2010, n° 2010-603 DC).

Si cela ne suffisait pas et si une trop forte minorité au sein de la majorité se faisait jour, il reste au Premier ministre de solliciter du Conseil des ministres **l'engagement de son gouvernement sur le fondement de l'article 49, alinéa 3.** Que l'on soit en session ordinaire ou extraordinaire, il convient seulement de s'assurer qu'il n'y ait pas déjà eu au cours de ces sessions un engagement de responsabilité sur un texte, l'article 49, alinéa 3 de la Constitution ne permettant plus, depuis la révision du 23 juillet 2008, le déclenchement de la responsabilité qu'une fois par session pour les textes de loi non financiers.

Enfin, si l'opposition au sein du groupe majoritaire est difficile à raisonner, le gouvernement pourrait envisager en cours d'examen du texte le dépôt d'un amendement (Cons. const. 16 mars 2006, n° 2006-534 DC) sur les dispositions les plus controversées. Ceci aurait pour effet de l'habiliter à prendre par ordonnances les mesures envisagées (**Const., art. 38**). De cette manière, à défaut de gagner du temps parlementaire, l'habilitation demandée de recourir à des ordonnances lui permettrait d'appliquer rapidement les mesures projetées sans craindre une dénaturation de celles-ci. On peut penser que le moment venu, la minorité active de sa majorité approuverait (ratification) les ordonnances prises sans contester la politique gouvernementale.

2) On peut en recenser quatre principales.

Au cours de l'examen parlementaire du texte, les députés (comme les sénateurs) peuvent, d'une part, déposer une **motion de procédure** (motion de rejet préalable à l'Assemblée nationale, exception d'irrecevabilité au Sénat) dont le but est d'exposer en quoi certaines dispositions sont contraires aux principes, droits et libertés constitutionnels. Les députés opposés au projet de loi peuvent, d'autre part, sans aucune chance de succès en raison de leur appartenance à la minorité parlementaire (le fait majoritaire protège en principe le gouvernement à l'Assemblée), soutenir des **amendements de suppression** des dispositions litigieuses. Les sénateurs disposent des mêmes « armes » qui peuvent aboutir lorsque le Sénat se trouve dans une opposition institutionnelle. Ce faisant, le Sénat-opposant se prive de sa capacité d'influencer le texte, raison qui explique le plus rare usage de ces procédures.

Au terme de l'examen parlementaire, **soixante députés ou soixante sénateurs** peuvent, depuis la révision constitutionnelle du 29 octobre 1974, déférer au Conseil constitutionnel une loi dont ils contestent la constitutionnalité avant sa promulgation par le président de la République (**Const., art. 61, al. 2** – Const., art. 10). Cette procédure n'est pas ouverte aux seuls parlementaires appartenant aux groupes de l'opposition ou aux groupes minoritaires au sens de l'article 51-1 de la Constitution. Il est tout à fait envisageable pour une forte minorité du groupe majoritaire d'envisager une telle issue si le texte est adopté dans des termes qui ne la satisfont pas, au risque de créer un clivage politique plus marqué encore au sein de la majorité parlementaire. On se souvient qu'en 1974, c'est une minorité de la majorité législative qui a saisi la juridiction constitutionnelle de la loi IVG. À l'évidence, et conformément à la pratique observée depuis plus de quarante ans, il revient aux parlementaires de l'opposition de saisir le Conseil constitutionnel s'ils entendent combattre un texte qui présente selon eux des atteintes aux droits et libertés des personnes ou qui voile des principes et des règles de rang constitutionnel relatifs à la procédure législative.

Quant aux personnes, la révision de 2008 leur a ouvert la possibilité de contester toute disposition législative qui violerait un droit ou une liberté constitutionnelle (**61-1 de la Constitution**). La « **question prioritaire de constitutionnalité** » (QPC, Loi organique du 10 décembre 2009) est le droit reconnu à toute personne qui est partie à un procès ou une instance de soutenir qu'une disposition législative porte atteinte aux droits et libertés que la Constitution garantit. Si les conditions de recevabilité de la question sont réunies, il appartient au Conseil constitutionnel, saisi sur renvoi par le Conseil d'État et la Cour de cassation de se prononcer et, le cas échéant, d'abroger la disposition législative. Les juges ne se prononcent que si la disposition contestée n'a pas déjà été déclarée conforme à la Constitution dans les motifs et le dispositif d'une décision du Conseil constitutionnel, sauf changement des circonstances de fait ou de droit. La saisine parlementaire motivée – dont il a été question précédemment – contre certaines dispositions de la loi peut, par conséquent, réduire le champ d'action des justiciables.

3) Depuis la révision constitutionnelle du 23 juillet 2008, « sans préjudice de l'application des articles 40 et 41, tout amendement est recevable en première lecture dès lors qu'il présente un lien, même indirect, avec le texte déposé ou transmis » (Const., art. 45, al. 1er). En l'espèce, aucun lien ne peut être établi entre l'amendement sur l'élargissement du droit de vote envisagé et le projet de loi. Il s'agit donc d'un **cavalier législatif**. S'il devait être adopté, le Premier ministre et le président de la République, gardien de la Constitution aux termes de son article 5, pourraient saisir le Conseil constitutionnel sur ce seul objet. Mais il est très vraisemblable que les deux têtes de l'Exécutif, agissant individuellement ou de concert, invoqueraient surtout la violation de l'article 3 de la Constitution.

À cette inconstitutionnalité évidente, s'en ajoute en effet une autre non moins évidente. Le **droit de vote est protégé par la Constitution.** L'article 3 de la Constitution énonce que « sont électeurs, dans les conditions déterminées par la loi, tous les nationaux français majeurs des deux sexes, jouissant de leurs droits civils et politiques ». La révision constitutionnelle du 25 juin 1992 qui était le préalable à la ratification du traité de Maastricht à la suite de la décision de contrariété partielle du Conseil constitutionnel du 9 avril 1992 prévoit une dérogation pour les ressortissants de l'Union européenne aux élections municipales et européennes (Const., art. 88-3 : « ... Le droit de vote et d'éligibilité aux élections municipales peut être accordé aux seuls citoyens de l'Union résidant en France.... »).

Hors ce cas, les étrangers ne sont ni électeurs, ni éligibles aux élections politiques françaises. L'amendement projeté est donc contraire à la Constitution.

Il convient pour le discuter, voire l'adopter, d'engager une procédure de révision constitutionnelle sur le fondement de l'article 89 de la Constitution. L'article 11 de la Constitution qui vise « l'organisation des pouvoirs publics » ne semble pas pouvoir être sollicité pour entrevoir un référendum constituant, si l'on admet l'ouverture de cette voie pour modifier le texte constitutionnel – d'autant plus séduisante que le Conseil constitutionnel décline sa compétence pour contrôler la constitutionnalité des lois référendaires depuis 1962. Seule une initiative référendaire minoritaire partagée (Const., art. 11, al. 3 s.) mettrait en situation le Conseil constitutionnel de trancher la question de la constitutionnalité du recours à l'article 11 pour réviser la Constitution. Mais dans les deux hypothèses à l'instant évoquées, il est difficile de considérer que le droit de vote des étrangers aux élections municipales concerne « l'organisation des pouvoirs publics » dès lors que n'est visiblement pas envisagée leur éligibilité.

4) Véritable marronnier de l'histoire politique française, le vote obligatoire a refait surface récemment après les taux d'abstention importants aux élections départementales. Les partisans comme ses opposants mobilisent de nombreux arguments. En voici les principaux sans qu'il soit nécessaire de les hiérarchiser.

Pour : 1. Lutter contre l'abstention qui dilue le rapport entre les représentants et les représentés et affaiblit la représentativité des élus. 2. L'expression pleine et entière du corps électoral diminue mécaniquement l'importance des forces politiques situées aux extrémités de l'échiquier politique. 3. Le droit de vote est un devoir et pas seulement un droit individuel. 4. L'admission du vote blanc depuis la loi du 21 février 2014 n'oblige pas les électeurs à s'exprimer pour une formation politique en compétition électorale.

Contre : 1. Il n'a jamais été prouvé que le vote obligatoire implique un investissement plus fort des citoyens dans la vie publique hors le moment des opérations électorales (Belgique, Australie). 2. Là où le vote obligatoire existe, ce sont souvent des considérations historiques qui expliquent son institution. Là où il perdure, il est contesté. 3. Pour être efficace, le droit de vote obligatoire suppose des sanctions autres que symboliques. Or les populations qui s'abstiennent le plus sont celles qui sont socialement défavorisées. 4. Enfin, il existe des États (nordiques) où le vote facultatif donne lieu à une très forte mobilisation des électeurs et d'autres où l'abstention importante n'est nullement synonyme de crise politique ou de crise de citoyenneté (États-Unis notamment).

5) La parité est un objectif de valeur constitutionnelle (art. 1, al. 2 : « La loi favorise l'égal accès des femmes et des hommes aux mandats électoraux et fonctions électives... »). Les formations politiques contribuent à la mise en œuvre du principe (Const., art. 4). Plusieurs lois ces dernières années ont renforcé la parité dans le fonctionnement des organes des collectivités territoriales. Il n'en reste pas moins qu'à l'Assemblée nationale, le ratio hommes – femmes est très insatisfaisant (27 % de femmes). Les sanctions financières contre les partis politiques ne suffisent pas à les contraindre à respecter l'objectif. Quelles solutions pour atteindre la quasi-parité entre les députés ?

Une première piste possible est celle retenue pour les élections départementales de mars 2015. Dans le cadre du scrutin majoritaire à deux tours actuellement en vigueur, il est envisageable de mettre en place des binômes. De cette façon, la parité sera respectée mécaniquement. Mais l'application de cette mesure suppose un redécoupage des circonscriptions législatives (réduction de moitié). Des circonscriptions plus grandes, outre les questions politiques à résoudre et les résistances qu'une telle initiative engendrera, sont de nature à éloigner le député de ses électeurs à l'heure où les pouvoirs publics recherchent à renforcer ce lien (vote obligatoire par exemple).

Une deuxième piste est l'alourdissement des pénalités financières prononcées dans le cadre de la législation en vigueur contre les formations politiques qui n'obtiennent pas un pourcentage de femmes (problème du quota et de son seuil) parmi leurs élus. Il n'est pas certain que cette sanction modifie profondément la stratégie des partis. Surtout la proposition se heurte à une difficulté de taille : comment prétendre priver une formation politique de présenter des candidats qui ont les qualités requises mais qui, pour des raisons de parité, est contrainte de les retirer du jeu électoral. Le sexe comme critère de sélection des éligibles est toujours vivement contesté même si les progrès législatifs récents ont érigé la discrimination positive selon le sexe comme un principe. Enfin, on peut s'interroger sur un alourdissement des sanctions dans la mesure où la Constitution fixe un objectif, non une obligation de parité. Pour toutes ces raisons, cette proposition n'est pas la plus pertinente.

Il est possible en revanche de contourner la difficulté précédente par le recours à la représentation proportionnelle. La constitution de listes de candidats qui alternent un homme-une femme respecte l'objectif constitutionnel. La représentation proportionnelle assure également une meilleure représentativité des forces politiques. Cette modalité de désignation des députés cumule donc les avantages au regard des objectifs annoncés (parité et représentativité). Cela étant, la proportionnelle intégrale, compte tenu de l'éclatement de l'offre électorale actuelle, est susceptible d'émietter la représentation nationale et par conséquent d'empêcher la constitution d'une majorité claire et cohérente à l'Assemblée nationale, gage de stabilité gouvernementale. On fera simplement observer que le lien systématiquement établi entre absence de majorité législative et représentation proportionnelle n'est pas absolu. En 1986, une majorité absolue s'est dégagée en faveur de la coalition électorale RPR-UDF. Il n'est pas certain toutefois que si ce scrutin avait été maintenu pour les élections législatives anticipées de 1988 (à la suite de la dissolution présidentielle), le résultat aurait été identique. On rappellera, alors que le scrutin majoritaire uninominal à deux tours avait été rétabli, l'absence de majorité absolue pour le parti socialiste, vainqueur de ces élections.

Par contre, et conformément aux orientations actées par l'actuelle majorité législative, une « dose » de proportionnelle entraînerait inévitablement une meilleure représentativité des principales formations politiques existantes. Le seuil (10, 15, 20 %) reste à définir. Pour ces députés élus au scrutin proportionnel, le législateur pourrait prévoir une parité intégrale par alternance des candidats sur les listes en fonction de leur genre.

Enfin, un scrutin apparemment éloigné des préoccupations énoncées par le ministre, doit être regardé avec attention. Il s'agit du scrutin majoritaire à un tour. Il n'entre pas dans la tradition électorale française de recourir à ce mode de scrutin. Cela étant, ce furent les modalités retenues pour l'élection des députés et du président de la République en 1848 (Seconde République) et des députés en 1870 à la suite de la chute du Second empire.

Ce scrutin, en n'obligeant pas les candidats à passer alliance pour le second tour avec un concurrent du premier tour, permettrait à certaines formations politiques relativement représentatives au regard des résultats électoraux locaux mais isolées sur l'échiquier politique d'obtenir beaucoup plus d'élus qu'elles n'en ont aujourd'hui. Sous cet angle, la représentativité en serait sensiblement améliorée. Les résultats électoraux des dernières élections départementales fournissent une « photo » ce que pourrait être la représentation nationale si on appliquait ce scrutin en vigueur dans les pays anglo-saxons. En revanche, l'objectif de parité supposerait l'extension du système du binôme applicable pour l'élection des conseillers départementaux à l'élection des députés.

Une alternative au scrutin majoritaire unique pourrait être de limiter le second tour aux deux candidats arrivés en tête ou aux candidats ayant récolté un nombre de suffrages correspondant à un pourcentage élevé des électeurs inscrits (au lieu des 12,5 % actuels un pourcentage de 15 voire de 20 %), ce qui limiterait peut-être les tractations de l'entre-deux tours mais surtout éviterait les triangulaires, voire les quadrangulaires qui perturbent considérablement le jeu électoral et les électeurs.

Une dernière solution pourrait s'inspirer de la dernière réforme de la loi électorale en Italie qui, tout en retenant le principe du scrutin majoritaire à deux tours, assure la majorité des sièges au parti qui obtient 40 % des voix au premier tour au niveau national. Le reste des sièges est distribué entre les formations ayant dépassé 3 %. Si aucune des formations n'obtient 40 % des voix, un deuxième tour est organisé entre les deux arrivées en tête pour déterminer qui empochera la prime majoritaire. Ce scrutin ne règle toutefois pas ou mal la question de la parité.

Ve République : les normes

Thème principal

Le référendum

Mots clés

Démocratie semi-directe, Révision constitutionnelle, Plébiscite, Démocratie représentative

› *Dissertation*

Le référendum législatif sous la Ve République.

Durée de l'épreuve : 3 heures.

Sujet donné et corrigé établi par

Christophe Geslot, Maître de conférences, Université de Franche-Comté

Premier semestre 2013-2014

› Préparation

Analyse du sujet

Si l'histoire politique française a connu d'assez nombreux plébiscites en matière constitutionnelle, il convient de distinguer l'usage du référendum dans le domaine constitutionnel, du référendum législatif de l'article 11 qui est ici le sujet. La question doit être traitée sur l'ensemble de la Ve République en exposant et en expliquant l'usage peu fréquent de ce mode d'adoption des lois.

Plan du corrigé

I/ L'élargissement des possibilités de référendums législatifs

A – Le référendum d'initiative partagée

B – L'extension du champ d'application du référendum législatif

II/ « Splendeurs et misères » de la pratique référendaire sous la Ve République

A – L'usage controversé du référendum sous de Gaulle

B – La relégation du référendum à partir des années 1970

› Corrigé

La Ve République est une démocratie représentative au sein de laquelle le peuple exerce sa souveraineté par l'intermédiaire de représentants élus. Pour autant, la Constitution de 1958 n'écarte pas la possibilité pour les citoyens de participer directement à la prise de décision politique au moyen d'un procédé dit de démocratie semi-directe : le référendum. Son article 3 prévoit en effet que la souveraineté nationale appartient au peuple qui l'exerce notamment par la voie du référendum.

Le référendum est un procédé par lequel les citoyens sont appelés à répondre par « oui » ou par « non » à une question ou à un texte. Il est revêtu d'un caractère décisionnel et se distingue en cela de la consultation par laquelle les citoyens n'expriment qu'un simple avis qui ne lie pas les gouvernants.

La place accordée au référendum par les différentes constitutions françaises a beaucoup varié au cours de l'histoire. Le référendum a été introduit en France dès 1793 pour l'adoption de la Constitution, et il en sera de même pour l'adoption des textes constitutionnels de 1795 et de 1799. Le Premier Empire et le Second Empire l'ont pratiqué mais de manière dévoyée : il s'agissait alors de plébisciter l'Empereur, c'est-à-dire de lui témoigner avant tout sa confiance et de légitimer ainsi son pouvoir. De fait, l'histoire constitutionnelle a souvent associé le référendum au plébiscite, lequel apparaît comme un dévoiement du référendum. En réaction, la IIIe République exclura le référendum tandis que la IVe République ne le réintroduira qu'en matière constitutionnelle.

C'est par un nouveau référendum constituant, le 28 septembre 1958, que le peuple approuve la Constitution de 1958. Le référendum connaît alors un nouveau souffle avec la Constitution de 1958 qui prévoit deux grands types de référendums nationaux, auxquels s'ajoute l'obligation de recueillir le consentement des populations intéressées en cas de cession, d'échange ou d'adjonction de territoire (art. 53 al. 3) : le référendum constituant qui permet au peuple, selon l'article 89, d'approuver directement une révision de la Constitution, et le référendum législatif prévu à l'article 11 de la Constitution. Ce dernier introduit en France la possibilité pour le peuple de participer directement à l'adoption d'un projet de loi ordinaire ou organique.

En 1958, le référendum législatif est donc une novation qui poursuit deux finalités. Il s'agit à la fois de rendre au peuple sa souveraineté confisquée par le Parlement et de permettre au président de la République d'en appeler à l'arbitrage du peuple en cas de conflit entre le Gouvernement et le Parlement sur l'adoption d'une loi. Le Président, qui n'avait pas vocation à gouverner selon la Constitution, devait ainsi recourir au référendum en vue d'assurer le fonctionnement régulier des pouvoirs publics.

Le texte constitutionnel a par ailleurs été réformé à différentes reprises pour élargir les possibilités de référendum législatif, les autorités politiques se montrant ainsi particulièrement favorables à un appel au peuple. En effet, le champ d'application de l'article 11 a été élargi une première fois en 1995, puis plus modestement en 2008. Cette même année, une procédure nouvelle de référendum a été créée permettant une initiative combinée des parlementaires et des électeurs, tandis qu'un article 88-5 était introduit dans la Constitution en 2005 pour rendre le référendum obligatoire en cas d'adhésion d'un État à l'Union européenne.

Si les possibilités de référendum législatif ont ainsi été largement développées, reste à se demander si sa pratique répond aux intentions de ses promoteurs et principalement à la volonté de rendre la parole au peuple.

À cet égard, l'évolution des procédures du référendum législatif sous la Ve République témoigne d'un certain paradoxe résultant à la fois de la volonté de développer cet instrument de démocratie et de la méfiance qu'il suscite de la part des gouvernants (I). Cette dernière semble l'emporter au vu de l'utilisation relativement décevante du référendum au cours de la Ve République (II).

I/ L'élargissement des possibilités de référendums législatifs

L'ouverture réalisée par les deux réformes successives de l'article 11 a permis à la fois l'élargissement de l'initiative (A) et de son champ d'application (B).

A – Le référendum d'initiative partagée

Dans sa version initiale, l'article 11 prévoit que la proposition d'organiser un référendum législatif peut émaner du Gouvernement – pendant la durée d'une session parlementaire pour éviter que le référendum ne soit mis en œuvre alors que le Parlement ne siège pas et ne puisse donc réagir à une telle proposition – ou des deux assemblées conjointement. Cependant, c'est le président de la République qui conserve, seul, la possibilité de donner suite à la proposition en décidant de soumettre ou non à référendum le projet de loi concerné. Il s'agit d'un pouvoir propre du Président dispensé du contreseing ministériel.

La volonté des gouvernants de rapprocher les citoyens de l'exercice du pouvoir, en réponse à la crise de la démocratie représentative, s'est traduite par la mise en place d'une nouvelle procédure d'initiative référendaire. L'idée initiale était de permettre aux citoyens d'être à l'origine de référendums. Elle prend corps en 1993 à travers un projet de loi constitutionnelle prévoyant le droit pour 1/5e des électeurs inscrits sur les listes électorales de déclencher l'organisation d'un référendum. Le Sénat fera obstacle à cette révision constitutionnelle mais l'idée sera reprise, sous une autre forme, par le Comité Balladur en 2007, et à sa suite par le pouvoir de révision en 2008.

Ainsi, la nouvelle rédaction de l'article 11 distingue désormais les référendums portant sur un projet de loi (proposition du Gouvernement ou des assemblées) des référendums portant sur une proposition de loi. Dans ce dernier cas, l'initiative appartient à 1/5e des membres du Parlement (soit 185), soutenus par 1/10e des électeurs inscrits sur les listes électorales (soit environ 4,5 millions de signatures). C'est donc un mécanisme hybride qui a été retenu, associant parlementaires et électeurs, et évitant ainsi que le référendum ne devienne une arme dirigée contre le Parlement. Les assemblées parlementaires sont quant à elles invitées à examiner la proposition de loi. À défaut, le président de la République est tenu d'organiser un référendum.

L'élargissement du champ d'application de l'article 11 est également la preuve de l'intérêt croissant porté au référendum (B).

B – L'extension du champ d'application du référendum législatif

Initialement, l'article 11 limite le champ d'application du référendum à « tout projet de loi portant sur l'organisation des pouvoirs publics, comprenant approbation d'un accord de Communauté (supprimé en 1995) ou tendant à autoriser la ratification d'un traité [...] qui aurait des incidences sur le fonctionnement des institutions ».

Une première tentative d'extension des matières du référendum a eu lieu en 1984 à l'initiative de François Mitterrand. Il s'agissait alors d'élargir son champ d'application aux « garanties fondamentales des libertés publiques », de manière à rendre possible le référendum que les sénateurs demandaient sur la liberté de l'enseignement privé. La manœuvre était éminemment politique car le chef de l'État savait que la Haute assemblée reculerait devant cette révision. Il tentera de nouveau cette extension en 1993 sans davantage de succès.

En revanche, le champ d'application de l'article 11 a pu être enrichi à deux reprises en 1995 et en 2008 pour permettre d'interroger les Français sur des sujets qui touchent à leur vie quotidienne et qui sont donc susceptibles de les mobiliser. L'objectif affiché était alors de contribuer à les réconcilier avec la vie politique.

C'est ainsi que la loi constitutionnelle du 4 août 1995 a élargi le référendum législatif aux « réformes relatives à la politique économique ou sociale de la Nation et aux services publics qui y concourent ». Ce nouveau champ d'application est relativement vaste, englobant des sujets aussi divers et aussi « concrets » pour les citoyens que l'éducation, les privatisations, le droit du travail, la sécurité sociale, les retraites, les services publics... Demeurent néanmoins exclues les questions touchant aux libertés publiques, le droit pénal, les lois de finance... et en fait les sujets les plus sensibles.

La révision constitutionnelle de juillet 2008 a quant à elle amplifié cette extension en ajoutant les réformes relatives à la politique environnementale de la nation. Elle répond à l'intérêt croissant des citoyens pour ce type de questions et fait écho à la Charte de l'environnement de 2004 qui prévoit la participation des individus à l'élaboration des décisions publiques en la matière.

Enfin, une autre extension du référendum législatif a été réalisée en 2005 à travers l'insertion d'un article 88-5 dans la Constitution. Ce dernier rend le référendum obligatoire pour le vote de la loi autorisant le président de la République à ratifier un traité d'adhésion d'un nouvel État à l'Union européenne.

Malgré ces évolutions positives du référendum législatif qui auraient pu contribuer à son épanouissement, l'étude de la pratique du référendum sous la Ve République conduit à un bilan plutôt décevant de ce procédé de démocratie.

II/ « Splendeurs et misères » de la pratique référendaire sous la Ve République

Le référendum a véritablement connu une période faste sous la présidence de Charles de Gaulle, ce qui n'exclut d'ailleurs pas certaines « misères », et notamment qu'il ait été dévoyé à des fins plébiscitaires (A). En revanche, depuis le dernier référendum gaullien de 1969, on assiste à une relégation certaine de cet outil de démocratie (B).

A – L'usage controversé du référendum sous de Gaulle

Le mode de fonctionnement de la Ve République depuis ses débuts n'a pas manqué d'affecter l'utilisation du référendum législatif. Davantage qu'un instrument de démocratie, il est devenu un instrument de gouvernement. Véritable gouvernant en situation de primauté présidentielle, le chef de l'État en est le véritable initiateur, n'ayant aucune difficulté à obtenir la proposition qu'il souhaite d'un gouvernement subordonné.

Le référendum présentait en particulier une double utilité pour le général de Gaulle : il lui permettait de réaliser les grandes réformes auxquelles la classe politique était plutôt défavorable, telle que l'élection du chef de l'État au suffrage universel direct en 1962, et c'était par ailleurs un moyen pour lui de s'assurer de la confiance populaire et de consolider ainsi sa légitimité à gouverner.

À cet égard, la pratique du référendum par le général de Gaulle revêt un aspect plébiscitaire marqué. Son discours est très clair : à travers la question qu'il pose aux Français, il s'agit d'approuver sa politique et son maintien à la tête de l'État. Ainsi en ira-t-il en 1961 et 1962 de l'indépendance de l'Algérie, en 1962 de la réforme visant à l'élection du Président au suffrage universel direct, ou en 1969 de la régionalisation et de la rénovation du Sénat. De Gaulle met alors systématiquement son mandat en jeu lors de chaque référendum. Il engage sa responsabilité politique en acceptant de se retirer du pouvoir en cas de résultat négatif, ce qu'il fera à l'issue de l'échec de 1969. Il influence de ce fait, par une forte personnalisation des enjeux du scrutin, le résultat du référendum.

De toute évidence, la pratique du référendum ne répond pas à ses objectifs initiaux. Ce n'est pas la dimension démocratique du procédé qui domine, pas davantage qu'il n'apparaît comme un moyen d'arbitrage entre le Gouvernement et le Parlement. Le Président arbitre et neutre qui devait recourir au référendum pour assurer le fonctionnement régulier des pouvoirs publics est de fait devenu un gouvernant. L'article 11 a en conséquence servi d'instrument de gouvernement.

À cela s'ajoute un autre usage dévoyé, inconstitutionnel en l'occurrence, de l'article 11 : la révision constitutionnelle. En effet, de Gaulle entreprit à deux reprises de modifier la Constitution au moyen d'un appel direct au peuple pour contourner le veto dont dispose le Sénat dans le cadre de la procédure normale de révision prévue à l'article 89. Il réussit une première fois en 1962 avant d'échouer en 1969.

L'instrumentalisation du référendum et l'échec final ont bien sûr lourdement pesé sur la pratique post-gaullienne du référendum législatif. Au plébiscite sous l'ère gaullienne, vient se substituer un usage « dépersonnalisé » et limité du référendum législatif par la suite (B).

B – La relégation du référendum à partir des années 1970

Les chiffres sont particulièrement éloquents : il n'y a eu que 4 référendums après 1969 en 45 ans, soit le même nombre de référendums que sous la présidence de Ch. de Gaulle entre 1959 et 1969.

Ses successeurs se méfient de cet instrument de démocratie qui comporte toujours le risque d'un désaveu. Aucun d'entre eux n'a engagé sa responsabilité sur un référendum. Ils ne vont plus chercher à personnaliser les enjeux du scrutin en mettant en jeu leur mandat. Certains vont même clairement jusqu'à affirmer qu'ils ne partiront pas en cas d'échec. C'est l'attitude qu'adoptera Jacques Chirac confronté à l'échec du référendum portant sur le Traité constitutionnel en 2005.

Pour autant et en dépit des précautions prises, les Présidents ne sont pas à l'abri de toute mise en cause et il ne peut en être autrement. Le Président, dans le cadre de la procédure classique (art. 11 al. 1), est celui qui décide de l'organisation du référendum et nécessairement celui auquel répondent les électeurs. Un échec ou un succès entaché d'une forte abstention, comme en 1988 sur le statut de la Nouvelle-Calédonie, atteint inévitablement le Président.

Ces considérations expliquent le déclin de la pratique référendaire, sans que les réformes et les intentions dont elles procèdent ne changent cet état de fait. L'extension considérable du champ d'application de l'article 11 en 1995 n'a donné lieu à aucun référendum. Le référendum sur l'éducation annoncé par Jacques Chirac au titre des justifications de la révision constitutionnelle n'a pas connu de suite. Il est à craindre que la possibilité d'une initiative combinée des parlementaires et des électeurs ne remédie aucunement à la situation. En effet, le nombre de signatures exigé des électeurs est particulièrement élevé si on le compare aux exigences qui ont cours dans d'autres États comparables comme l'Italie où 500 000 signatures sont requises. Surtout, il ne s'agit en toute hypothèse que d'une invitation à légiférer qui est adressée aux assemblées parlementaires. Ces dernières peuvent éviter le référendum en se contentant d'examiner la proposition de loi sans obligation de l'adopter.

Ainsi, malgré les réformes, la méfiance de la classe politique domine. La modification de l'article 88-5 en 2008 procède d'une même logique. Le référendum pour autoriser la ratification d'un traité d'adhésion à l'Union européenne peut être évité si une majorité des 3/5e se prononce en ce sens au sein de chaque chambre du Parlement. C'est alors le Congrès du Parlement qui prend la décision, conformément à l'article 89, alinéa 3.

Ve République : les normes

› *Dissertation*

La question prioritaire de constitutionnalité. Quel bilan dresser des cinq premières années d'application de la réforme ?

Thème principal

Le contrôle de constitutionnalité

Mots-clés

Question prioritaire de constitutionnalité, Conseil constitutionnel, Droits et libertés, Révision constitutionnelle, Conseil d'État, Cour de cassation

Sujet donné et corrigé établi par

Pierre de Montalivet, Professeur, Université Paris-Est Créteil

Second semestre 2014-2015

› Préparation

Analyse du sujet

L'une des difficultés du sujet tient à ce qu'il n'appelle pas une description du mécanisme de la question prioritaire de constitutionnalité (QPC) mais implique plutôt une véritable appréciation personnelle sur les apports de la réforme. Cela suppose une connaissance relativement approfondie de la façon dont la QPC a été mise en œuvre par les juridictions, non seulement le Conseil constitutionnel mais également les juge administratif et judiciaire.

Plan du corrigé

I/ Le succès de la réforme
- *A – Une procédure satisfaisante*
- *B – Une effectivité accrue des droits et libertés constitutionnels*

II/ L'inachèvement de la réforme
- *A – Le constat des limites*
- *B – Les améliorations envisageables*

› Corrigé

L'instauration de la question prioritaire de constitutionnalité (QPC) a été présentée tant par la doctrine que par les pouvoirs publics comme une « révolution juridique ». La faculté donnée au justiciable de contester la constitutionnalité d'une loi devant les tribunaux, donnant lieu à un contrôle de constitutionnalité *a posteriori*, a comblé en effet une lacune importante du système français de justice constitutionnelle, dont les imperfections ne permettaient pas d'assurer une protection suffisante des droits et libertés constitutionnels.

La réforme, entrée en vigueur le 1er mars 2010, a vu son cinquième et dernier anniversaire célébré par la doctrine et par le Conseil constitutionnel, à travers notamment un numéro spécial des *Nouveaux Cahiers du Conseil constitutionnel*. Cet anniversaire constitue l'occasion de dresser un bilan de l'application de la réforme. Nécessairement provisoire, ce bilan est justifié par une jurisprudence aujourd'hui abondante et une stabilisation de l'interprétation jurisprudentielle des dispositions de la loi organique du

10 décembre 2009 relative à l'application de l'article 61-1 de la Constitution.

Il importe pour ce faire de revenir aux objectifs de la réforme. Ces objectifs révèlent la spécificité du système français de justice constitutionnelle par rapport à ses homologues étrangers, notamment allemand, italien ou espagnol. Dans ces pays, la justice constitutionnelle accorde une attention plus importante aux droits qu'à la loi. En France en revanche, les acteurs politiques et juridiques sont, certes, dans leur ensemble, attachés à la protection des droits des citoyens, mais sont également tout autant attachés à la sécurité juridique et à la bonne administration de la justice. Cela a conduit le constituant et le législateur organique à rechercher un équilibre entre la protection des droits et la poursuite d'impératifs d'intérêt général.

Ainsi, au titre des objectifs « positifs », la réforme visait à la fois le renforcement de l'État de droit substantiel, par une plus grande effectivité des droits et libertés constitutionnels, et celui de l'État de droit formel, à travers une plus grande constitutionnalité de l'ordre juridique. Au titre des objectifs « négatifs », elle tentait d'éviter tant l'engorgement des juridictions que l'insécurité juridique pouvant en découler. Ces objectifs, positifs et négatifs, ont-ils été atteints ?

Si certains effets de la réforme ne pourront être pleinement appréciés que sur une plus longue durée, certains constats peuvent d'ores et déjà être dressés. Le bilan de ces cinq années est positif, au regard tant de la procédure fixée que des effets sur l'ordre juridique. L'ensemble des acteurs juridiques et politiques constatent d'ailleurs le succès de la réforme.

Il n'en demeure pas moins que certaines interrogations peuvent surgir quant à la pertinence de certains « verrous » posés par le jurislateur ou quant à l'étendue de l'amélioration de l'État de droit, surtout en comparaison des systèmes étrangers. La réforme n'est pas sans limites. Celles-ci s'expliquent par l'équilibre recherché par le constituant et le législateur organique. Le compromis opéré dans les buts poursuivis entre les objectifs positifs et négatifs se retrouve dans les effets de la réforme. Ainsi le système français se rapproche des modèles étrangers mais conserve sa spécificité, tenant à une vision quelque peu restrictive et timide du contrôle concret.

Ces observations conduisent à constater la réussite, puis les limites de la réforme. Si la QPC a été un succès (I), on peut se demander si cette réforme n'est pas inachevée (II).

I/ Le succès de la réforme

La réforme doit son succès tant au caractère satisfaisant de la procédure (A) qu'à la plus grande effectivité des droits et libertés constitutionnels qu'elle a d'ores et déjà permis (B).

A – Une procédure satisfaisante

La procédure donne globalement satisfaction à l'ensemble des acteurs juridiques, qu'il s'agisse des magistrats, des avocats ou de la doctrine. La procédure a été largement utilisée par les acteurs concernés sans que soient engorgées les juridictions.

1. La procédure a été satisfaisante tout d'abord pour les justiciables, qui ont largement exercé le nouveau droit qui leur a été octroyé. Le grand nombre de questions posées aux juges illustre cette « appropriation » de la Constitution par les citoyens et leurs avocats. Durant la seule première année d'application de la réforme, c'est plus de 2 000 questions qui ont été posées devant les juges de première instance et d'appel. Si le nombre de QPC posées a connu une nette diminution en 2012, il s'est ensuite stabilisé, de sorte qu'en cinq ans, plus de 10 000 questions ont été soulevées devant toutes les juridictions. À cela s'ajoute le nombre élevé des demandes d'intervention, près du quart des dossiers enregistrés par le Conseil constitutionnel ayant donné lieu à de telles demandes. Ainsi, les avocats, incités notamment par le Président du Conseil constitutionnel lui-même et instruits lors de formations délivrées par des éditeurs juridiques, ont saisi l'occasion de s'emparer d'un nouvel outil permettant de mieux défendre les droits de leurs clients.

2. La procédure a été satisfaisante également pour les juridictions, d'un point de vue tant quantitatif que qualitatif.

a) Quantitativement tout d'abord, les juridictions ont elles aussi largement utilisé la procédure, tout en faisant jouer de manière efficace le filtre voulu par le constituant.

Les renvois opérés par les juridictions du fond ont été relativement nombreux. Au 1er septembre 2010, soit 6 mois après l'entrée en vigueur de la réforme, les tribunaux administratifs avaient déjà renvoyé 70 questions au Conseil d'État tandis que les juridictions judiciaires du fond en avaient transmis 84 à la Cour de cassation.

Les juridictions suprêmes, quant à elles, sur les 408 QPC qu'elles avaient reçues, en avaient renvoyé 83 au Conseil constitutionnel. Au 1er mars 2015, le Conseil a été saisi de 465 QPC. S'il a beaucoup été saisi, le filtre lui a permis de ne pas être engorgé, conformément à la volonté du constituant.

Le Conseil, enfin, a vu le nombre de ses décisions augmenter de manière importante : au 1er mars 2015, il a rendu 395 décisions. Il a su également exercer l'ensemble de ses différents pouvoirs, notamment l'abrogation avec effet différé. Sa place dans les institutions et son rôle dans la protection des droits fondamentaux s'en trouvent confortés.

En outre, d'une manière générale, les délais de trois mois imposés par le législateur organique tant aux juridictions suprêmes qu'au Conseil constitutionnel ont été respectés, signe supplémentaire d'une application satisfaisante du dispositif. Pour le Conseil constitutionnel, le délai moyen de jugement est de 70 jours, allant de 13 à 92 jours. Il est vrai que la QPC a pu être utilisée à des fins dilatoires, comme l'ont montré les affaires impliquant Jacques Chirac ou l'église de scientologie. Mais le respect des délais a limité cet effet.

b) Qualitativement ensuite, la QPC a considérablement transformé le rôle et le fonctionnement des juridictions ainsi que les rapports qu'elles entretiennent entre elles.

Le juge ordinaire est devenu officiellement juge de la constitutionnalité des normes. En refusant de renvoyer certaines questions au Conseil constitutionnel, les juridictions suprêmes de chaque ordre sont devenues des juges constitutionnels « partiels », se voyant reconnaître le pouvoir de déclarer indirectement la constitutionnalité de la loi. Si le Conseil conserve le pouvoir de déclarer l'inconstitutionnalité de la loi, le modèle de justice constitutionnelle français devient de moins en moins concentré et de plus en plus diffus.

Un autre effet de la QPC a consisté en la juridictionnalisation accrue du Conseil constitutionnel. Ce processus, entamé depuis plusieurs dizaines d'années, a connu une forte accélération, à travers la publicité des audiences, le caractère contradictoire de la procédure et les plaidoiries des avocats. Terrain d'application de l'article 6 § 1 de la Convention européenne des droits de l'homme, le procès constitutionnel est véritablement équitable.

Enfin, après des débuts difficiles – sur lesquels on reviendra –, le « dialogue des juges », condition de la réussite de la réforme, a été finalement nourri et fructueux, du moins avec les juges administratif et européen. L'attitude constructive du Conseil d'État, ouvert dès les premiers mois d'application de la réforme, et celle, conciliante, de la Cour de justice de l'Union européenne ont permis à celle-ci de déployer tous ses effets. De son côté, le Conseil constitutionnel a su initier ce dialogue en formant pour la première fois un renvoi préjudiciel à la Cour de justice (Cons. const. 4 avr. 2013, nº 2013-314 P QPC, *Jeremy F.*).

Ce caractère globalement satisfaisant de la procédure s'accompagne d'une effectivité accrue des droits et libertés constitutionnels.

B – Une effectivité accrue des droits et libertés constitutionnels

La réforme a atteint, du moins en partie, son objectif principal, qui consistait à assurer une plus grande effectivité des droits et libertés garantis par la Constitution. Ce faisant, c'est la protection de l'État de droit, tant formel que substantiel, qui s'en trouve renforcée. En accroissant l'effectivité de ces droits, c'est la constitutionnalité de l'ordre juridique qui se trouve mieux assurée.

1. Les censures opérées par le Conseil constitutionnel ont contribué à cette effectivité accrue.

Les lois censurées ont été relativement nombreuses, 145 décisions de censure ayant été rendues en cinq ans. La censure la plus importante restera probablement celle portant sur la garde à vue, au regard du nombre de recours à cette procédure par les forces de police. Certaines autres censures n'en ont pas moins eu des conséquences importantes, comme le montrent les exemples, en matière financière, de la cristallisation des pensions ou, en matière institutionnelle, de la composition des conseils des intercommunalités.

Malgré les censures, la législation n'a pas été bouleversée, le Conseil utilisant à plusieurs reprises l'abrogation avec effet différé. Ainsi, par exemple, le juge a-t-il laissé presque un an au législateur pour modifier la législation relative à la garde à vue.

2. Les domaines concernés par les QPC ont été variés. Les lois ayant fait l'objet de contestations ont porté sur les sujets les plus divers, preuve que l'ensemble de la législation française est désormais sous l'emprise de ce nouveau contrôle. Certains domaines ont été particulièrement concernés : si l'on considère les dispositions abrogées par le Conseil constitutionnel, c'est le droit pénal et la procédure pénale qui ont été le plus affectés, suivis, dans une mesure bien moins importante et par ordre décroissant, par le droit fiscal ou la procédure fiscale, le droit processuel, le droit de l'environnement et la santé publique.

3. Les droits et libertés protégés ont eux aussi été nombreux. La réforme a eu pour effet d'assurer une plus forte protection aux droits que sont par exemple la liberté individuelle, le droit de propriété, le principe de l'individualisation des peines, la liberté de communication ou encore l'égalité.

Tous ces éléments – une procédure globalement satisfaisante, une effectivité accrue des droits et libertés – conduisent à constater le succès de la réforme. Cette réussite ne doit pas pour autant cacher son caractère inachevé.

II/ L'inachèvement de la réforme

Le constat des limites (A) de la réforme amène à s'interroger sur les améliorations envisageables (B).

A – Le constat des limites

Les limites de la réforme tiennent non seulement aux difficultés posées par les divergences existant entre les jurisprudences des deux ordres de juridictions, mais également à ses incidences parfois limitées sur l'état du droit, limites auxquelles s'ajoutent certaines sources d'insécurité juridique.

1. Les limites de la réforme tiennent en premier lieu aux difficultés initiales du « dialogue des juges ». Les commentateurs s'accordaient au moment de l'adoption de la réforme sur la nécessité, pour assurer son succès, de voir s'instaurer entre les juges un « dialogue » permettant d'assurer une certaine cohérence dans les démarches des juridictions concernées. Or, si ce dialogue a bien eu lieu, il n'a pas toujours été sans incompréhensions, voire divergences de vues. Ces divergences sont survenues entre les ordres administratif et judiciaire de juridictions et tirent leur origine de l'attitude réservée de la Cour de cassation vis-à-vis de la réforme elle-même.

a) Les manifestations des difficultés de ce dialogue des juges ont été variées. Si certaines difficultés sont aujourd'hui heureusement résolues, il reste que ces difficultés initiales ont nui au plein succès de la procédure.

La Cour de cassation s'est par exemple montrée plus sélective que le Conseil d'État quant au renvoi des différentes QPC devant le Conseil constitutionnel. Depuis cinq ans, le Conseil d'État a d'ailleurs transmis 24 % des QPC soulevées devant lui, pour 18 % en ce qui concerne la Cour de cassation. Cela ne poserait pas de problème particulier, si la Cour n'avait donné l'impression de vouloir répondre elle-même à la question de la constitutionnalité de la loi, à la place du Conseil constitutionnel. L'absence de saisine du Conseil à propos de la loi du 13 juillet 1990 tendant à réprimer tout acte raciste, antisémite ou xénophobe, dite loi Gayssot, en donne une illustration flagrante (Crim. 7 mai 2010). De même, la Cour a refusé de considérer, par son arrêt du 20 mai 2011 et de manière laconique, qu'existait un principe constitutionnel de prescription de l'action publique, contrairement à ce qu'avait pu estimer le Conseil d'État. Cette position, en entraînant un refus de transmission de la QPC, a pu être interprétée comme une nouvelle expression de la volonté de la Cour de faire échapper sa propre jurisprudence au contrôle d'un autre juge.

À cela s'est ajoutée une conception restrictive des lois pouvant être contestées. La Cour a pu refuser en effet aux justiciables la possibilité de contester l'interprétation de la loi. Cette position allait à l'encontre de celle du Conseil constitutionnel, qui a dû rappeler sa position pour faire évoluer celle de la Cour. De même, contrairement au Conseil d'État, la Cour a pu ne pas donner suite aux contestations des lois abrogées ou modifiées. Le Conseil constitutionnel a dû préciser « que la modification ou l'abrogation ultérieure de la disposition contestée ne fait pas disparaître l'atteinte éventuelle à ces droits et libertés ».

Enfin, la saisine par la Cour de cassation de la Cour de justice de l'Union européenne à propos du caractère prioritaire de la QPC a pu donner l'impression que la Cour entendait remettre en question la réforme elle-même. Les arrêts *Melki* et *Abdeli* de la Cour de cassation du 16 avril 2010 ont conduit à celui de la Cour de justice du 22 juin 2010. Si la question était fondée, la démarche de la Cour de cassation a conduit à la reconnaissance du caractère relatif du caractère prioritaire de la QPC.

Devant les critiques, la Cour de cassation a assoupli sa jurisprudence. Mais il reste qu'elle adopte parfois une position trop restrictive, notamment quand sa jurisprudence est concernée.

b) Les raisons des difficultés du dialogue des juges tiennent notamment à une divergence d'opinions des juridictions concernées. L'attitude de la Cour de cassation a semblé inspirée par une méfiance à l'égard d'une réforme prônée tant par le Conseil constitutionnel que par le Conseil d'État ainsi que par le mépris à l'égard d'une institution jugée plus politique que juridictionnelle, notamment en raison de la présence en son sein des anciens présidents de la République.

2. Les limites de la réforme affectent en deuxième lieu son incidence sur l'état du droit. Il ne s'agit pas ici de nier les effets considérables de la réforme, mais de souligner que l'instauration d'un contrôle *a posteriori* de la constitutionnalité des lois aurait pu renouveler davantage l'ordre juridique.

a) On en voudrait pour preuve le nombre plus élevé de décisions de conformité que de censures. Au 1er mars 2015, on dénombrait 56,2 % de décisions de conformité, 14,6 % de non-conformité totale, 14,1 % de conformité sous réserve, 9,3 % de non-conformité partielle, 4,5 % de non-lieu et 1,3 % relatives à des aspects de procédure. Ainsi les décisions de non-conformité ne représentent que moins d'un quart des décisions rendues par le Conseil constitutionnel. Si l'on compare le nombre des questions posées depuis le 1er mars 2010 (plus de 10 000) et le nombre de décisions de censure (145), l'on constate que les chances de succès d'une question sont, en définitive, infimes.

b) On en voudrait aussi pour preuve une conception restrictive des normes invocables par les justiciables. Cette restriction tient notamment à l'exclusion par le Conseil constitutionnel des objectifs de valeur constitutionnelle, sauf exception. Si cette exclusion est tout à fait justifiée au regard de la nature des objectifs et découle du texte même de l'article 61-1, elle n'en diminue pas moins les effets de la réforme. La restriction tient également au fait que le grief relatif à l'incompétence négative est accepté de manière limitée, ce qui est plus contestable. Il est en effet accepté d'une manière générale, mais ce n'est pas le cas notamment à l'encontre des lois antérieures à la Constitution du 4 octobre 1958. Autres exemples, le principe de séparation des pouvoirs est exclu des normes invocables, tout comme la possibilité donnée au législateur d'organiser une consultation des électeurs en cas de modification des limites d'une collectivité territoriale.

c) Il résulte de ces éléments la subsistance de lois inconstitutionnelles et plus généralement de lois qui échappent au contrôle de constitutionnalité. Il en va ainsi des lois contraires aux normes de procédure, puisque celles-ci ne sont pas invocables à l'encontre de la loi. La décision n° 2011-224 QPC du 24 février 2012 offre une illustration de cette situation : l'article 10 de la loi du 26 mai 2011 relative au prix du livre numérique, qui valide un permis de construire octroyé pour un musée dans le bois de Boulogne, semble un « cavalier législatif », c'est-à-dire une disposition sans lien avec l'objet de la loi, mais a été déclaré conforme aux droits et libertés garantis par la Constitution.

Mais il en va de même de certaines lois contraires aux droits et libertés constitutionnels. Certaines lois en effet ne sont pas contestées par les justiciables et ne peuvent alors pas être transmises au Conseil constitutionnel, faute pour le juge de pouvoir soulever d'office une QPC. D'autres sont contestées par les justiciables mais ne sont pas transmises par les juridictions, alors même que leur constitutionnalité est douteuse. Une décision de refus de transmission, comme celle de la Cour de cassation sur la loi Gayssot, peut s'appuyer sur la position de la Cour européenne des droits de l'homme, qui a conclu en l'espèce à la conventionnalité de la loi. Mais cela ne supprime pas pour autant les doutes quant à la constitutionnalité de la loi.

Il en va également ainsi des lois autorisant la ratification de traités. Ces lois, lorsqu'elles n'ont pas d'autre objet que de permettre cette ratification, ne sont pas contestables, selon le Conseil d'État et la Cour de cassation. De même, les lois de transposition de directives européennes peuvent échapper partiellement au contrôle de constitutionnalité tant *a priori* qu'*a posteriori*.

d) En outre, l'apport de la jurisprudence du Conseil constitutionnel rendue au titre du contrôle *a posteriori* n'est pas elle-même sans limites. Les censures portent en effet fréquemment sur des détails de la législation, plutôt que sur des réformes entières. C'est ainsi par exemple que l'impôt de solidarité sur la fortune (ISF) ou encore le permis à points n'ont pas été remis en cause. En outre, le contrôle exercé par le Conseil n'est pas, selon certains auteurs, et contrairement à ce que l'on pouvait attendre, particulièrement concret. Une partie de la doctrine l'a d'ailleurs qualifié de contrôle « *a priori bis* ».

3. Les limites de la réforme tiennent en troisième lieu à certaines sources d'insécurité juridique.

Une première source par exemple tient à l'utilisation par le Conseil constitutionnel de l'abrogation avec effet différé. Cette technique a pu susciter certaines difficultés quant à la détermination du droit applicable aux situations en cours, notamment pour les requérants, censés pouvoir bénéficier de la déclaration d'inconstitutionnalité prononcée. La jurisprudence a ici été source d'une certaine complexité.

Une seconde source réside dans la motivation insuffisante des décisions du Conseil constitutionnel. Trop souvent les motifs des décisions QPC du Conseil se révèlent lacunaires, répondant par l'affirmation et par voie d'autorité lorsque l'explication serait au contraire nécessaire. Cela a été le cas par exemple à propos de la liberté de conscience des maires prononçant des mariages entre personnes de même sexe (Cons. const. 18 oct. 2013, n° 2013-353 QPC, *M. Franck M. et autres*). La multiplication des décisions QPC et la surcharge de travail qu'elle a pu induire pour les membres du Conseil expliquent probablement en partie ce laconisme, dû aussi peut-être à la part non négligeable de politiques au sein du Conseil, qui s'en remettent aux services juridiques de l'institution pour rédiger les décisions. Mais cette brièveté s'explique d'autant moins que les questions posées au Conseil constitutionnel ont parfois fait l'objet de débats nourris dans l'opinion publique.

Le constat des limites conduit à envisager certaines améliorations du dispositif existant.

B – Les améliorations envisageables

Les améliorations envisageables peuvent être apportées par le biais d'un assouplissement jurisprudentiel ou textuel.

1. L'assouplissement jurisprudentiel permettrait de favoriser une meilleure effectivité du dispositif tout en évitant une révision des textes constitutionnel et organique. Cet assouplissement devrait être réalisé avant tout par les juridictions suprêmes, notamment la Cour de cassation, qui pourraient, dans certains cas, admettre plus largement les QPC soulevées devant elles. Cet assouplissement devrait également concerner la détermination des normes invocables, afin de permettre plus facilement la contestation de l'incompétence négative.

2. L'assouplissement textuel permettrait, quant à lui, d'aller plus loin afin de favoriser, au prix certes d'une plus grande insécurité juridique ou d'une activité plus importante des juridictions, la constitutionnalité de l'ordre juridique et l'effectivité des droits et libertés constitutionnels.

a) Le perfectionnement des modalités de la réforme pourrait être une option envisageable pour les pouvoirs publics. Plusieurs pistes peuvent être ici imaginées. Il pourrait ainsi être permis au Conseil constitutionnel de connaître des questions rejetées par les juridictions suprêmes de chaque ordre. Plusieurs modalités ont été évoquées par les parlementaires ou les acteurs juridiques : l'introduction d'un appel contre les décisions de refus de transmission au Conseil constitutionnel, l'attribution d'un pouvoir d'évocation au Conseil ou encore l'octroi au Conseil de la faculté de demander une nouvelle délibération par les juridictions suprêmes. Mais l'inconvénient majeur de ces « réformes de la réforme » serait, non seulement d'encombrer le Conseil constitutionnel, mais aussi et surtout de le transformer en quelque sorte en Cour suprême de l'ordre juridique français, ce qu'il n'a pas vocation à être dans le cadre d'un système concentré de justice constitutionnelle.

b) Le dépassement des principes de la réforme permettrait d'aller encore plus loin dans la recherche de l'effectivité de la Constitution. Certaines réformes, inspirées notamment par les droits étrangers pourraient être étudiées :

- la possibilité pour les tribunaux de soulever d'office la QPC, comme cela est le cas en Allemagne s'agissant du contrôle concret,
- la suppression du filtrage par les juridictions suprêmes, comme dans la quasi-totalité des États européens ayant un système similaire,
- l'élargissement des normes invocables par les justiciables aux normes constitutionnelles de procédure et à toutes les normes constitutionnelles de fond, comme là encore dans d'autres États étrangers : l'Allemagne s'agissant du contrôle concret, l'Espagne s'agissant de la question d'inconstitutionnalité ou l'Italie par exemple.

Ces réformes imposeraient de modifier non seulement la loi organique de décembre 2009 mais aussi la Constitution elle-même. Il semble alors préférable d'attendre sur ce point encore plusieurs années afin d'évaluer sur une période plus importante l'application de la QPC.

Il apparaît enfin nécessaire de réformer le Conseil constitutionnel lui-même, afin de l'adapter à l'accroissement de son activité : l'augmentation de ses moyens techniques et juridiques semble inéluctable. Le service juridique du Conseil a un rôle aujourd'hui considérable dans la préparation et la rédaction des décisions QPC, devant avoir recours à des personnels extérieurs sur ce point.

Mais c'est la modification de la composition du Conseil qui semble également souhaitable : la juridictionnalisation de l'institution impose la professionnalisation de ses membres. La suppression de la catégorie des membres de droit, aujourd'hui largement réclamée, doit s'accompagner d'un renforcement de la place des juristes de profession, seule à même de permettre l'adéquation de la composition du Conseil à ses nouvelles fonctions et d'éviter de s'en remettre excessivement à ses services pour le bon accomplissement de sa mission juridictionnelle. En attendant une future révision de la Constitution sur ce point, les autorités de nomination devraient accorder une attention plus grande à la compétence juridique de ses membres.

* * *

En définitive, il apparaît que l'état actuel de l'application de la réforme conduise à évoquer à l'égard de celle-ci un bilan globalement très positif, en raison de son apport au droit antérieur. Si le caractère satisfaisant de la procédure et les progrès de l'effectivité des droits et libertés méritent d'être salués, il n'en demeure pas moins que les préoccupations liées à la sécurité juridique et à la bonne administration de la justice ont justifié les limites de la protection apportée à la Constitution. Si la réforme s'appuyait sur les exemples étrangers, notamment allemand, italien et espagnol, il est probable que ces derniers motiveront – une fois le dispositif véritablement stabilisé – l'adaptation du système dans un sens encore plus favorable aux droits et libertés constitutionnels.

Index

Photocomposition SCM, Toulouse

715117 - (I) - OSB-A 70g - SCM - (CDR)
Achevé d'imprimer en août 2015 sur les presses de l'Imprimerie CHIRAT
42540 Saint-Just-la-Pendue
Dépôt légal : septembre 2015 - N° 201507.0301

Imprimé en France